U0926954

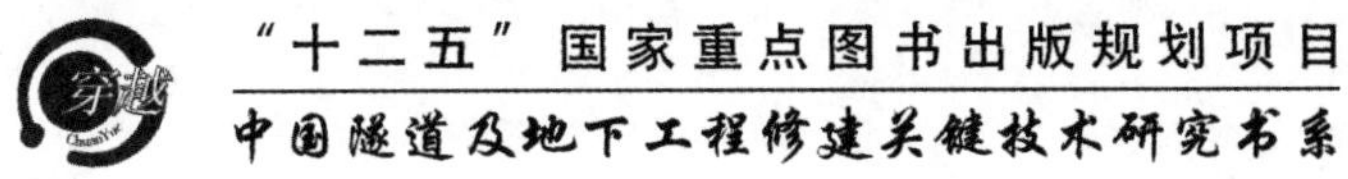

"十二五"国家重点图书出版规划项目

中国隧道及地下工程修建关键技术研究书系

复杂条件下城市轨道交通隧道设计与施工技术

谭立新　李玉峰　雷明锋　刘　灿 

人民交通出版社股份有限公司
China Communications Press Co.,Ltd.

内 容 提 要

本书针对复杂条件下城市轨道交通隧道设计与施工技术进行了系统研究。全书共8章,分别介绍了城市轨道交通长大隧道线型设计与行车安全、暗挖车站隧道施工方法、超深明挖车站施工技术、城市闹区隧道微震爆破技术、岩溶富水区隧道注浆技术以及长大陡坡地铁隧道运营防灾技术等主要内容。

本书可供从事隧道及地下工程设计、施工和科研的专业技术人员学习参考。

图书在版编目(CIP)数据

复杂条件下城市轨道交通隧道设计与施工技术/谭立新等著.—北京:人民交通出版社股份有限公司,2015.6

ISBN 978-7-114-12342-9

Ⅰ.①复… Ⅱ.①谭… Ⅲ.①城市铁路—铁路隧道—设计 ②城市铁路—铁路隧道—隧道施工 Ⅳ.①U459.1

中国版本图书馆CIP数据核字(2015)第141894号

书　　名:复杂条件下城市轨道交通隧道设计与施工技术
著 作 者:谭立新　李玉峰　雷明锋　刘　灿
责任编辑:温鹏飞　卢　珊
出版发行:人民交通出版社股份有限公司
地　　址:(100011)北京市朝阳区安定门外外馆斜街3号
网　　址:http://www.ccpress.com.cn
销售电话:(010)59757973
总 经 销:人民交通出版社股份有限公司发行部
经　　销:各地新华书店
印　　刷:北京盛通印刷股份有限公司
开　　本:787×1092　1/16
印　　张:9.25
字　　数:220千
版　　次:2015年8月　第1版
印　　次:2015年8月　第1次印刷
书　　号:ISBN 978-7-114-12342-9
定　　价:35.00元

作者简介

谭立新,1966 年生,湖南湘乡人,教授级高级工程师,现任中国建筑第五工程局有限公司副总经理兼总工程师。长期从事土木工程施工与管理工作,先后主持或参与完成省部级科研项目等各类课题十余项,获省部级等各类科技进步奖多项,在各级学术期刊上发表科研论文十多篇,主编国家标准一部,出版专著一部,国家级工法评审专家。

李玉峰,1971 年生,河北沧州人,高级工程师,一级建造师,现任中国建筑第五工程局有限公司基础设施事业部副总经理。从事铁路、公路、轨道交通、水利等行业的隧道与地下工程施工与管理工作二十余年,曾先后主持过特长隧道、高海拔隧道、高风险隧道的施工与管理工作,主持和参与多项科技研发工作,获省部级科技成果一等奖一项、二等奖两项,发表论文二十余篇,编撰省部级工法六项,授权国家专利十余项,出版学术专著一部。

雷明锋,1982 年生,湖南祁东人,在站博士后,讲师。从事隧道及地下工程专业的教学与科研工作,主持或参与完成包括“973”项目在内的各类科研项目三十多项,发表学术论文七十多篇,其中四十多篇被 SCI、EI 收录,授权国家专利、软件著作权二十多项,参与出版专著两部,获省部级科技奖励四项。

刘灿,1969 年生,湖南慈利人,高级工程师,全国优秀一级建造师。从事公路、铁路、市政、水利等行业的隧道与地下工程施工与管理工作二十余年,主持和参与过多项科技研发工作,获省部级科技成果三等奖一项,发表论文十余篇,获省部级工法两项,授权国家专利两项。

前　言

随着我国城市轨道交通的快速发展，山地城市的轨道交通工程也越来越多，与一般城市轨道交通相比，山地城市轨道交通所处的环境条件及地质条件更加复杂多变，地势起伏大，工程建设更加困难。轨道交通将面临长大坡度隧道运营风险控制、穿越复杂岩溶及高压富水断层以及超浅埋特大断面车站修建等难题。

本书依托重庆轨道交通中梁山隧道、小什字站、工贸站及南坪站等工程，经过5年的联合攻关，分别针对城市轨道交通长大隧道线型设计与行车安全、暗挖车站隧道施工方法、超深明挖车站施工技术、城市闹区隧道微震爆破技术、岩溶富水区隧道注浆技术以及长大陡坡地铁隧道运营防灾技术等问题开展了系统的研究。基于超大断面暗挖地铁车站多分部施工的特点，提出了考虑施工过程的结构荷载计算方法及计算公式。研发了组合型钢支撑开挖法及特大断面隧道立体式回旋分部开挖法，有效控制了特大断面隧道施工变形，保证了稳定性，加快了施工进度。创建了车站逆作法超高超大衬砌结构支模体系，解决了上下层同时施工、结构安全稳定性及防水质量控制的技术难题。研究提出了空气弹簧减震爆破技术及大直径螺旋掏槽爆破技术，有效降低了城市隧道施工爆破振动的影响，保护了周边构筑物的安全。分析了岩溶及高压富水断层特点，提出了信息化注浆技术，研改了高效快速的注浆设备和工艺，实现了快速注浆，减少了对环境的影响，保证了施工安全。采用设置中隔墙、无竖井的单洞双线隧道结构模式等措施，解决了山地城市轨道交通长大隧道运营通风和防灾疏散的难题。研究成果攻克了复杂条件下轨道交通隧道建造的关键技术难题，可为我国类似工程的设计施工提供参考。

本书在完成过程中，得到诸多领导和朋友的鼓励与支持，参考了国内外同行的有关论文、著作，在此一并表示最诚挚的谢意。

鉴于作者的水平及认识的局限性，书中难免还会存在不足和疏漏之处，敬请读者批评指正。

作　者

2015年2月

目　录

第1章 绪　论

1.1 研究背景

重庆市已建成并投入运营的轨道交通线路有1号线、2号线、3号线和6号线,如图1-1所示。轨道分别采用两种制式:跨座式单轨,应用于2号线和3号线;传统轮轨铁路,应用于1号线和6号线。两种制式在建设成本、适宜环境、噪声控制、速度运力等方面各有不同。2004年开通运营的重庆轨道交通2号线,不仅是国内首条跨座式单轨线路,也是西部地区第一条城市轨道交通线路。

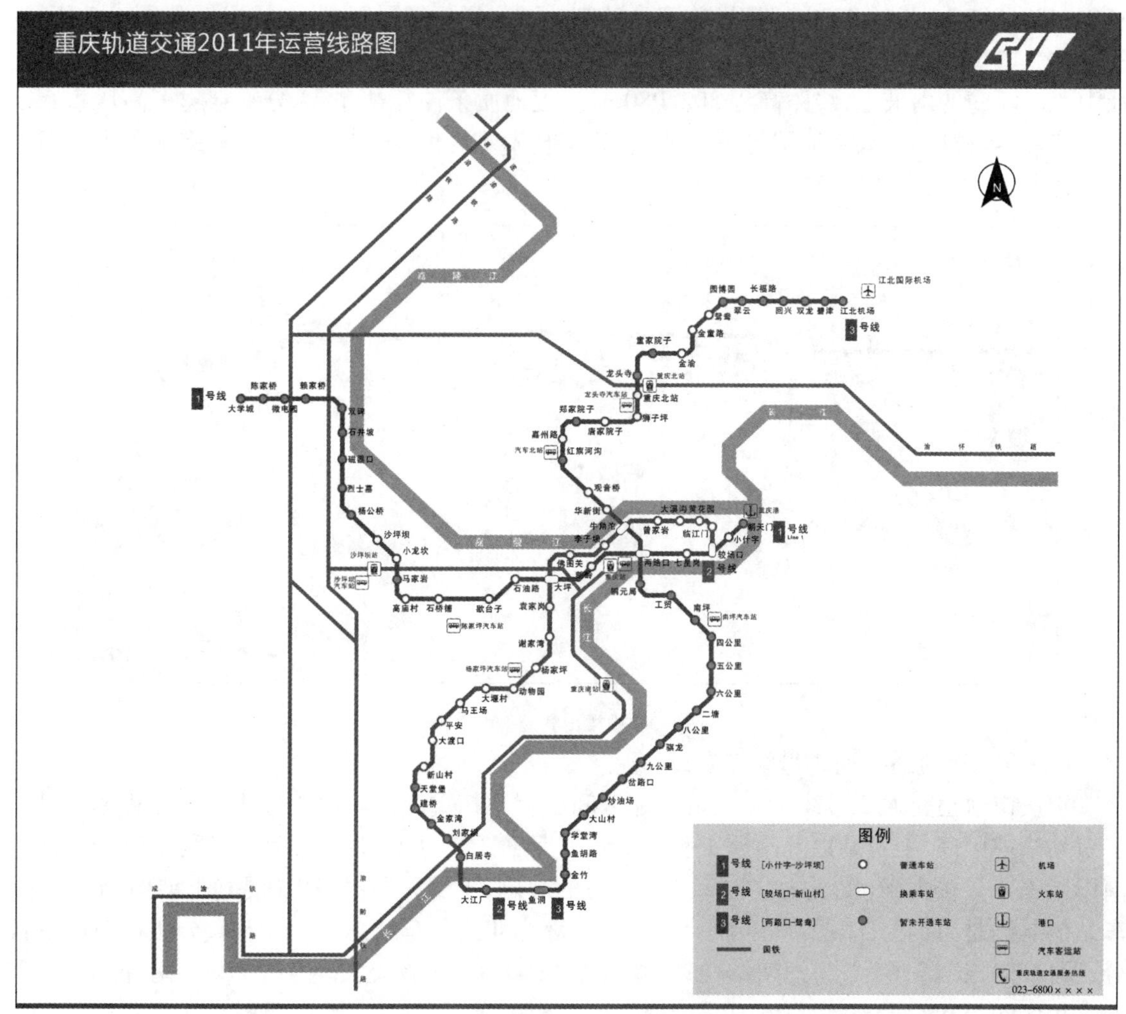

图1-1　重庆已建轨道交通线路

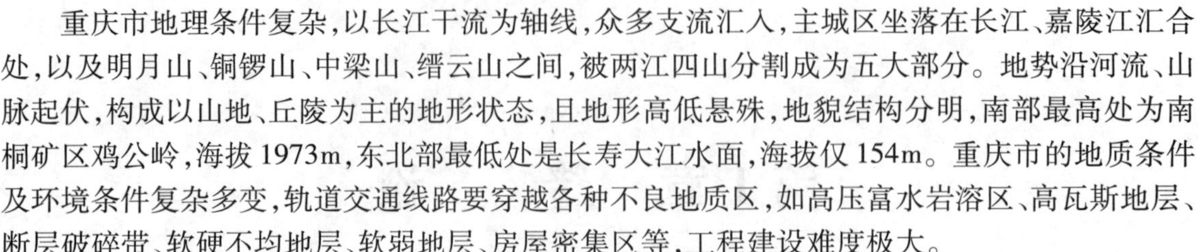

重庆市地理条件复杂，以长江干流为轴线，众多支流汇入，主城区坐落在长江、嘉陵江汇合处，以及明月山、铜锣山、中梁山、缙云山之间，被两江四山分割成为五大部分。地势沿河流、山脉起伏，构成以山地、丘陵为主的地形状态，且地形高低悬殊，地貌结构分明，南部最高处为南桐矿区鸡公岭，海拔1973m，东北部最低处是长寿大江水面，海拔仅154m。重庆市的地质条件及环境条件复杂多变，轨道交通线路要穿越各种不良地质区，如高压富水岩溶区、高瓦斯地层、断层破碎带、软硬不均地层、软弱地层、房屋密集区等，工程建设难度极大。

1.1.1 依托工程概况

本研究依托在建的重庆市轨道交通1号线中梁山隧道、3号线工贸站及南坪中心交通枢纽、6号线小什字车站等工程进行。

(1)重庆市轨道交通1号线中梁山隧道[1]

中梁山隧道是重庆市轨道交通1号线(沙坪坝—大学城段)双碑北站—赖家桥站区间的一部分，两侧与高架桥线路连接，隧道进口起点里程为K23+808.000，隧道出口终点里程为K28+137.000，全长约4329m，是目前国内城市轨道交通领域最长的山岭隧道，如图1-2所示。隧道进洞口位于沙坪坝区中梁山的东麓山坡，线路高程232.060m，出洞口位于西永镇陈家湾社中梁山西麓的山坡上，线路高程302.080m，工程地质条件复杂，隧道分别穿越了高压富水断层破碎带、各种溶洞、煤系地层等不良地质，施工技术难度大，不可预见性因素多成了本项目的最大特点。

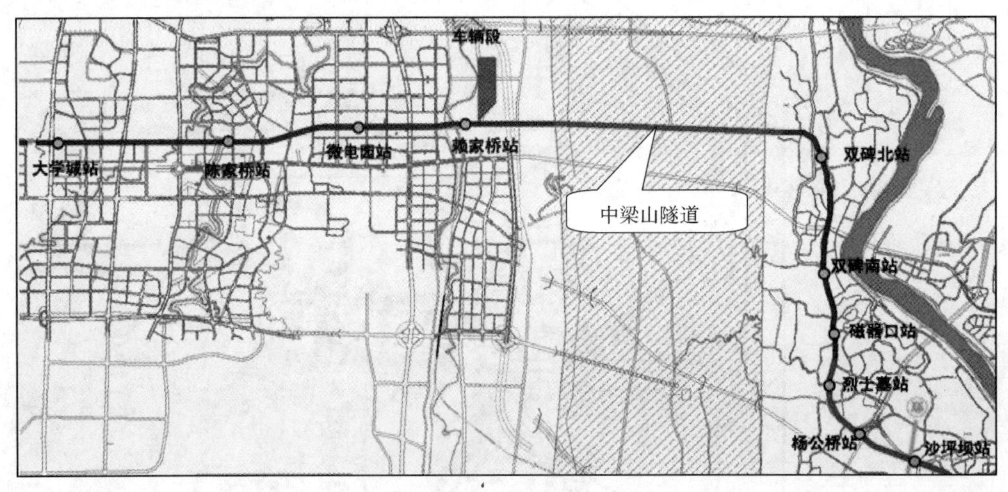

图1-2 中梁山隧道平面位置

(2)重庆市轨道交通3号线工贸站

重庆市轨道交通3号线工贸站及相邻区间工程包括重庆市轨道3号线一期工程南坪站—工贸站暗挖区间、工贸站以及附属工程(出入口、风道等)，如图1-3所示。工贸站位于重庆市南岸区工贸大楼主楼(混凝土结构22F/-1F)的南侧，工贸大楼裙房楼(混凝土结构2F)之下，车站的北侧是海铜公路、国际会展中心，东侧为南坪北路。车站总长187.6m，分明挖及暗挖部分，明挖部分长63.65m，为框架结构；暗挖部分长129m，开挖宽度为19.55m。南坪站—工贸站暗挖区间长66.777m，为双洞双线暗挖隧道结构。

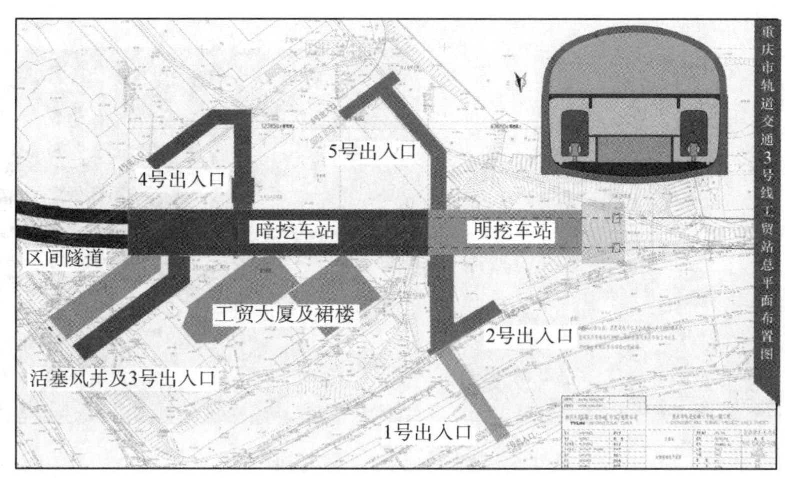

图1-3 轨道交通3号线工贸站平面

(3)重庆市轨道交通6号线小什字车站

小什字车站为6号线与1号线的换乘站,车站起点里程YDK13+881.078,终点里程YDK14+138.626,轨顶设计高程214.568~214.052m,总长257.548m,位于渝中半岛中央商务区。车站在里程YDK13+978.209处与1号线成十字交差,1号线在上,6号线在下,上下轨面设计高程相差约8.3m,如图1-4所示。

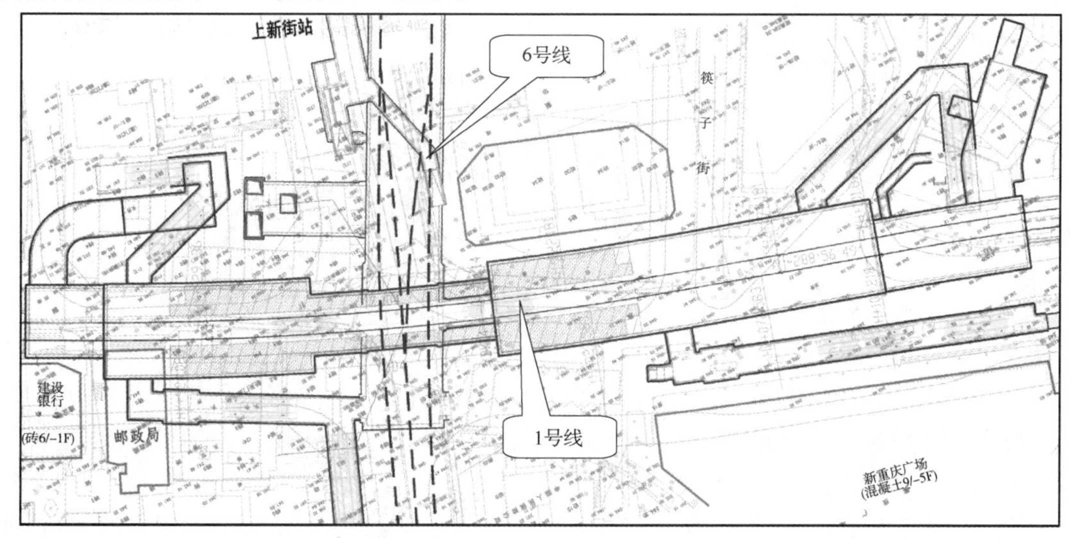

图1-4 轨道交通6号线小什字车站平面

(4)重庆市轨道交通3号线南坪中心交通枢纽

重庆南坪中心交通枢纽工程位于南坪长途汽车站至辅仁路口一带,地处城市中心区,建筑物密集。该工程的主要结构形式为地下四层(其中负一层为商业层,负二层为商业及办公层,负三层为设备层及轻轨交通层,负四层为下穿车行道层)框架剪力墙结构,为全市首创的"四层立体交通体系",如图1-5所示。其基坑长1500m,宽48m,最大开挖深度30m,基坑周边高层建筑多,且与临边建筑最小距离仅1.5m。设计基坑为直立高切坡,基坑支护形式主要是板肋锚杆挡墙和锚拉桩及桩间喷射挡墙相结合的形式。

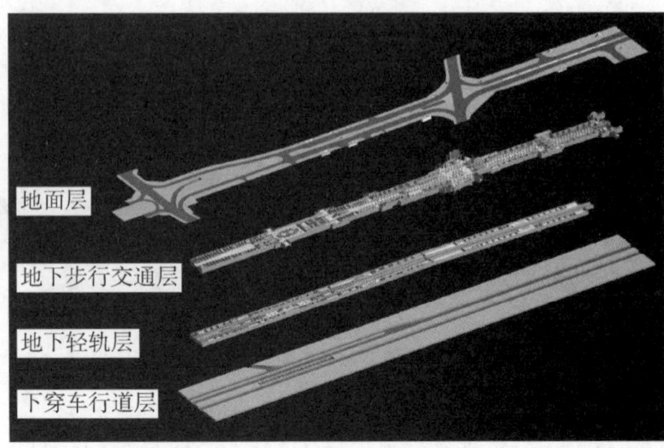

图 1-5 重庆南坪中心交通枢纽工程

1.1.2 工程建设难点

由于重庆市地貌、地质及环境条件复杂,轨道交通建设极为困难。通过分析依托工程的建设条件,总结出以下难点:

(1)山地城市轨道交通长大坡度隧道运营防灾困难

重庆的地形地貌复杂,起伏变化频繁,城市轨道交通需要克服长大坡度安全运营的难题。中梁山隧道长大坡度连续提升距离 2.7km,高度连续提升达 70m,如图 1-6 所示,这在城市轨道交通中是最大的,为确保运营防灾是设计的一大难题。

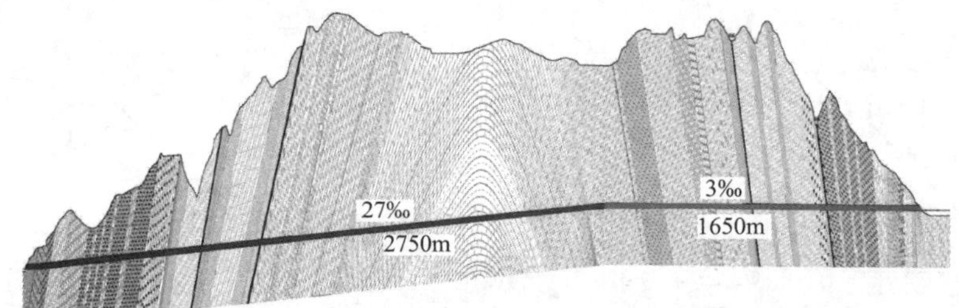

图 1-6 中梁山隧道长大坡度

(2)岩溶地质条件十分复杂,隧道施工极为困难

中梁山隧道穿越岩溶发育区,地形地貌极为复杂,地下隐伏各种岩溶洞穴,地表与地下岩溶上下连通,隧道穿越十分困难,施工稍有不慎就可能造成灭顶之灾,如图 1-7、图 1-8 所示。世界上尚没有能准确预报岩溶地质的设备,溶洞、暗河、溶隙的位置无法预测,岩溶的形态及填充物性质无法确定,施工中存在很大的不确定性。

隧道还下穿上堰水库、余家湾水库,岩层裂隙发育,施工中地下水处治难度大、水保要求高,如何防止地下水系失衡和保护地表水是本工程施工面临的巨大挑战。

(3)隧道穿越高压富水断层,注浆堵水十分困难

中梁山隧道穿越多条高压富水断层,管道岩溶极为发育,观音峡背斜轴部最大水压达 2.2MPa,最大流量达 26000m^3/d,见图 1-9。传统的全断面注浆方式效率低、风险大,无法达到隧道施工预期的注浆效果,因此必须研究新的注浆方法,见图 1-10。

图1-7 与落水洞相连的地下溶洞

图1-8 隧道施工突水

图1-9 隧道穿越高压富水断层

图1-10 上堵下排注浆效果

(4)车站埋深浅、覆跨比小,开挖稍有不慎极易产生土体坍塌

小什字车站埋深8.0~14.0m,而最大跨度将近26m,覆跨比最小仅为0.31m,为典型的超浅埋、超大断面隧道,见图1-11。由于车站断面大、跨度大、覆跨比小,施工过程上覆土体极易失稳,因此对施工方法的选择、施工过程中的变形控制等都十分困难。

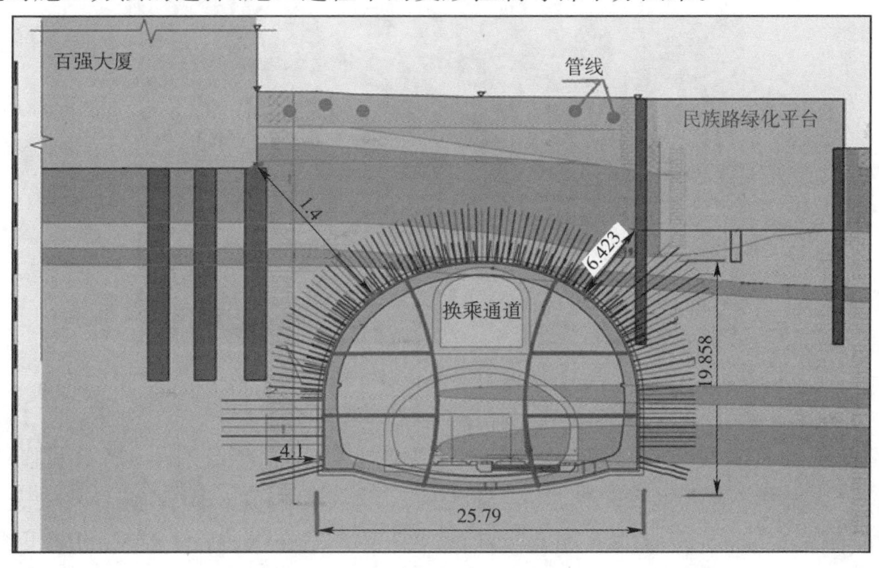

图1-11 小什字站横断面(尺寸单位:m)

(5)车站断面大、断面变化频繁,施工难度极大

小什字车站最大开挖断面达 430m²,断面转换达 7 次,见图 1-12,拱形断面组成由小里程到大里程分布情况:A 型断面(轮廓宽 19.818m,高 17.772m)→B 型断面(轮廓宽 25.570m,高 19.608m)→C 型断面(轮廓宽 16.1m,高 10.596m,换乘通道在 C 型断面上部)→B 加强型断面(轮廓宽 25.970m,高 20.008m)→A 型断面(轮廓宽 19.818m,高 17.772m)。埋深情况:A 型断面埋深 9 ~ 14m;B 型断面(B 加强型断面)埋深 9 ~ 13.5m;换乘通道埋深约 11.2m。

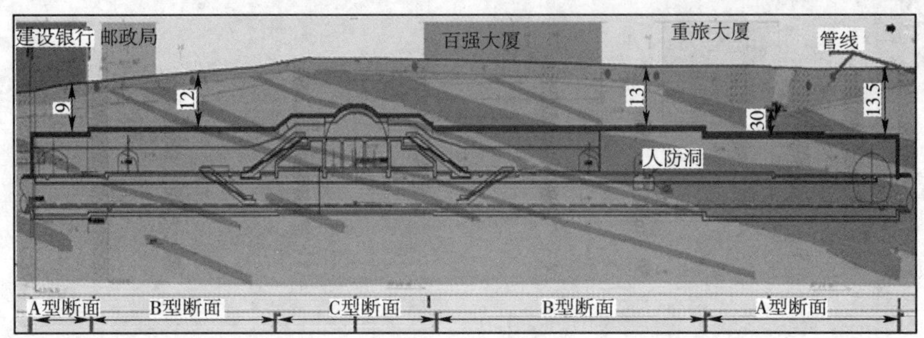

图 1-12　不同的断面形式(尺寸单位:m)

(6)周边建筑物密集,施工爆破控制难度极大

小什字站周边建筑物密集、文物古迹遍布、地下管线网复杂,而且埋深仅 8 ~ 14m,开挖边线距高层建筑基础仅 2.8m,建(构)筑物保护难度大,见图 1-13。工贸站暗挖段(SK5 + 684.639 ~ SK5 + 808.589)位于工贸大厦裙房之下,距北侧工贸主楼高层建筑物较近(图 1-14),最小距离为距该高楼基础近 6m,且车站开挖断面较大,跨度约 22m,高度 19m,施工过程中极易对周边建筑物产生影响,暗挖段总长 123.96m。如何保护建筑物安全,控制施工爆破的影响是工程施工的难点。

图 1-13　小什字站近距离穿越桩基

(7)特大断面车站下穿运营地铁线,施工风险极大

小什字车站为 1 号线与 6 号线十字交叉换乘站,6 号线下穿既有 1 号线,见图 1-15,施工的时空效应十分显著,受力体系转换复杂,施工对运营线影响大。因此施工风险极大,稍有不慎,就会造成围岩失稳,甚至塌方。如此大断面的交叉车站在国内没有成熟的施工经验可以借鉴,选择适合的开挖方法十分关键。

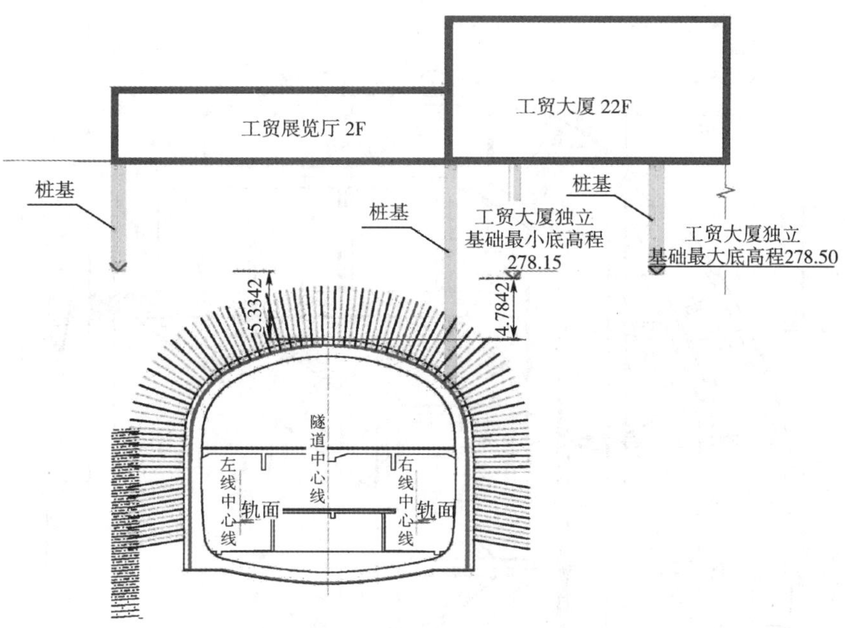

图 1-14 工贸站近距离穿越房屋建筑(尺寸单位:m)

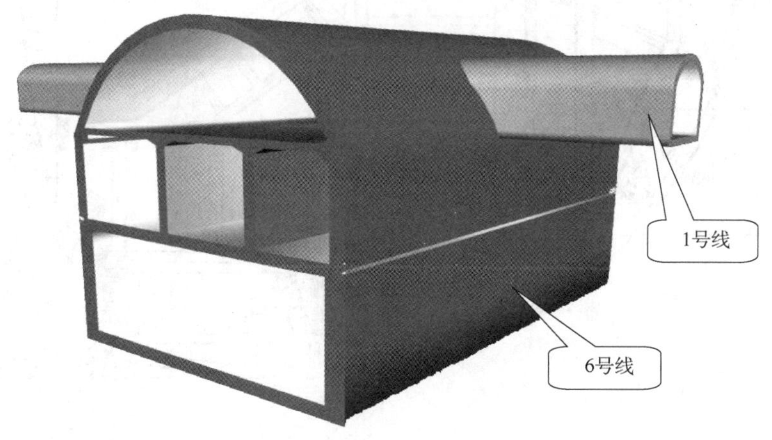

图 1-15 立体交叉车站示意图

(8)超大断面车站衬砌结构施工十分困难

小什字车站及工贸车站均为超大断面,最大断面达 $430m^2$,最大宽度达 25.57m,最大高度达 19.61m,车站衬砌采用整体移动式液压模板衬砌台车施工,见图 1-16,如此大型的整体移动式台车在国内隧道施工中使用尚属首次,在台车的设计、制作、拼装和使用过程中,如何保证台车的稳定及衬砌的施工质量是一大难点。

(9)隧道洞口环境复杂,进出洞施工风险高、难度大

小什字项目周边环境复杂,高楼林立,交通繁忙,见图 1-17,按原设计采用 20m 深的竖井进入暗挖隧道施工,成本高且施工难度大;隧道出洞口位于风景名胜区洪崖洞,洞口距地表高差达 19m,施工极易扰动洞口周边大型孤石,酿成事故,威胁风景区人员安全。

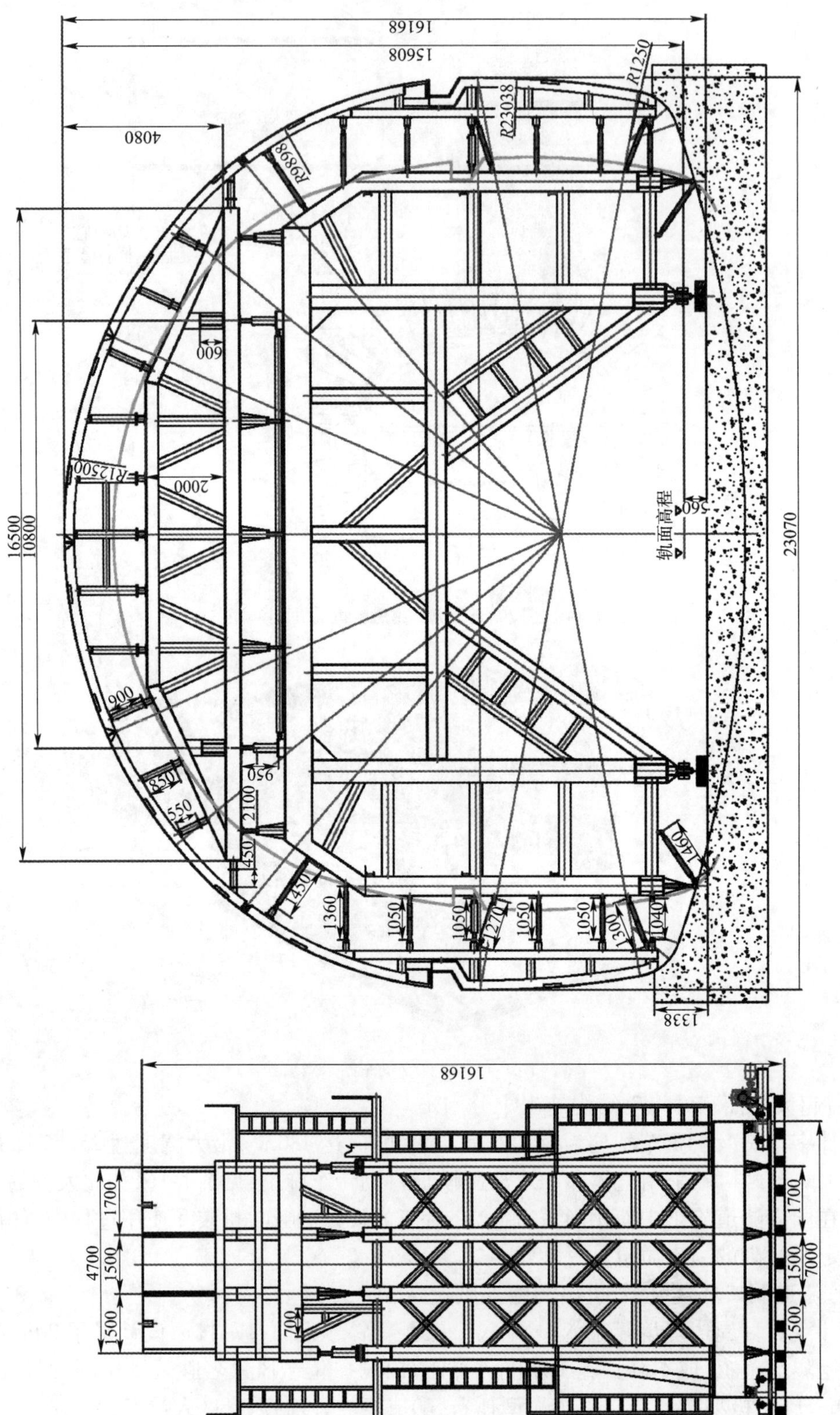

图 1-16 超大断面衬砌台车结构(尺寸单位:mm)

图1-17 隧道洞口位置

(10)工程规模大,环境复杂,施工组织难度大

依托工程位于城市中心区,施工干扰大,场地狭小,交通繁忙,出渣和进料受到很大限制。工程线路长,体量大,有多个出渣通道口、出入口,施工工区分散,施工中的安全、环保、资源配备及施工组织要求高,难度大。

1.1.3 研究的必要性

(1)城市轨道交通地铁车站施工主要面临特大断面隧道开挖的难题,需要对隧道开挖和支护的主要设计参数、施工方案、施工工艺进行研究、试验和验证,并根据试验结果进行调整和优化,确保隧道施工安全和支护结构稳定,真正做到动态设计、动态施工。

(2)传统注浆方式费时、费力、效率低,特别在大水量、高水压地区,注浆效果往往不佳。因此,研究一种动态动水地区高效率的注浆方法,以及对注浆设备进行研改十分必要,以解决岩溶高水压区施工速度慢、易发生突水、坍塌现象的难题。

(3)轨道交通1号线通过中梁山隧道衔接中梁山两侧高架区间,中梁山以东地区地面高程约为220m,以西地面高程约为290m,两侧高程相差约70m。因此,合理线型及坡度的选择,以及适合于中梁山隧道防灾模式的确定是中梁山隧道必须解决的首要难题。

(4)常规的钻爆法在城市隧道施工中有很大局限性,尤其是浅埋暗挖隧道施工,地下管线和邻近建(构)筑物对振速控制要求极高,而非爆破施工方法仍有很多弊端,对周边环境的影响大且爆破工效较低,为解决闹市区爆破振动这一难题,并力图缩短工期,实现爆破的高效经济,以南坪中心交通枢纽工程及重庆轻轨1号线8标为试点,进行山地城市建筑密集区地下工程爆破技术的创新研究。

(5)在超大断面隧道二次衬砌施工中,目前大多数采用的是整体模板衬砌台车,它既要保证隧道轮廓线型,又要保证二次衬砌结构观感效果,无论在台车设计、制造,还是在现场拼装、就位、使用等方面都会面临诸多问题。需通过技术研究,研制出功能齐全、操作方便、安全可靠的多断面通用化整体移动式液压模板衬砌台车,以解决浅埋超大断面隧道二次衬砌整体浇筑的施工难题。

(6)通过科研攻关和试验开发新方法、新材料、新技术和新工艺,以解决隧道施工中存在的难题,为优化设计参数和施工方案及工艺提供依据,从而保证施工的安全、质量和进度,并且收集和积累数据,为类似工程提供参考和借鉴。

(7)重庆市轨道交通远期计划修建十七条线及一条环线(见图1-18),有大量的超大断面暗挖车站和复杂条件隧道，因此，该课题的研究成果具有巨大的应用前景。

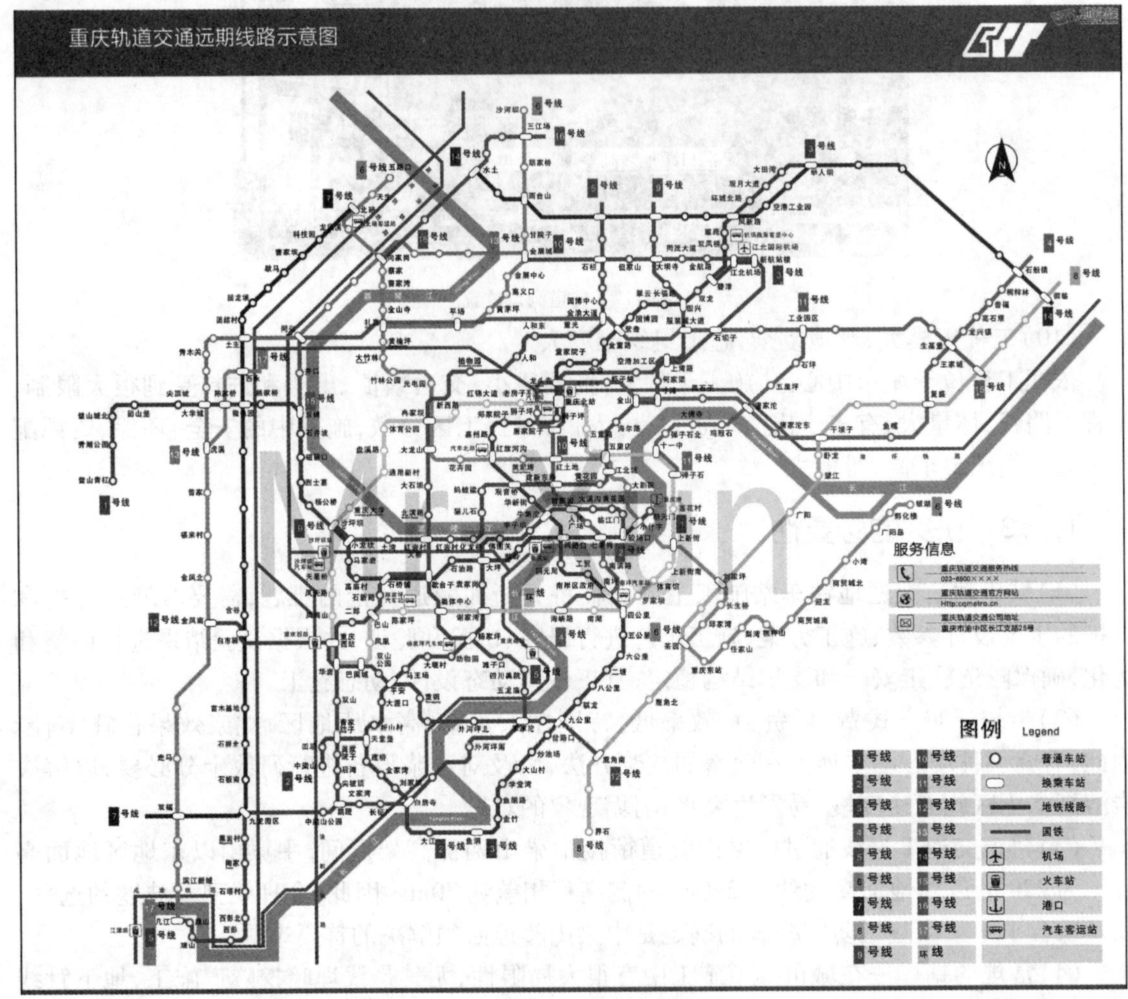

图 1-18　重庆轨道交通远期规划

1.2　国内外研究现状

1.2.1　岩溶隧道修建技术

岩溶地区因受其特殊的地质构造影响，往往具有高水压、富水、溶洞及断层的特征。因此，在岩溶地区隧道施工过程中，经常出现无法预料的地质灾害，如突水、突泥、坍塌、岩爆和有害气体等。灾害一旦发生，轻则冲毁机具，淹没隧道，正常施工被迫中断；重则造成重大的人员伤亡，产生巨大的经济损失，甚至有些地下工程会因此而被迫停建或改线[2]。如京广线大瑶山隧道班古坳竖井平导施工至 K1994 +213 时，突发携带大量泥砂的岩溶水，造成竖井被淹，洞内设备被淹没，中断施工达一年之久[3-4]；成昆线沙木拉达隧道总涌水量最大达 19550m^3/d，突水量最大达 36.11m^3/min，曾造成停工达 32d 之久；京广线南岭隧道曾发生 3 次较大突泥共

11738m^3,突水量最大达11143m^3/d,总涌水量达16885m^3/d;渝怀线圆梁山隧道施工中涌砂、涌水达数十次之多,造成重大伤亡,损失惨重[5];贵昆线梅花山隧道1991年7月雨季因地下水猛涨,洞内边墙出现高压射水,边墙衬砌开裂倒塌12m,中断行车7d之久;京原线驿马岭隧道1972年洞内出现高压突水,造成停运达一年之久[6]。在国外,日本东海道干线的旧丹那隧道(长7.84km)曾6次遇到大规模涌水,最大的一次断层涌突水达3.3m^3/s,水头压力高达4.2MPa,致使该隧道建设工期长达16年之久。1992年竣工的辛普仑双孔单线隧道是穿越阿尔卑斯山的第四座特长隧道,施工中也发生了特大规模的涌突水,涌水量达到13.4m^3/s,水温高达47~56℃。前苏联的贝阿铁路北穆隧道(长15.3km)最大涌水量达60×10^{4}m^3/d。由此可见,水害问题成为岩溶地区修建隧道的最大障碍[7]。

岩溶灾害研究中,岩溶隧道突水问题在20世纪50年代末以前,国内还缺乏专门研究,主要工作限于利用常规的勘查方法查明隧道含水层围岩中地下水的赋存规律,分析隧道开挖的水文地质及工程地质条件,确定地下水的富集带以及潜在的隧道涌水通道,如断裂带、岩溶管道等。此后,日本学者高桥彦治在修建北陆隧道中,首次提出了简便的涌水量计算方法,并汇集到1962年报告《关于隧道涌水的应用地质考察》中,隧道涌水问题逐渐建立起体系。1988年国际隧道工程大会以"隧道与水"为主题出版了来自30个国家学者的160篇论文,内容涉及隧道设计、施工和运营中水引起的问题的各个方面,为以后隧道涌水研究确定了基础[8]。

突水突泥是隧道施工期最大的地质灾害,据国内隧道施工的不完全统计,在水利水电、铁路、公路、矿山的隧(巷)道施工过程中遇到的突水、突泥等地质灾害,所造成的停工时间大约占总工期的30%。深埋岩溶隧道所遇到的高压富水充填溶腔对隧道施工的威胁最大,极易造成灾害。如何安全快速地通过高压富水溶腔一直是岩溶隧道建设的关键问题,我国在以前的岩溶隧道建设中也曾积累了一定的经验,有一些成功的案例。

2004年宜万铁路开工建设,全线共有岩溶隧道91座,发生过许多突水突泥事故。如齐岳山隧道穿越15条断层、3条暗河,共发现大小溶腔150个,突泥突水38次,需要四级泵站几十台水泵抽水,才能保证正常施工;F_{11}富水断层水压力达2.5MPa以上。野三关隧道穿越6条暗河、多个岩溶管道及12条断层,其中F_{18}断层与暗河连通,共揭示溶腔76个,日涌水量大于10000m^{3}的突水突泥点30处,最大日涌水量达29.73万m^3。2007年8月5日,隧道发生突泥突水,在半个小时里,突水量超过15万m^3,突泥量达5万m^{3}以上,隧道被块石、泥沙堵塞约400m,威力巨大。大支坪隧道揭示溶腔82个,发生大规模突水突泥14次,最大日涌水量达36.3万m^3;马鹿箐隧道头顶一个60万m^{3}的聚水溶腔,共发生14次大型突水灾害,2006年1月21日发生的突水,在短短10min里,水量即达5万m^3,被称为中国铁路建设史上最大的涌水隧道。

尽管国内外学者在岩溶灾害及岩溶隧道修建技术方面进行了大量的研究,特别是在宜万铁路岩溶隧道的修建中,积累了大量成功经验及失败教训,针对中梁山隧道特殊的岩溶条件,以往的技术及经验尚不能直接应用,迫切需要开展相关技术研究,为中梁山隧道的顺利建设提供技术支持,同时也为类似隧道的建设提供经验。

1.2.2 爆破振动影响效应研究

国内爆破工作者主要集中在两个方面:一方面是对爆破振动效应的模拟,多以前苏联学者萨道夫斯基提出的经验公式进行拟合：$V = K\left(\sqrt[3]{Q}/R\right)^{\alpha}$；另一方面主要集中在爆破振动破坏标准上，采取最大质点垂直振动速度作为破坏判别指标，拟合公式中以峰值质点振动速度 V、最大一段起爆药量 Q，以及传播距离 R 为参变量[9]。

西南交通大学王明年教授[10]对邻近隧道爆破振动响应研究，进行了不同间距情况下，对既有隧道衬砌迎爆侧最大振速、最大主应力分析以及既有隧道衬砌安全性评价。

广东省宏大爆破工程公司，从研究基坑地质、地形条件的浅眼爆破振动出发，根据邻近建筑的特点，通过实践探索与总结，提出以实测点爆源的典型爆振波，经模拟调整，应用结构动力学数值计算建筑结构和非结构的地震响应，综合考虑爆破振动幅值、频率、振动方向、振波形态、振动作用时间和结构及材料等因素，判断和分析对建筑的影响程度[11]。

南京地铁 1 号线南京站过轨区成功运用微振控制爆破技术及爆破监测，为国内矿山法施工通过铁路站场的第一例，使暗挖矿山法通过铁路站场获得成功，拓宽了暗挖矿山法的新领域[12]。广州地铁 1 号线杨箕至体育本路区间，为左右分修双洞隧道，两隧道中线线间距为13.3～16.3m 不等，穿过天河村自来水厂和天河村密集居民区，隧道上覆土层厚 7.64～17.64m，采用微振动爆破施工，将振速控制在 2cm/s 以内，使暗挖矿山法在广州地区修建地铁区间隧道获得成功[13]。

位于长沙市人民路北侧的非机动车道下的电缆隧道，道路两侧建筑物密布，隧道中轴线距道路北侧建筑物的最近距离为 7～10m，在施工前期进行爆破地震观测试验，获得爆破地震波的传播规律，为施工选取合理的爆破参数，使爆破振动较小，保证爆破周围的建筑物安全[14]。

重庆轻轨大坪车站隧道，地面人口密集，建筑物林立。采用了增设减震孔的光面爆破技术，在开挖施工过程中还进行了爆破振动监测，有效地控制了爆破的地震强度，保证了开挖施工的安全，地表建筑物没有损坏[15]。

美国露天采矿部门（OSM，1983）制定的爆破振动破坏规范[16-17]，允许根据以下 3 种标准进行爆破采矿作业，即最大质点速度（ppv）法，比例药量/距离法，速度—频率曲线法。

总之，国内在这方面的研究大多是对前人的补充和扩展。实际上经验公式预报方法在近年来没有取得多大进展，其原因有：第一，经验公式在不同的条件下预报的取值变化范围太大；第二，经验公式法只考虑了质点峰值速度，而实际上由震动引起结构破坏的因素很复杂，光是质点峰值速度无法解释有的爆破工程中离爆源近区的结构没有损坏而在远处的建筑受损的现象。

1.2.3　注浆技术研究

据文献记载，最早的注浆是法国人查里士贝里尼于 1802 年首次用冲击泵注入黏土和石灰加固港口砌筑墙，距今已有 193 年的历史。1938 年英国汤姆逊隧道开始用水泥浆进行填充注入。1920 年，荷兰采矿工程师尤斯登首次论证了化学注浆的可靠性，并提出了使用水玻璃、氯化钙的双液双系统的注入方式，于 1926 年获得专利。由于水玻璃浆液价格便宜、无毒，所以从那时起到现在一直被广泛应用于基础、隧道等领域。

对于固结强度和耐久性要求较高的工程，研制了一些高分子类的注浆材料。由于高分子类浆材有的有毒性，而水玻璃又存在强度不足的缺点，所以人们必须寻找新的注入材料。Shimoda 和 Clarke 分别于 1982 年和 1984 年提出由超细水泥浆液注入渗透系数小的含砂地层。日本电力公司研制的湿磨水泥可以把普通水泥在注浆现场研磨成需要的细度，而价格比工厂生产的要便宜得多。水泥颗粒的比表面积已经达到 $12700cm^2/g$，平均粒径 3μm。为满足注浆的一些特殊要求，近年来有人提出采用水泥 + 硅粉 + 高效塑化剂制成的触变性浆液注浆。这种浆液的固结体孔隙大为减少，提高了固结体抗腐蚀能力。1993 年，有人提出硅粉注浆，这种浆液流动性好、可注性强、抗渗性好，无析水现象，早期抗压强度好。

目前水玻璃浆材使用率最高，水泥类浆材的使用在国际上也较为普遍。浆材选定的关键是土质条件，其次是环境条件，注入目的和预期效果等因素。选择的浆液应该与砂土层为渗透注入，黏土层为脉状劈裂注入的机理相吻合。渗透注入的机理是溶液型浆液取代颗粒间隙的水。当注浆施工在靠近公共水域的地方进行时，应选用中性或酸性水玻璃浆液，选择这种浆液的目的是即使发生浆液窜入公共水域，也不会使公共水域的水质受到污染。由于某种原因，致使地下水呈酸性或者碱性的场合下，会使注入浆液的凝胶受到影响，所以在现场施工前，必须进行原位酸碱性确认，然后按照酸碱中和的原则，注入酸性或碱性浆液[18]。

国内外在高压、富水区修建深埋长大隧道都不同程度地遇到了涌水、突泥现象，在岩溶地区更加严重，高压涌水、突泥给施工和环境保护都带来了巨大的困难和安全隐患，地质和隧道专家认为，在高水压、富水区修建长大隧道是一种具有挑战性的世界难题。从国内外的隧道施工现状及发展趋势看，高水压、富水、岩溶地段修建特长隧道的技术还不成熟，地层加固和堵水及岩溶的处理技术有待发展，在岩溶水的堵、排方面还存在着不同的看法，充填型溶洞的注浆理论需要不断探索，注浆方案、注浆材料、注浆方式、注浆参数及钻孔、注浆机械设备配套技术仍需进一步试验和研究，注浆的机具设备，诸如注浆泵、搅拌机、止浆塞以及压力和流量计量装置需进一步的更新和完善。

1.2.4 暗挖车站技术研究

车站的施工方法与其结构形式密切相关，目前国内外修建城市地铁车站的方法主要有明挖法、暗挖法、盾构法等。采用浅埋暗挖法施工的地铁车站，主要有单拱、双连拱、三连拱、分离式等多种形式。浅埋暗挖法可避免大量拆迁、改建工作，减少对周围环境的粉尘污染和噪声影响，对城市交通的干扰小，可应用于非第四纪地层、超浅埋（埋深已缩小到 0.8m）、大跨度、上软下硬、高水位等复杂地层及环境条件下的地下工程中。该法对工程地质条件的要求一是无水作业；二是开挖面具有一定的自立性和自稳性。

自 1986 年首次在北京复兴门地铁折返线工程中成功应用以来，浅埋暗挖法已广泛应用于北京、沈阳、广州、南京、杭州、深圳地铁，社会效益显著。常用的浅埋暗挖方法有：全断面法、台阶法、单侧壁导坑法、中隔墙法（CD 法）、交叉中隔墙法（CRD）、双侧壁导坑法（眼睛法）、中洞法、侧洞法、柱洞法。1989 年修建的北京地铁 1 号线西单站是我国首次采用浅埋暗挖法修建的双层大跨度地铁车站。下面针对不同的车站形式阐述修建地铁车站的适宜工法。

三拱两柱式双层车站：此类型车站最为常见，如天安门西站、东单站、王府井站、黄庄站、劲松站、动物园站、磁器口站等，多选用双侧壁导坑法、柱洞法或洞桩法施工。多位于第四纪地层中，结构跨度多在 22m 以上，高度 13m 以上，分部开挖步序多，受力转换复杂，施工难度大。

三拱两柱单层车站：此类型车站多选用中洞法、中柱法或中隔墙法施工。较早采用三拱两

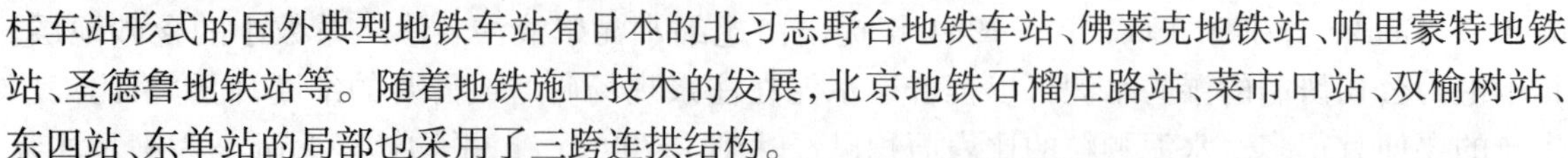

柱车站形式的国外典型地铁车站有日本的北习志野台地铁车站、佛莱克地铁站、帕里蒙特地铁站、圣德鲁地铁站等。随着地铁施工技术的发展，北京地铁石榴庄路站、菜市口站、双榆树站、东四站、东单站的局部也采用了三跨连拱结构。

双拱单柱式车站：此类型车站多采用柱洞法施工。与三拱两柱式车站相比，双拱单柱式车站结构的跨度一般在20m左右，高度在10m左右，尺寸相对减小，因而施工对地层的扰动相对减小。

单跨单层车站：此类型车站多采用双侧壁导坑法施工。单拱车站受力简单明了，结构圆顺，可有效避免多拱车站的积水沟槽，施工方便，防水效果有保证。其采用侧式站台也可使结构更紧凑，减小开挖跨度。

单拱双柱或单柱式车站：此类型车站的结构跨度多在20～25m。与三拱两柱车站的开挖跨度接近，施工方法类似，但克服了连拱结构防水效果较差的问题，对地层变形的影响要好于连拱结构。

分离式车站：我国已建成的分离式车站有广州地铁越秀公园站，其采用两端明挖三层，中部暗挖单层三条隧洞，通过两条横通道连接而成。由于分离式车站采取两个或三个隧洞的方式，使得车站的开挖跨度大为缩小，如北京地铁国贸站采用直墙结构，开挖跨度只有13.2m。故分离式车站为单拱结构，断面圆顺，受力明确，防水效果好。

1.3 本书的主要研究内容

(1)城市轨道交通长大隧道线型设计及行车安全

重庆市轨道交通1号线中梁山隧道全长4.33km，是目前我国城市轨道交通领域拟建最长隧道。线路设计时遇到了长大陡坡的问题，目前尚无运行实例，不能直接照搬现有的技术方案。因此，需对长大坡度隧道的合理线型、坡度以及运营过程中的行车安全问题进行研究。

①城市轨道交通长大隧道线型及坡度设计。

②长大陡坡隧道行车安全问题研究。

(2)城市轨道交通暗挖车站隧道结构荷载计算

地铁暗挖车站结构，跨度大，开挖分部多，力学转换复杂，若采用已有的隧道结构荷载确定方法计算，所得结果偏大，与实际情况出入较大。拟以小什字地铁车站为研究背景，针对地铁车站隧道几何与开挖特性，开展能考虑施工过程的荷载确定方法研究。

①车站隧道常用荷载计算方法。

②考虑施工过程的车站隧道结构荷载计算方法。

(3)城市轨道交通特大断面隧道施工技术

在城市隧道建设中，隧道断面不断增大且隧道上部构筑物密集，施工环境复杂，施工危险性极大，传统铁路、公路隧道开挖施工工艺使得效益与工期矛盾不断突出，拟针对以上情况，结合具体工程，开展复杂环境下的城市轨道交通隧道施工方法研究，以解决了特大断面隧道施工变形及稳定性控制难题。

①隧道洞口条石挡墙托置式大管棚进洞施工技术。

②城市风景区隧道出洞施工技术。

③斜井至正洞转换技术。

④特大断面回旋分部施工方法。

⑤组合型钢支撑施工技术。

(4)复杂周边环境下超深明挖隧道施工技术

南坪中心交通枢纽工程,位于主城闹市区的南坪中心交通枢纽工程,是集景观商业广场、步行交通、轨道交通、车行交通于一体的综合交通系统。工程内沿线周边建筑物密集,且有数栋高层建筑距离开挖线较近,涉及的地下管网众多。拟结合工程特点,开展复杂周边环境下超深基坑开挖与支护技术研究,对于解决本工程的具体施工具有重要的现实意义。

①城市中心区基坑工程施工方案优化。

②基坑主体结构部分逆作法施工技术。

③超高超大侧墙无拉结单面支模体系。

④临近建筑物超深基坑支护技术与安全性评价。

(5)城市轨道交通隧道微震爆破施工技术

目前,国内外常规爆破通常采用预裂或光面爆破技术来控制振动影响问题,虽具有一定的效果,但对于城市高密度建筑群落,特别是在紧邻保护物体的环境中,单纯采用预裂爆破往往不能实现对爆破振动的有效控制。因此,需研究新的微震爆破技术,以解决城市隧道爆破振动及有害因素的控制问题。

①大直径螺旋掏槽爆破施工技术。

②空气弹簧减震爆破技术。

③浅埋隧道减震爆破技术。

(6)隧道岩溶高压富水区信息化注浆技术

重庆市轨道交通中梁山隧道穿越嘉陵江组石灰岩、岩溶、暗河极为发育,下穿上堰水库、余家湾水库,岩溶水丰富,施工风险极大,稍有不慎就会造成突水、突泥的重大灾难。根据中梁山隧道高压、富水及流动性大的特点,以及城市隧道对地下水排放标准要求高,研究新的注浆方法、工艺及设备,实现高质量的快速注浆。

①动水动态信息化注浆方法。

②注浆设备的改进及选型配套技术。

③无止浆墙深孔注浆技术。

④动水动态信息化注浆技术在岩溶高压富水段的工程应用。

(7)城市轨道交通长大隧道运营防灾设计

中梁山隧道穿越岩溶水的垂直渗流带、水平流动带、岩溶裂隙水带,且为长大陡坡隧道,在运营过程中,如何解决通风排烟等运营防灾问题,目前尚无先例,需开展必要的研究,以解决城市轨道交通长大隧道运营防灾、人员疏散等问题。

①城市轨道交通长大隧道通风排烟技术。

②城市轨道交通长大隧道运营防灾技术。

第 2 章　城市轨道交通长大隧道线型设计及行车安全

2.1　工程概况

重庆市轨道交通 1 号线(沙坪坝—大学城段)起于沙坪坝站,终于大学城站,全长约 20.18km。中梁山隧道为双碑北站—赖家桥站区间的一部分,两侧与高架线路连接,全长 4.33km,是目前我国城市轨道交通领域拟建最长隧道,属长大山岭隧道,见图 2-1。

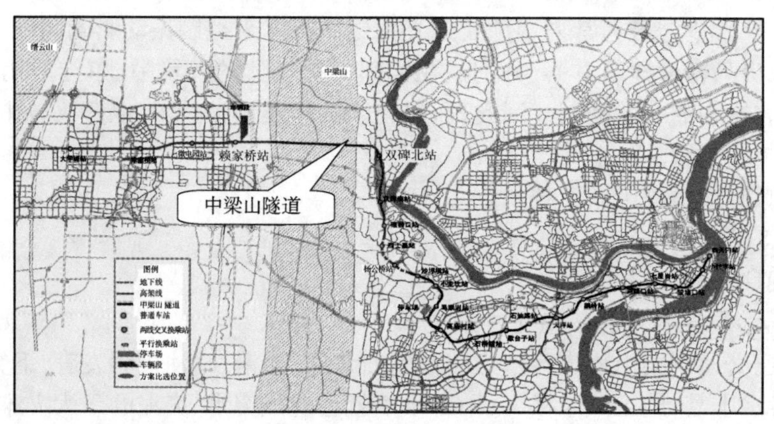

图 2-1　中梁山隧道位置示意图

隧道进洞口段为半径 500m 的曲线,里程 K24 + 239 开始为一段 117.15m 长的半径为 3000m 的曲线,其余段均为直线;除进洞口线间距由 5m 渐变为 4.6m 外,其余段线间距均为 4.6m。

由于 1 号线在线路设计时遇到了长大陡坡的问题,目前尚无运行实例,不能直接照搬现有的技术方案。因此,需对长大坡度隧道的合理线型、坡度以及运营过程中的行车安全问题进行研究。

2.2　城市轨道交通长大隧道线型及坡度设计

2.2.1　隧道平面位置选择

为尽量缩短隧道长度,线路在中梁山隧道段设计为直线段,由于隧道在中梁山以西要接入赖家桥站,平面位置基本确定,所以中梁山隧道入洞口位置决定着线路的平面位置。中梁山隧道入洞口几经选址(图 2-2),最终确定在十八冶构件厂处。

原工可方案入洞口位于十八冶构件厂南侧的山沟中,在此处设置入洞口,线路行进方向上纵向高差变化较大;线路以隧道形式前进一段距离后,会遇到一处山谷,谷底高程在线路高程以下,隧道将露出地面。另外,如果洞口选址在山沟中,由于周边高差变化较大,没有既有道路满足设备进场要求,同时也没有足够的施工场地满足施工作业开展。

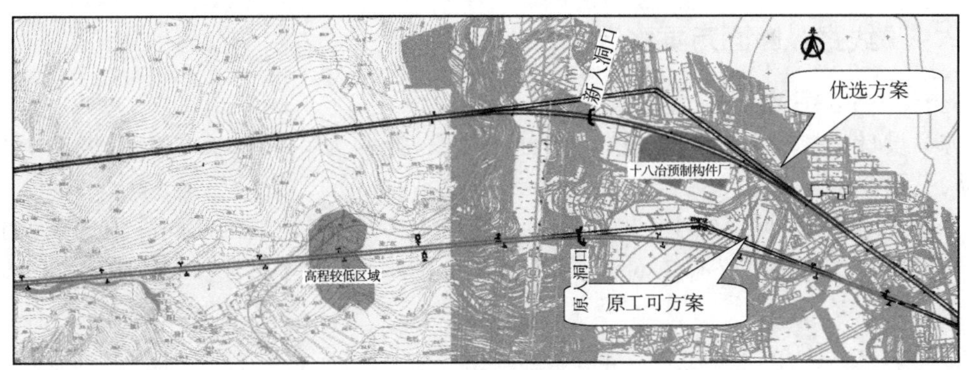

图 2-2　洞口位置比选示意图

十八冶构件厂处作为中梁山入洞口,一方面线路可以参照既有中梁山公路隧道的选线形式,以直线穿越中梁山,期间不会出现隧道露出地面的情况;另一方面可利用连接十八冶构件厂和渝碚路的既有道路解决大型施工机具进场问题;同时,十八冶构件厂搬迁后,该处地形平坦,可作为施工场地使用。

2.2.2　隧道纵断面控制因素

重庆轨道交通 1 号线需通过中梁山隧道衔接中梁山两侧高架区间,中梁山以东地区地面高程约为 220m,中梁山以西地面高程约为 290m,两侧高程相差约 70m。

线路在中梁山以东入洞口处高程受十八冶预制构件厂进出厂道路控制,需满足轨道交通桥下道路净空要求。同时受线路上方在建襄渝二线铁路及桥梁墩柱不宜过高等条件控制,线路不具备提高入洞口高程、降低中梁山两侧区间高差的条件。

线路在中梁山隧道出洞口处,受跨越渝遂高速公路、赖家桥车辆段出入段线净空要求控制,不具备降低出洞口高程、降低中梁山两侧区间高差的条件。

2.2.3　连续提升高度确定

《城市轨道交通工程项目建设标准》(建标 104—2008)[19]第二十四条:二、在线路长大陡坡地段,不宜与平面小半径曲线重叠。当正线线路坡度或连续提升高度大于表 2-1 的规定值时,根据列车动力配置、线路具体条件和环境条件,均应对列车各种运行状态下的安全性,以及运行速度进行全面分析评价。

正线线路长大陡坡规定值　　表 2-1

正线线路	钢轮/钢轨系统车辆		跨坐式单轨车辆
	旋转电机车辆	直线电机车辆	
线路坡度(‰)	30	50	50
连续提升高度(m)	16	20	24

综上所述,线路需在中梁山内设置长大坡道以解决两侧高差相差较大问题,线路连续提升高度超过70m,远大于城市轨道交通建设标准规定的16m要求。由此带来一系列运营、防灾、施工等方面的问题。为此,需在线路纵断面设计方面进行多方案比选。

2.2.4 线路纵断面方案比选

(1)方案一:人字坡方案

①方案设计:中梁山隧道段纵坡设计分为两段,分别为2750m长27‰上坡和1650m长3‰下坡,见图2-3。

②方案优点:最大坡度较小,为27‰。设计为人字坡,满足施工期间隧道向两侧排水的要求。出洞口端施工时,仅有1/6洞长需要水泵排水,扬程不超过19m,满足施工时排水要求。

③方案缺点:2750m长27‰坡,连续提升高度为74m。

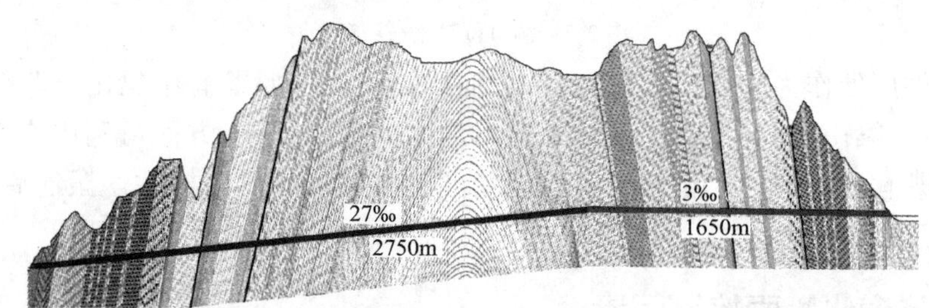

图2-3 方案一纵断面示意图

(2)方案二:人字坡局部阶梯式方案

①方案设计:中梁山隧道段纵断坡度设计为四段,分别为1250m长29.5‰长上坡,350m长3‰上坡,1200m长29.5‰上坡和1600m长3‰下坡,见图2-4。

②方案优点:长大上坡中插入一段缓坡,隧道内发生灾害时,下行(朝天门—大学城方向)停车条件有所提高;基本保持人字坡形状,满足施工排水要求。出洞口端施工时,仅有1/6洞长需要水泵排水,扬程不超过19m,满足施工时排水要求。

③方案缺点:方案最大坡度为29.5‰,条件较差;施工期间排水困难,发生涌水时风险较大。

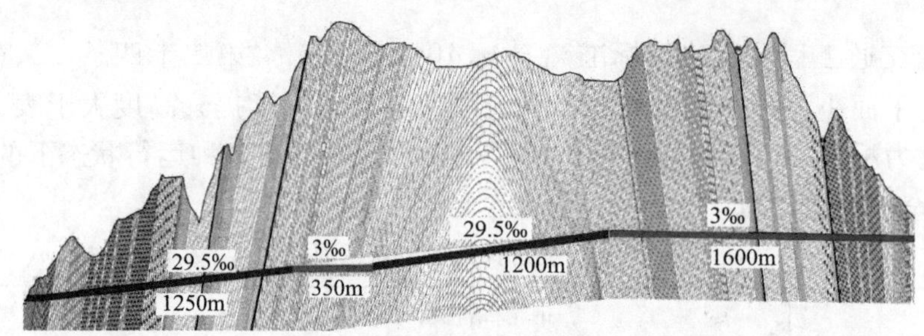

图2-4 方案二纵断面示意图

(3)方案三:阶梯式方案

①方案设计:中梁山隧道内坡度设计为阶梯式上升坡度,由3段1000m长20‰坡度和两

段 400m 长 6‰上坡以及一段 600m 长 7.5‰上坡构成，见图 2-5。

②方案优点：最大坡度仅为 20‰，较缓。

③方案缺点：施工期间，出洞口端施工 2100m 左右需要设置水泵强排水，水泵的扬程需要 30m，施工排水困难，发生涌水时风险较大不能满足隧道施工期间向两侧排水的要求；使用期间，可能会发生出洞口雨水倒灌现象。

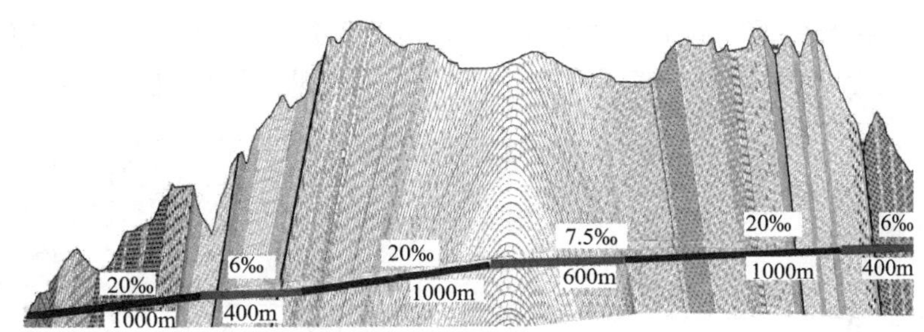

图 2-5　方案三纵断面示意图

2.2.5　线路纵断面方案比选与运营安全

线路纵断面比选分为正常运营条件和故障情况两种工况。

(1)正常条件下的运营安全分析

结合三种线路纵断面方案，进行了列车运行牵引计算模拟。针对三种方案分别进行了上下行方向牵引计算。

①人字坡式纵断面方案。

上坡方向：采用牵引—惰行—制动的节能驾驶工况。列车从双碑北站出发后，经过限速曲线，持续加速至 90km/h 左右，持续维持牵引状态至坡段结束，速度维持在 90km/h 左右。牵引供电线网取流在 2000A 左右。进入 3‰的下坡后，采用惰行工况，整个区间运行曲线平缓。

下坡方向：列车从赖家桥站出发后，持续加速至 92km/h 后开始惰行，列车速度根据坡度大小高低变化，当超过 92km/h 时，实施制动，反复 3 次。

②人字坡局部阶梯式方案。

上坡方向：人字坡局部阶梯方案与人字坡方案相比，最大坡度增加至 29.5‰，同时在坡道中段增加了 350m 长、坡度 3‰的缓坡。从正常状态下牵引计算模拟来看，与人字坡方案有所差别，表现为：29.5‰的坡道上，速度下降较为明显；29.5‰的坡道上，线网取流较大为 2200A 左右；经过 3‰缓坡时速度提高较为明显，造成牵引曲线变化较大。

下坡方向：与人字坡方案基本一致。

③阶梯式方案。

上坡方向：阶梯式方案在纵断面设计上，采用了三段 20‰上坡与三段缓坡相组合，从双碑北站—赖家桥站方向，采用一面坡形式。总的提升高度小于前两个人字坡方案。由于阶梯式方案最大坡度小，缓坡过渡频繁，在正常条件下，牵引计算模拟结果表现为：多次牵引，由于最大坡度小，在 20‰上坡段列车能够保持持续加速，需要多次往复的牵引—惰行；牵引曲线平滑度较差。

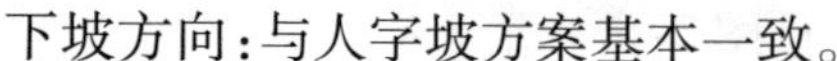
下坡方向：与人字坡方案基本一致。

④牵引力比较

由图2-6可见，列车牵引力是在特性区中，随着速度的增加是逐渐减小的。

在固定坡道上行驶的列车，在某一个速度上会达到一个临界值，此时牵引力与列车行驶的阻力相等。列车将保持匀速行驶。就中梁山隧道长大坡道而言，为满足不小于90km/h的行驶速度，坡道的临界值在27‰左右。由牵引计算图（图2-7）可以看出，27‰坡道上速度下降不大，而29.5‰坡道上，满牵引力下速度下降比较明显，而且从线网取流值较大。

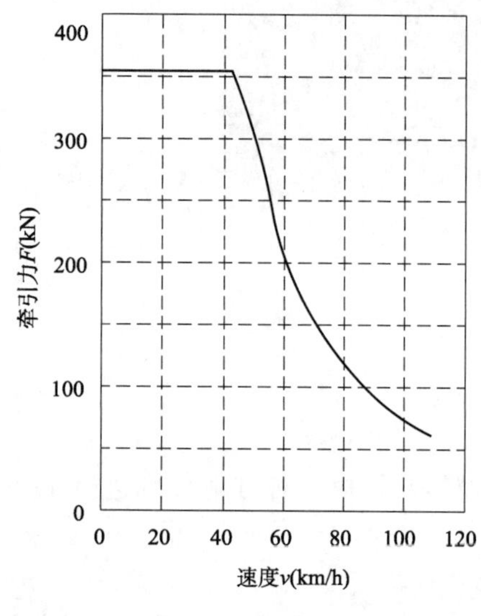

图2-6　重庆100km/h机车牵引特性曲线

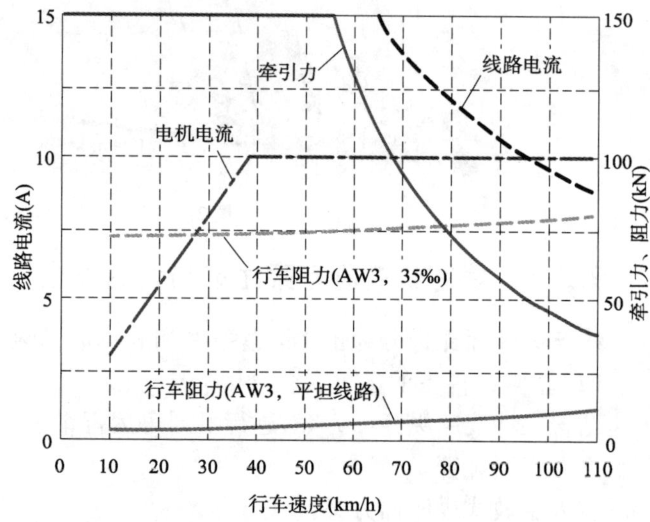

图2-7　重庆100km/h机车特性曲线

上述三个方案中，人字坡方案能够保证列车牵引曲线相对比较平滑，而人字坡阶梯方案和阶梯方案则存在较多问题。

⑤速度指标比较。

从运行时分来看（表2-2），上下行方向合计运行时分：方案一为11′5″；方案二为11′9″；方案三为11′19″。由此可见，三个方案行车时间差别不大，方案一相对较优。

模拟计算速度指标表　　表2-2

纵断面方案		双碑北—赖家桥区间运行时分	超速制动（次）
方案一：人字坡方案	下行	5′26″	0
	上行	5′39″	3
方案二：人字坡局部阶梯式	下行	5′24″	0
	上行	5′47″	3
方案三：阶梯式方案	下行	5′25″	0
	上行	5′54″	3

从制动次数来看，上行方向即赖家桥至双碑北方向，由于线路两端高差大，达70m。该方向线路为长下坡，列车在线路水平方向重力分力及牵引力的联合作用下，速度不断增加，下坡需进行制动。根据牵引计算图，为防止超速，三种方案列车上行运行时，均需制动3次。

⑥能耗指标比较。

从能耗角度来看(表 2-3),方案一与方案二相比,相差不大。方案三由于多次牵引造成能耗较大。

能耗指标比较表　　表 2-3

纵断面方案		能耗(kWh)
方案一:人字坡方案	下行	154.063
	上行	48.038
方案二:人字坡局部阶梯式	下行	154.473
	上行	47.279
方案三:阶梯式方案	下行	161.689
	上行	44.203

(2)故障条件下的安全分析

针对三种纵断面方案,从运营安全的角度进行分析,检算在丧失 50% 动力及空载列车救援故障列车的情况下,列车在长大坡道的启动能力。

综合比较上述三种纵断面设置方案,方案一为人字坡方案,最大纵坡 27‰;方案二为人字坡局部阶梯式方案,纵坡达 29.5‰,本次启动检算对于方案一和方案二进行对比研究。

①29.5‰纵坡理论计算。

a. 列车丧失 50% 动力工况。4M2T 编组的列车一辆动车丧失动力后将变成 2M4T;列车在长大坡道的受力情况如下:

启动牵引力　　$F_q=\lambda_y F-W=75421.98\text{N}$

启动加速度　　$a=\frac{F_q}{P}=0.260\text{m/s}^2$

b. 空载列车牵引无动力列车工况。4M2T 编组的列车丧失动力之后变为 0M6T,由一列空载的列车牵引或推送启动。连挂之后变为 4M8T,牵引质量为 494.4t。

启动牵引力　　$F_q=\lambda_y F-W=178149.8\text{N}$

启动加速度　　$a=\frac{F_q}{P}=0.360\text{m/s}^2$

②27‰纵坡理论计算。

a. 列车丧失 50% 动力工况。4M2T 编组的列车一辆动车丧失动力后将变成 2M4T;列车在长大坡道的受力情况如下:

启动牵引力　　$F_q=\lambda_y F-W=82536.78\text{N}$

启动加速度　　$a=\frac{F_q}{P}=0.284\text{m/s}^2$

b. 空载列车牵引无动力列车工况。4M2T 编组的列车丧失动力之后变为 0M6T,由一列空载的列车牵引或推送启动。连挂之后变为 4M8T,牵引质量为 494.4t。

启动牵引力　　$F_q=\lambda_y F-W=190262.6\text{N}$

启动加速度　　$a=\frac{F_q}{P}=0.384\text{m/s}^2$

③模拟计算及分析。

a. 在方案一、方案二所示线路纵断面条件下，重庆轨道交通 1 号线 4M2T 编组列车（100km/h），在定员情况下，当列车丧失 50% 动力工况时，列车均可在中梁山隧道内的长大坡道启动运行至前方车站。

b. 当全列车丧失动力，由另外一列空载救援列车连挂后，列车也可在中梁山隧道内的长大坡道启动运行至前方车站。

综合比较，方案一启动加速度大，启动时间短，优势较为明显，能在较短的时间内驶入前方车站。

2.2.6 运营条件分析结果

针对线路纵断面的三个方案，从正常运营和故障运营角度以及能耗角度比较（表 2-4），方案一：人字坡方案较优。

中梁山纵断面方案优缺点综合比较表　　表 2-4

比较项目		方案名	方案一：人字坡	方案二：人字坡局部阶梯式	方案三：阶梯式
线路条件		线路坡度条件	较好（最大坡度 27‰）	差（最大坡度 29.5‰）	好（最大坡度 20‰）
		施工期间排水情况	满足两侧施工排水要求（机械排水扬程不超过 20m）	满足两侧施工排水要求（机械排水扬程不超过 20m）	不满足两侧施工排水要求（机械排水扬程超过 20m）施工期有发生涌水风险
		运营期间排水情况	满足隧道向两侧排水要求	满足隧道向两侧排水要求	存在中梁山隧道西侧雨水通过隧道倒灌到东侧的风险
运营条件	正常	坡度对列车速度影响	有减速情况，但情况相对较好	有减速情况	无减速情况
		通过隧道时间	11′5″（最快）	11′9″（次之）	11′19″（最慢）
		上行制动次数（大学城—中梁山方向）	3	3	3
		能耗（kWh）	202.101	201.752	205.892
	故障	列车丧失 50% 动力工况	可启动，启动加速度为 $0.284m/s^2$	可启动，启动加速度为 $0.26m/s^2$	—
		空载列车无动力工况	可启动，启动加速度为 $0.384m/s^2$	可启动，启动加速度为 $0.36m/s^2$	—

方案一与方案二相比，方案二在方案一的基础上进行了优化，增加了一段 350m 缓坡，但最大纵坡增加至 29.5‰，总体上讲进一步恶化了正常行车条件。

2.3 长大陡坡隧道行车安全问题研究

山岭隧道的规定主要是考虑列车安全性、运行速度要求，其中列车安全性则主要包括列车的牵引力、制动力以及电机发热等几个主要方面。

2.3.1　列车计算要求

(1) AW3(4M2T)：在定员 AW3 工况下，列车一切正常，按规定的运营速度要求能够正常的运营。

(2)列车损失 1/4 动力(3M3T)：在定员 AW3 工况下，当列车损失 1/4 动力时，列车仍能维持运行至线路终点。在终点站，列车下客后以给定的速度返回车辆段或停车场。

(3)列车损失 1/2 动力(2M4T)：在定员 AW3 工况下，当列车损失 1/2 动力时，列车仍能在正线最大坡度上启动，并行驶至就近车站，列车清客后仍能返回车辆段或停车场。

(4)列车动力全部损失(4M8T)：在定员 AW3 工况下，当列车损失全部动力时，列车应能由另一列相同空载列车在正线最大坡度上牵引至临近车站，列车清客后以不低于 15km/h 的速度被牵引回车辆段或停车场。

2.3.2　列车起动性能分析

(1)列车质量换算及基本阻力计算

①列车总重。

$$(\text{AW0}):M_0 = 208\text{t/列}$$

$$(\text{AW2}):M_2 = 296.08\text{t/列}$$

$$(\text{AW3}):M_3 = 320.8\text{t/列}$$

②列车换算质量。

$$M_g = M_{mo} \times 4 \times 0.1 + (M_{tco} \times 2) \times 0.05 = 17.4\text{t}$$

$$(\text{AW0}):M_{0g} = M_0 + M_g = 225.4\text{t}$$

$$(\text{AW2}):M_{2g} = M_2 + M_g = 313.48\text{t}$$

$$(\text{AW3}):M_{3g} = M_3 + M_g = 338.2\text{t}$$

其中，M_p、M 车的惯性系数为 10%；T_c 车的惯性系数为 5%。

③列车启动阻力计算。

按 49×10^{-3}kN/t 计算。

$$(\text{AW0}):M_{q0} = M_0 \times 49 = 208 \times 49 \times 10^{-3} = 10.192\text{kN}$$

$$(\text{AW2}):M_{q2} = M_2 \times 49 = 296.08 \times 49 \times 10^{-3} = 14.508\text{kN}$$

$$(\text{AW3}):M_{q3} = M_3 \times 49 = 320.8 \times 49 \times 10^{-3} = 15.719\text{kN}$$

④最大坡度上的附加阻力 W_i(kN)($i = 35‰$)。

$$(\text{AW0}):W_{i0} = M_0 \times 35‰ \times 9.81 = 71.42\text{kN}$$

$$(\text{AW2}):W_{i2} = M_2 \times 35‰ \times 9.81 = 101.66\text{kN}$$

$$(\text{AW3}):W_{i3} = M_3 \times 35‰ \times 9.81 = 110.15\text{kN}$$

(2)列车故障运行及救援能力计算

①列车编组形式。

a. AW3 的 4M2T 列车，丧失 1/4 动力时(即切除 1 辆动车)，在 35‰坡道上起动。

b. AW3 的 4M2T 列车，丧失 1/2 动力时(即切除 2 辆动车)，在 35‰坡道上起动。

c. AW0 的 4M2T 列车，在 35‰的上坡救援失去动力的超员 AW3 列车(6 节)。

②故障运行能力。

a. 35‰上坡的起动能力(AW3)。

估算 AW3 负载、丧失 1/4 动力的 4M2T 列车是否能在 35‰的上坡起动。下式为 AW3 载荷下 4M2T 列车编组中,12 台电机产生的加速度。

$$
\begin{aligned}
\text{加速度} &= \frac{\text{牵引力}-\text{起动阻力}-35‰\text{坡道阻力}}{\text{质量}} \\
&= \frac{24\times12-(49+343.35)\times320.8/1000}{320.8+0.1\times140+0.05\times68} \\
&= 0.479\text{m/s}^2 > 0.0833\text{m/s}^2
\end{aligned}
$$

计算表明,24kN/电机的牵引力可以使列车在 35‰上坡起动。丧失 1/4 动力后的 AW3 载荷 4M2T 列车能依靠正常牵引力在 35‰上坡起动,并以 0.479m/s² 的加速度运行。

b. 35‰上坡的起动能力(AW3)。

估算 AW3 负载、丧失 1/2 动力的 4M2T 列车是否能在 35‰的上坡起动。下式为 AW3 载荷下 4M2T 列车编组中,8 台电机产生的加速度。

$$
\begin{aligned}
\text{加速度} &= \frac{\text{牵引力}-\text{起动阻力}-35‰\text{坡道阻力}}{\text{质量}} \\
&= \frac{24\times8-(49+343.35)\times320.8/1000}{320.8+0.1\times140+0.05\times68} \\
&= 0.196\text{m/s}^2 > 0.0833\text{m/s}^2
\end{aligned}
$$

计算结果表明,24kN/电机的牵引力可以使列车在 35‰上坡起动。丧失 1/2 动力后的 AW3 载荷 4M2T 列车能依靠正常牵引力在 35‰上坡起动,并以 0.196m/s² 的加速度运行。

③救援能力。

AW0 列车在 35‰的上坡救援 AW3 载荷列车。估算一列 AW0 载荷下的 4M2T 列车是否能往 35‰的上坡推送或牵引另一列 AW3 载荷下、相同编组的故障列车。下式表明 AW0 载荷下的 4M2T 编组列车上坡救援另一列 AW3 载荷、相同编组的故障列车的能力。

$$
\begin{aligned}
\text{加速度} &= \frac{\text{牵引力}-\text{起动阻力}-35‰\text{坡道阻力}}{\text{质量}} \\
&= \frac{16\times16-(49+343.35)\times528.8/1000}{528.8+0.1\times2\times140+0.05\times2\times68} \\
&= 0.0861\text{m/s}^2 > 0.0833\text{m/s}^2
\end{aligned}
$$

计算表明,16kN/电机的牵引力可以使列车在 35‰上坡起动。一列 AW0 载荷下的 4M2T 列车,可以在 35‰的上坡救援一列丧失动力的 AW3 载荷、相同编组的故障列车。

2.3.3 列车制动能力分析

(1)电制动能力分析

根据标准要求,在故障情况下,列车制动力应大于下滑力时才可满足列车安全运行要求。重庆轨道交通 1 号线地铁列车考虑采用电力制动,而空气制动作为电力制动不足时的补充。

暂按不考虑空气制动的情况下,在 30‰的下坡道上用动力制动来计算不同速度下的制动合力及制动减速度，分析故障情况下在大坡道上列车的制动能力。

通过分析计算，在 30‰的下坡道上，暂不考虑空气制动力的情况下，当列车制动力正常时，其制动减速度达到 $0.57m/s^2$；当列车制动力损失 1/4，其制动减速度仍然达到 $0.36m/s^2$；当列车制动力损失 1/2，其制动减速度仍然达到 $0.15m/s^2$；当列车制动力全部损失救援时，其制动减速度仍然达到 $0.34m/s^2$。采用动力制动在各种故障工况下制动力均大于下滑力，是可以满足故障情况下制动能力需求的。

(2)列车基础制动能力分析

①列车基础制动计算条件：

a. 轴重(AW3)：≤14t。

b. 车轮材料：铸钢。

c. 车轮直径：840mm。

d. 动车制动方式：踏面制动。

e. 闸瓦材料：合成材料。

f. 拖车制动方式：盘形制动(640mm×110mm 轴装制动盘)。

g. 闸片材料：合成材料。

②列车阻力及制动减速度：

a. 列车制动减速度。在额定载员情况下，在平直干燥轨道上，车轮半磨耗状态，列车在最高运行速度 100km/h 时，从给出制动指令到停车，平均减速度为：

(a)最大常用制动：$\geq 1.0m/s^2$。

(b)紧急制动：$\geq 1.2m/s^2$。

b. 列车阻力。车辆阻力按下列公式计算：

$$W_v = \{(1.65 + 0.0247v) \times M_m + (0.78 + 0.0028v) \times M_t + [0.028 + 0.0078 \times (N-1)]v^2\} \times 9.80665 \times 10^{-3} kN$$

(3)列车紧急制动仿真

如图 2-8 所示为不同条件时，紧急制动踏面温度变化仿真分析结果。从中分析可知：

①平直道上连续三次紧急制动动车车轮踏面温度上升至 305℃，拖车制动盘摩擦面温度上升至 270℃。车轮及制动盘温升在允许范围之内，但不建议在车辆运用过程中频繁施加紧急制动。频繁施加紧急制动将会加大制动盘产生裂纹的可能，并可能导致制动盘及车轮寿命降低。

②对比拖车盘形制动平直道紧急制动和 3.5‰下坡道紧急制动仿真分析结果可以看出，3.5‰下坡道连续三次紧急后制动盘摩擦面最高温度比平直道工况下最高温度要高出 30℃左右，可见坡道制动对制动盘及车轮踏面的温升有显著影响。

(4)线路运营模拟结果

各模拟工况均基于以下条件：轴重：14t；线路条件：平直轨道；常用制动减速度：$1.0m/s^2$；制动盘及踏面的初始温度：40℃。

①最高速度 100km/h 运行。

制动初速度按最高速度 100km/h 计算，由于站间距不同，根据实际站间距设定各区间的制动初速度，全线正常运行模拟计算结果如图 2-9 所示。

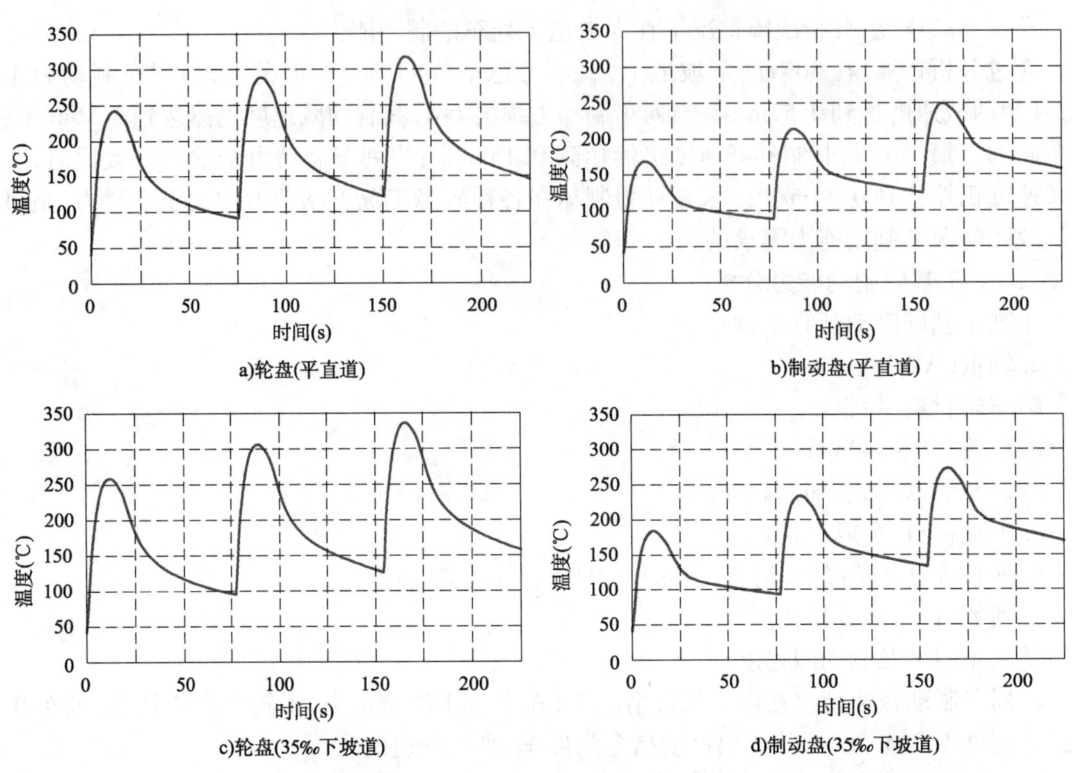

图 2-8　100km/h 连续三次紧急制动踏面温度仿真分析结果

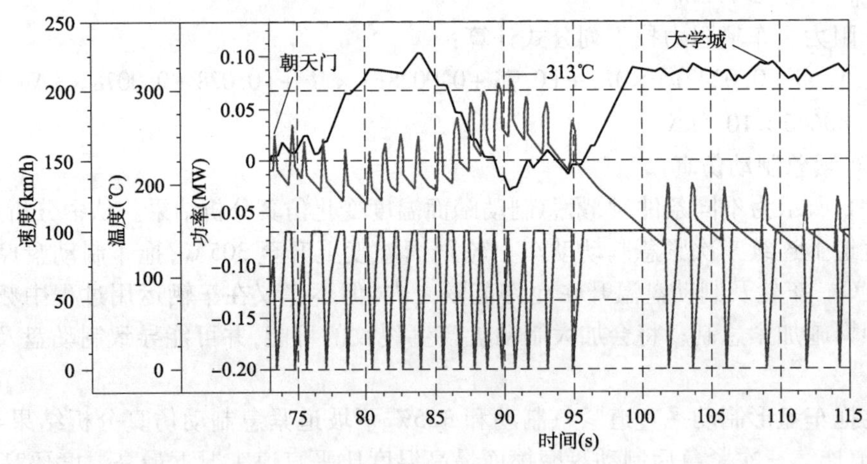

图 2-9　电制动未失效情况下全线制动热容量模拟曲线(AW3 载荷)

从以上模拟计算结果可见，以最高速度 100km/h 连续运行一个折返，列车制动盘及踏面温度在允许范围内，最高温度出现在小龙坎站。

②一节车电制动失效情况。

制动初速度为 80km/h，一节车电制动失效限速运行模拟计算结果如图 2-10 所示。

根据模拟结果可知，当一节列车电制动失效时，列车限速 80km/h 情况下，列车制动热容量可以满足要求。

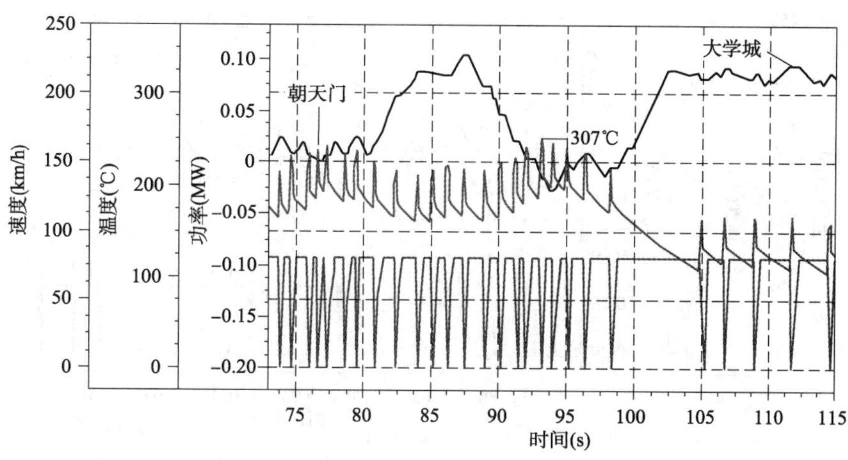

图2-10　一节车电制动失效限速80km/h全线制动热容量模拟(AW3载荷)

③两节车电制动失效情况。

制动初速度为70km/h,两节车电制动失效限速运行模拟计算结果如图2-11所示。

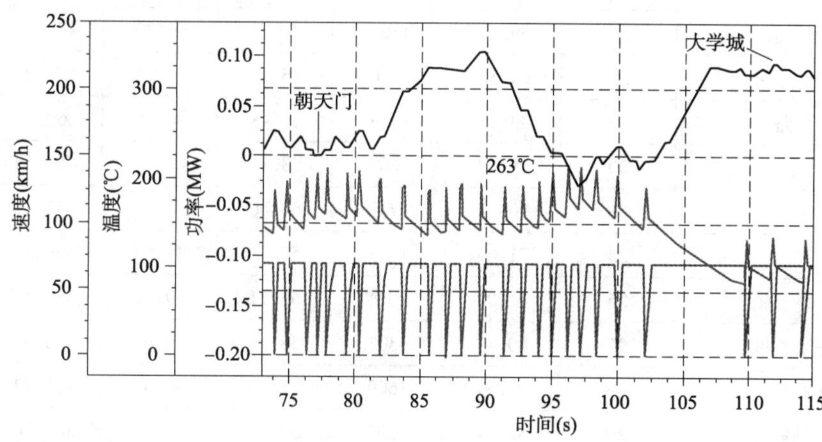

图2-11　两节车电制动失效限速70km/h全线制动热容量模拟(AW3载荷)

根据模拟结果可知,当两节列车电制动失效时,列车限速70km/h情况下,列车制动热容量可以满足要求。

④全列车电制动失效情况。

制动初速度为60km/h,全列车电制动失效限速运行模拟计算结果如图2-12所示。

根据模拟结果可知,当全列车电制动失效时,列车限速60km/h情况下,列车制动热容量可以满足要求。

2.3.4　列车牵引热容量分析

(1)无惰行满功率运行

①上行(超员载荷AW3,牵引1350V,制动1650V)。

模拟运行计算结果见表2-5。

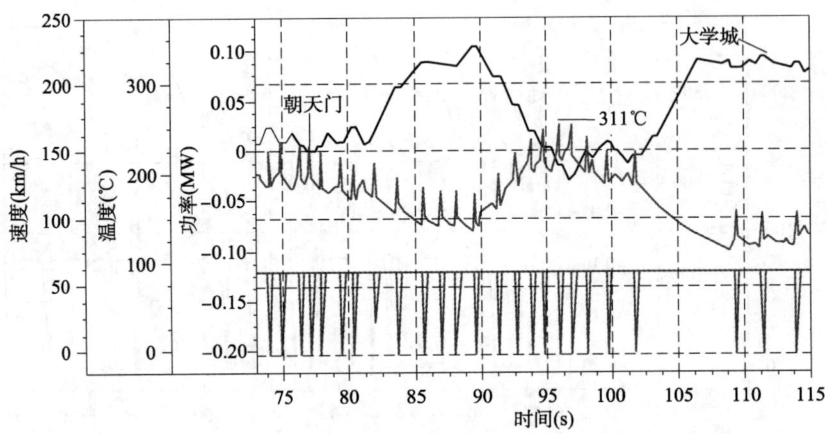

图2-12 全列车电制动失效限速60km/h全线制动热容量模拟(AW3载荷)

上行满功率运行计算结果 表2-5

区　间	T_{sd}	T_y	S_c	V_y	V_1	I_d	备注
朝天门—小什字	35	89.31	692	27.9	20.05	481.5	
小什字—较场口	35	89.42	1361	54.8	39.39	470.83	有限速
较场口—七星岗	35	65.56	844	46.35	30.22	436.5	有限速
七星岗—两路口	35	80.3	1438	64.48	44.9	460.79	有限速
两路口—鹅岭	20	98.88	1603	58.37	48.55	465.68	有限速
鹅岭—大坪	35	103.8	1743	60.46	45.21	372.39	有限速
大坪—石油路	25	71.69	1145	57.51	42.64	492.4	有限速
石油路—歇台子	25	71.99	1074	53.71	39.87	387.71	有限速
歇台子—石桥铺	35	80.43	1303	58.33	40.64	476.04	
石桥铺—高庙村	25	90.31	1600	63.79	49.96	415.82	有限速
高庙村—马家岩	20	82.51	1200	52.37	42.15	363.56	有限速
马家岩—小龙坎	25	72.5	1087	53.98	40.14	412.97	有限速
小龙坎—沙坪坝	30	62.93	870	49.78	33.71	431.07	有限速
折返时间(s)	114						
总运行时间(s)	1059.63						
总旅行时间(s)	1439.63						
平均运行速度(km/h)	54.22						
平均旅行速度(km/h)	39.91						
主电路直流侧等效电流(A)	438.36						
牵引电压(V)	1350						
再生制动电压(V)	1650						

注：T_{sd}-停站时间(s)；T_y-运行时间(s,不含停站时间)；S_c-距离(m,两站之间)；V_y-运行速度(km/h,不含停站时间)；V_1-旅行速度(km/h,含停站时间)；I_d-直流侧等效电流(A)。

从运算结果可知,在超员载荷 AW3,牵引时网压取 1350V,制动时网压取 1650V 的条件下,朝天门站至沙坪坝站上行的总旅行时间为 1439.63s(14 个站平均每站 110.7s),平均旅行速度达 39.91km/h,满足不小于 36km/h 的旅行速度要求。

②下行(超员载荷 AW3,牵引 1350V,制动 1650V)。

模拟运行计算结果见表 2-6。

下行满功率运行计算结果　表 2-6

区　间	T_{sd}	T_y	S_c	V_y	V_1	I_d	备注
沙坪坝—小龙坎	25	88.76	870	35.29	27.54	467.1	有限速
小龙坎—马家岩	20	73.8	1087	53.04	41.73	471.66	有限速
马家岩—高庙村	25	82.81	1199	52.13	40.04	432.34	有限速
高庙村—石桥铺	35	92.56	1601	62.27	45.19	458.73	有限速
石桥铺—歇台子	25	76.88	1303	61.02	46.05	501.43	有限速
歇台子—石油路	25	72.01	1074	53.7	39.86	391.82	有限速
石油路—大坪	35	71.84	1145	57.39	38.59	495.6	有限速
大坪—鹅岭	20	103.35	1743	60.72	50.88	318.83	有限速
鹅岭—两路口	35	97.11	1603	59.43	43.69	360.83	有限速
两路口—七星岗	35	72.91	1438	71.02	47.98	521.19	有限速
七星岗—较场口	35	64.64	844	47.01	30.5	418.71	有限速
较场口—小什字	35	93.64	1361	52.33	38.09	386.85	有限速
小什字—朝天门	0	52.49	692	47.47	47.47	509.95	
折返时间(s)	113						
总运行时间(s)	1042.8						
总旅行时间(s)	1392.8						
平均运行速度(km/h)	55.1						
平均旅行速度(km/h)	41.25						
主电路直流侧等效电流(A)	439.35						
牵引电压(V)	1350						
再生制动电压(V)	1650						

从运算结果可知,在超员载荷 AW3,牵引时网压取 1350V,制动时网压取 1650V 的条件下,沙坪坝站至朝天门站下行总旅行时间为 1392.8s(14 个站平均每站 107.1s),平均旅行速度达 41.25km/h,满足不小于 36km/h 的旅行速度要求。

(2)动力损失运行(损失四分之一动力)

①上行(超员载荷 AW3,牵引 1350V,制动 1650V)。

模拟运行计算结果见表 2-7。

从运算结果可知,在损失四分之一动力,超员载荷 AW3,牵引时网压取 1350V,制动时网压取 1650V 的条件下,朝天门站至沙坪坝站上行的平均旅行速度达 37.84km/h,满足不小于 36km/h 的旅行速度要求。

上行损失1/4动力运行计算结果　　表2-7

区　间	T_{sd}	T_y	S_c	V_y	V_1	I_d	备注
朝天门—小什字	35	95.9	692	25.98	19.04	469.19	
小什字—较场口	35	94.75	1361	51.72	37.77	477.26	有限速
较场口—七星岗	35	70.69	844	42.99	28.75	432.83	有限速
七星岗—两路口	35	87.5	1438	59.17	42.27	482.86	有限速
两路口—鹅岭	20	104.58	1603	55.19	46.33	468.77	有限速
鹅岭—大坪	35	109.91	1743	57.1	43.31	388.94	有限速
大坪—石油路	25	78.21	1145	52.71	39.95	504.05	有限速
石油路—歇台子	25	77.95	1074	49.61	37.56	407.98	有限速
歇台子—石桥铺	35	87.57	1303	53.57	38.28	488.76	
石桥铺—高庙村	25	96.58	1600	59.65	47.38	428.76	有限速
高庙村—马家岩	20	88.41	1200	48.87	39.86	365.65	有限速
马家岩—小龙坎	25	78.55	1087	49.83	37.8	413.73	有限速
小龙坎—沙坪坝	30	67.72	870	46.25	32.06	431.36	有限速
折返时间(s)	114						
总运行时间(s)	1138.32						
总旅行时间(s)	1518.32						
平均运行速度(km/h)	50.47						
平均旅行速度(km/h)	37.84						
主电路直流侧等效电流(A)	445.56						
牵引电压(V)	1350						
再生制动电压(V)	1650						

②下行(超员载荷AW3,牵引1350V,制动1650V)。

模拟运行计算结果见表2-8。

下行损失1/4动力运行计算结果　　表2-8

区　间	T_{sd}	T_y	S_c	V_y	V_1	I_d	备注
沙坪坝—小龙坎	25	94.67	870	33.09	26.18	478.07	有限速
小龙坎—马家岩	20	80.04	1087	48.9	39.12	474.96	有限速
马家岩—高庙村	25	88.09	1199	49.01	38.17	429.5	有限速
高庙村—石桥铺	35	101.44	1601	56.82	42.25	474.98	有限速
石桥铺—歇台子	25	83.01	1303	56.52	43.44	502.55	有限速
歇台子—石油路	25	78.16	1074	49.47	37.48	414.4	有限速
石油路—大坪	35	78.9	1145	52.25	36.2	500.52	有限速
大坪—鹅岭	20	109.4	1743	57.36	48.5	337.89	有限速

续上表

区　　间	T_{sd}	T_y	S_c	V_y	V_1	I_d	备注
鹅岭—两路口	35	103.62	1603	55.7	41.64	366.56	有限速
两路口—七星岗	35	79.49	1438	65.13	45.22	535.23	有限速
七星岗—较场口	35	69.76	844	43.56	29.01	418.86	有限速
较场口—小什字	35	98.44	1361	49.78	36.72	401.25	有限速
小什字—朝天门	0	59.42	692	41.93	41.93	496.86	
折返时间(s)	113						
总运行时间(s)	1124.44						
总旅行时间(s)	1474.44						
平均运行速度(km/h)	51.1						
平均旅行速度(km/h)	38.97						
主电路直流侧等效电流(A)	447.92						
牵引电压(V)	1350						
再生制动电压(V)	1650						

从运算结果可知，在损失四分之一动力，超员载荷 AW3，牵引时网压取 1350V，制动时网压取 1650V 的条件下，沙坪坝站至朝天门站下行的平均旅行速度达 38.97km/h，满足不小于 36km/h 的旅行速度要求。

(3)结果分析

①AW3(4M2T)：根据仿真计算结果可得在定员 AW3 工况下，列车一切正常，此时均方根等效电流分别为 117.0A 和 116.0A，计算安全系数均约为 0.89，满足要求。

②列车损失 1/4 动力(3M3T)：在定员 AW3 工况下，当列车损失 1/4 动力时，列车继续运行至终点，此时均方根等效电流都约为 127A，为其额定电流的 0.97 倍，大于其安全系数 0.85 ~ 0.9，但是此为故障工况，且运营条件按最差考虑，只作为相关参考。

③当列车发生牵引故障，损失 1/4、1/2，列车清客后返回车辆段或停车场，由于列车在 AW0 工况下，其整个运行交路的均方根电流在 95 ~ 110A 之间，当列车损失全部动力时，由于故障牵引限速，所以其均方根电流更小，为 60A 左右，计算安全系数均小于 0.9 的安全要求。

④在实际运营中，当列车发生故障后，其是直接返回最近的车辆段或停车场，在本运行线路中有马家岩停车场和赖家桥车辆段两个车辆检修基地，其分别在马家岩和赖家桥站与正线进行接轨，所以实际走行距离只为整个完整交路的部分。

⑤通过线路仿真可知，列车平均运行速度、列车平均旅行速度满足要求。

第 3 章　城市轨道交通暗挖车站隧道结构荷载计算

地层压力是作用在隧道支护结构上的主要荷载，目前常用的确定地层压力的方法是经验方法和理论计算方法，已有的荷载确定方法适合于跨度不大、施工方法相对简单的隧道。对于地铁暗挖车站结构，由于跨度大，开挖分部多，力学转换复杂，若采用已有的隧道结构荷载确定方法计算，所得结果偏大，与实际情况出入较大。本章以小什字地铁车站为研究背景，探讨适用于地铁车站隧道的荷载确定方法。

3.1　车站隧道常用荷载计算方法

传统的地下结构荷载计算方法有数十种，这些方法多建立在经验和统计的基础之上，具有一定的应用范围和应用重点。

3.1.1　普氏理论方法

1907 年俄国学者普罗托奇耶柯诺夫提出围岩分类，并给出了松散地层和破碎岩体的松动压力公式，称为普氏理论[20]。

普氏理论认为洞室开挖后，由于地层应力重新分布，在洞室上方形成抛物线形状的压力拱，拱内岩体的重力就是作用在衬砌上的地层压力。在有衬砌时洞室围岩侧壁只可能发展到与垂线成($45° - \varphi/2$)的斜面，其塌落拱高度计算简图及荷载分布模式如图 3-1 所示。

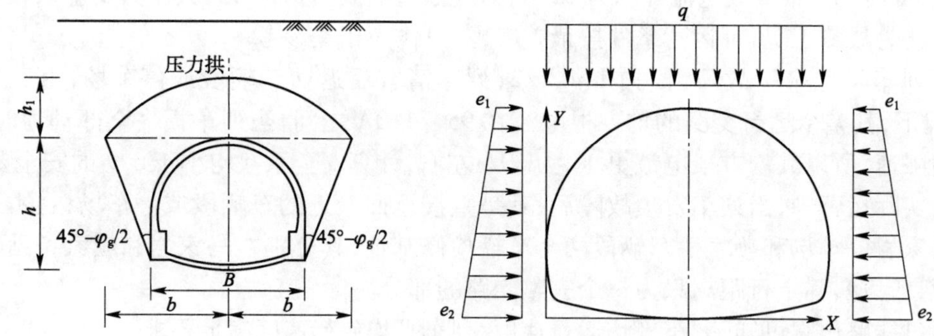

图 3-1　塌落拱高度计算简图及荷载分布模式

作用在支护结构上的地层压力，可由抛物线形拱内的围岩重力来决定，当将其考虑为均布地层压力 q 作用在支护结构上时：

$$q = \gamma h_1 \tag{3-1}$$

式中：q——作用在支护结构上的均布地层压力；

γ——围岩天然重度；

h_1——压力拱高。

其中

$$h_1 = \frac{b}{f} \tag{3-2}$$

式中：b——压力拱跨度的一半；

f——普氏岩石坚固性系数。

根据公路、铁路隧道设计规范中岩石坚硬程度对应的岩石单轴饱和抗压强度 R_c 的数值，采用其推荐的计算公式 $f=0.1R_c$，求得对应各级围岩下的 f 值。值得注意的是，在坚硬岩层中（一般 $f>3\sim4$）时，因侧壁较稳定，压力拱跨度即为坑道跨度；当 $f\leqslant3\sim4$ 时，因侧壁松弛，压力拱跨度按下式计算：

$$B_1 = B + 2h\tan\left(45° - \frac{\varphi_g}{2}\right) \tag{3-3}$$

式中：h——坑道高度；

B——坑道跨度；

B_1——压力拱跨度；

φ_g——围岩计算摩擦角，取值见表 3-1。

各级围岩计算摩擦角 表 3-1

围岩级别	Ⅰ	Ⅱ	Ⅲ	Ⅳ	Ⅴ	Ⅵ
φ_g(°)	>78	57 ~ 78	55 ~ 66	43 ~ 54	31 ~ 42	≤30

当侧壁不稳定时（$f\leqslant3\sim4$），还有侧压力，某一深度 y 处的侧压力为：

$$e_y = (q + \gamma y)\tan^2\left(45° - \frac{\varphi_g}{2}\right) \tag{3-4}$$

式中：e_y——距拱顶 y 处侧压力大小；

y——由拱顶至计算截面的距离。

当侧压力视为均布时，可按下式求得：

$$e = \left(q + \frac{1}{2}\gamma y\right)\tan^2\left(45° - \frac{\varphi_g}{2}\right) \tag{3-5}$$

普氏理论认为作用在深埋松散岩体洞顶的地层压力仅为压力拱内部岩体的自重。该公式中坚固系数 f 的确定存在很大的经验性。根据我国对普氏理论多年来的使用经验，$f=3$ 时，地层压力值比较接近实际；$f>4$ 时（硬土地层），地层压力值偏大；$f<2$ 时（软土地层），地层压力值偏小。一般在松散、破碎围岩稳定性较差的深埋地段推荐采用普氏理论。

3.1.2 泰沙基理论方法

1946 年，泰沙基（K. Terzaghi）基于应力传递法提出了松散岩体的地层压力计算公式[21]。该公式考虑了松散材料的内部黏聚力，但侧部摩擦系数均取为松散材料的内摩擦角的正切值。泰沙基认为：岩土为有一定黏结力的松散介质，当坑道开挖后，围岩下沉时由于侧压力的作用，对下沉围岩产生摩阻力。按照此法计算出的地层压力值过于保守，适用于计算浅埋隧道围岩的压力。泰沙基理论的计算简图如图 3-2 所示。

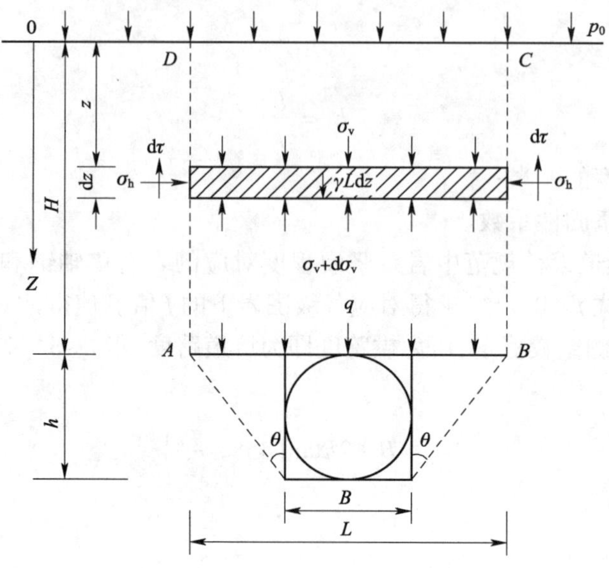

图 3-2　泰沙基地层压力计算图示

在地面深度为 h_1 处取出一厚度为 dh 的水平条带，考虑其平衡条件，可以求得其上的竖向压应力为：

$$\sigma_v = \frac{a_1\left(\gamma - \dfrac{c}{a_1}\right)}{k\tan\varphi}\left(1 - e^{-k\tan\varphi \cdot \frac{h_1}{a_1}}\right) \tag{3-6}$$

$$a_1 = B + h\tan\left(45° - \frac{\varphi}{2}\right) \tag{3-7}$$

式中：k——水平应力与垂直压应力的比值，根据泰沙基试验结果而定，一般取 1.0；

c——围岩黏聚力；

a_1——洞顶塌落宽度一半；

h_1——单元体 dh 离开地表的距离；

h——隧道高度；

B——隧道跨度。

该式对于深埋隧道或浅埋隧道都能应用，若不考虑黏聚力，当隧道埋深大到一定程度时，可认为 $h_1 \to \infty$，$e^{-k\tan\varphi \cdot \frac{h_1}{a_1}} \to 0$，$q$ 趋于定值：

$$q = \frac{a_1\gamma}{k\tan\varphi} \tag{3-8}$$

侧壁不稳定时，侧壁的滑裂面与垂直线成（$45° - \varphi/2$）角，水平侧压力按朗金公式计算，侧壁上任一点的侧压力为：

$$\sigma_H = (\sigma_v + \gamma h_t)\tan^2\left(45° - \frac{\varphi}{2}\right) \tag{3-9}$$

式中：σ_H——坑道侧向任意点的水平侧压力；

h_t——计算点距坑道顶的距离；

γ——围岩天然重度；

φ——围岩内摩擦角。

当侧壁稳定时,洞顶围岩塌落宽度等于坑道宽度。

3.1.3　Q 或 RMR 分级方法

进入 20 世纪 70 年代后,工程围岩分类由定性向定量、由单因素向多因素综合评价方向发展,并由此得到了能够反映多因素的地层压力估算公式。具有代表性的有挪威 Barton 的 Q 系统分类法、南非波兰籍学者 Bienia-wsky 的 RMR 分类法中的预测地层压力的计算方法[22]。

Barton 给出的地层压力计算公式为:

$$q = \frac{2.0}{J_r} Q^{-\frac{1}{3}} \times 0.1 \tag{3-10}$$

当节理数小于 3 时:

$$q = \frac{2}{3} J_n^{\frac{1}{2}} J_r^{-1} Q^{-\frac{1}{3}} \times 0.1 \tag{3-11}$$

$$Q = \frac{RQD}{J_n} \times \frac{J_r}{J_a} \times \frac{J_w}{SRF} \tag{3-12}$$

式中:RQD——岩石质量指标;

J_n——节理组影响系数;

J_w——地下水影响系数;

J_r——节理面粗糙度影响系数;

J_a——节理风化变异系数;

SRF——应力折减系数。

Bienia-wsky 给出的地层压力计算公式为:

$$q = \frac{100 - RMR}{100} \gamma B \tag{3-13}$$

式中:B——隧道跨度;

γ——岩石重度。

3.1.4　规范方法

(1)《地铁设计规范》(GB 50157—2003)[23]

该规范给出了地铁车站隧道结构上覆荷载分类及计算方法:地层压力应根据结构所处工程地质和水文地质条件、埋置深度、结构形式及其工作条件、施工方法及相邻隧道间距等因素,结合已有的试验、测试和研究资料确定。岩石隧道的地层压力可根据围岩分级依工程类比确定,土质隧道可按下述方法和原则计算土压力。

①竖向压力:

a. 明、盖挖法施工的结构一般按计算截面以上全部土柱重力考虑。

b. 盾构法施工的隧道和位于土质地层的矿山法施工的隧道竖向压力计算宜根据所处地质和水文地质条件以及覆土厚度,并考虑土体卸载拱作用的影响。

c. 暗挖车站的竖向压力按全土柱考虑。

d. 竖向荷载计算应考虑地面及临近的任何其他荷载对竖向压力的影响。

②水平压力:

a. 施工期间作用在支护结构主动区的土压力宜根据变形控制要求在主动土压力和静止土压力之间选择。

b. 明挖结构长期使用阶段或逆作法结构承受的土压力宜按静止土压力计算。

c. 明挖法或矿山法支护结构的初期支护,应考虑100%的外侧土压力;内衬结构,应考虑与支护结构或初期支护的共同作用而分担的土压力,分别按最大、最小侧压力两种情况,与其他荷载进行不利组合。

d. 盾构法施工的隧道应考虑外侧的土压力,并宜按静止土压力计算。

e. 荷载计算应计及地面荷载和破坏体范围的建筑物以及施工机械等引起的附加水平侧压力。

(2)《铁路隧道设计规范》(TB 10003—2005)[24]

该规范基于1025个塌方资料,建议了按概率极限状态法,视围岩为松散体考虑地层压力计算公式。

(3)《公路隧道设计规范》(JTG D70—2004)[25]

该规范对Ⅳ~Ⅵ级围岩中浅埋隧道采用谢家杰公式计算荷载、深埋隧道采用《铁路隧道设计规范》(TB 10003—2005)公式。

(4)《水工隧洞设计规范》(SL 279—2002)[26]

该规范给出了薄层状及碎裂散体结构条件下的地层压力的计算公式。

《公路隧道设计规范》(JTG D70—2004)、《铁路隧道设计规范》(TB 10003—2005)、《水工隧洞设计规范》(SL 279—2002)等规定深埋条件下的垂直均布地层压力计算公式可以统一写成如下形式:

$$q=\gamma\cdot h' \tag{3-14}$$

其中

公路隧道设计规范 $h'=0.45\times 2^{S-1}\cdot\omega$

铁路隧道设计规范 $h'=0.41\times 1.79^{S}$

水工隧洞设计规范 $h'=(0.2\sim0.3)B$

式中:q——垂直均布压力;

h'——等效高度;

S——围岩级别;

γ——围岩重度;

B——隧道宽度;

ω——宽度影响系数,$\omega=1+i(B-5)$;

i——跨度每增减1m时的地层压力增减率,以$B=5$m为准,当$B<5$m时,取0.2,否则取0.1。

3.2 考虑施工过程的车站隧道结构荷载计算方法

目前隧道荷载计算方法可大致分为两种类型:第一种类型是基于普氏理论、泰沙基理论和我国隧道规范的方法,可以写成$q=\gamma h$形式,两者差异仅在于选用的等效厚度h的不同。该类型考虑的影响因素单一,使用方便,但计算结果有时与实际情况相差很大;第二种类型为基于

Q 或 RMR 分级体系的指数类型公式。这种类型公式考虑了多方面因素的影响，但由于其考虑的指标较多，而且这些指标的选取上存在很大的主观性。因此，其计算结果在很多情况下因人而异，不利于工程技术人员的使用。

综合考虑各上述方法的计算过程、影响因素指标，根据不同的围岩条件，分析可得到各种松动压力计算公式的适用情况，如表 3-2 所示。

浅埋条件下各种计算方法比较　　表 3-2

计 算 方 法	适 用 条 件	考虑的影响因素指标	公 式 特 征
地铁设计规范	松散体	跨度、洞高、内摩擦角、黏聚力、埋深	统计获得
泰沙基理论	松散体，小跨度	跨度、洞高、内摩擦角、黏聚力、埋深	推导假设

3.2.1　当前荷载计算方法存在的问题

前文综述了隧道荷载及地层压力的各种计算方法，这些荷载计算方法都认为坑道为一次开挖而成，仅考虑了最终状态，称为状态计算思想。

对于地铁隧道行业，计算地层压力时，均未考虑施工过程的影响因素，应用地铁设计规范计算车站隧道的松动荷载主要存在以下两个方面的问题：

(1) 目前传统荷载计算公式，直接应用于车站隧道并不完全合适。分析表明，应用上述方法计算得到的松动荷载作为设计值，其值偏大，导致结构设计偏于保守。

(2) 传统的荷载计算思路不适用于地铁隧道的荷载计算。地铁隧道的施工方法及步骤复杂，传统荷载计算方法无法反映特定的地铁隧道施工过程的分步特性。因此，传统的荷载计算思路用于地铁隧道，不能体现出科学性及合理性。

3.2.2　过程设计方法的基本概念[27]

(1) 状态设计方法

隧道的状态设计方法认为隧道是一次开挖完成，不考虑施工过程对松动区或松动荷载的影响。隧道结构设计的设计荷载和松动区范围被认为是一次开挖引起的结果。

状态设计方法对于传统的小断面隧道(跨度 12m 以下，高跨比小于 1.7)的结构设计起到了非常重要的作用。前人对状态设计方法进行了广泛、深入的研究，积累和获得了丰富的研究成果。这些计算公式在隧道设计的发展过程中都曾发挥了重要的作用，并且伴随隧道设计水平的提高，它们也逐渐被研究人员发展和改进。

(2) 过程设计方法

过程设计方法将隧道整体进行分块，在每一块隧洞设计的基础上，将各块综合考虑进行总体设计。它重点考虑了施工过程对隧道荷载的影响，设计荷载不再是单一的一次开挖荷载，而是不同开挖步骤引起的松动荷载的综合作用结果，松动区范围也不是简单的单一区域，而是各施工步松动区范围在一定规律基础上的合理组合。

过程设计理念重点考虑了隧道施工过程的影响，因此更符合现场和实际情况。每个开挖步骤，都可看作是一个小跨度隧道的开挖过程。

状态设计方法与过程设计方法二者之间具有一定的联系。第一，状态设计方法的荷载计算公式是过程设计方法的基础和前提。过程设计方法要计算每一开挖部分的松动荷载，因此也需要合理科学的荷载计算公式。这些计算公式就来源于传统的状态设计方法的计算公式。第二,过程设计方法在一定程度上包含了状态设计方法。过程设计方法的每一步骤计算归根结底就是一个状态计算。例如,当隧道的复杂开挖方法简化为一次开挖时,过程设计方法即简化为状态设计方法。

状态设计方法和过程设计方法的本质区别在于:设计荷载产生的原因和产生的过程不同。后者要求分析每一步开挖的荷载情况,其次分析不同步骤之间荷载的影响,最后基于一定的规则将每一步开挖引起的荷载进行组合,以求得最终作用在隧道整体结构上的荷载。

3.2.3 基于过程理念的地铁荷载计算方法

(1)基本思路及确定方法

隧道松动区的发育过程是伴随隧道开挖逐步发展,并非一次完成。因此,基于这样的过程设计思路,提出地铁车站隧道松动荷载的确定方法。

根据施工方法将大跨隧道分割为几个小跨度洞室,或离散为几个小型隧道:①基于一定规则简化各个小跨度洞室,得到它们各自的几何参数;②分别求得各洞室的松动区范围或松动压力;③计算权系数,对各洞室的松动区的按照权重进行平均,确定车站隧道的松动区范围,从而求得松动压力。

地铁车站隧道的开挖方法主要有双侧壁导坑法、中洞法、测洞法、柱洞法、PBA 法等方法。为了不失一般性的原则,在确定地层压力大小及分布模式时,应该做到综合分析和考虑,充分发挥过程设计理念的特点。其实现思路如图 3-3 所示。

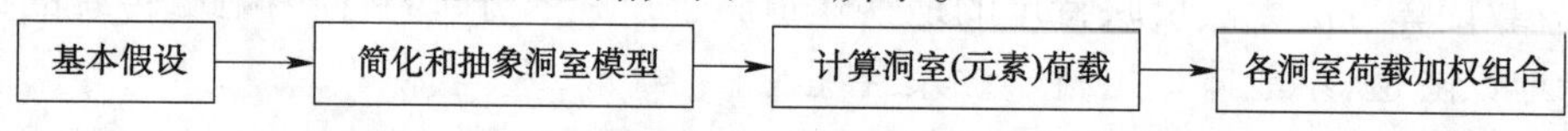

图 3-3 地铁车站隧道松动荷载或地层压力的计算基本思路

上图可以理解为:根据基本假设,简化和抽象出洞室(元素)模型,计算出洞室荷载,最后将各洞室荷载进行加权组合。

(2)基本假设

①当分步开挖的洞室多采用全断面法或台阶开挖方法时,与一次开挖形成的区域等同;计算时都简化为一次开挖的洞室。这是因为,当开挖跨度较小时,通过数值模拟计算表明:两种开挖方法产生的应力分布和大小相差不是很大。例如,当洞室高宽分别为 8m、12m 时,模拟Ⅴ级围岩条件,上下台阶开挖与一次开挖重分布后的应力相差不超过 10%。

②分步开挖的洞室的松动区范围存在一定的互相影响,但这种影响不大,计算时忽略不计。

③分步开挖的洞室的几何形状的简化应基于统一的原则。即洞室简化前后宽度一致;简化后的高度为实际高度的 95%(工程上认为相差 5% 的误差是可以允许的);所有洞室的底线在同一平面上。

④隧道的最终荷载是各分步开挖的洞室荷载在其相应位置上的加权组合。

(3)简化和抽象分步开挖的洞室模型

在本方法中,分步开挖的洞室是元素,隧道整体是系统。因此,针对不同的开挖方法,应该根据其施工步骤进行简化和抽象,从而得到切实可行的抽象模型,即洞室的几何尺寸。模型简化时,应符合实际开挖情况,部分相互影响微弱的施工过程可以进行合并,例如分步开挖的洞室的上下台阶法开挖可以认为是洞室一次开挖。目前,能够产生松动荷载的区段,规范认为是

Ⅳ～Ⅵ级围岩，在这样的围岩级别中，根据地铁车站隧道不同的结构形式主要采用中洞法、测洞法、柱洞法、PBA 法施工。因此，扁平特大断面隧道的荷载计算可以简化和抽象为 2 洞室、3 洞室或多洞室的几何形式。这些简化后洞室的宽度、高度应基本符合实际的开挖宽度和高度。

(4)洞室垂直荷载的计算

当得到简化和抽象后的洞室模型后，应对洞室的松动垂直荷载进行计算。其计算方法可以采用目前的地铁设计规范、泰沙基公式等进行计算。

(5)总荷载的计算

首先，洞室垂直荷载计算完成后，按照洞室所在的位置，对荷载进行组合。此时，总垂直荷载是突变的，不均匀的。其次，对组合后的垂直荷载进行统一，以获得均布垂直荷载，便于工程应用。均布垂直荷载通过权重组合得到，权重则表示各洞室垂直荷载对总垂直荷载的贡献力度。

(6)水平荷载的计算

根据总垂直均布荷载估算隧道两侧的侧向水平荷载。

(7)过程荷载计算公式推导

在上述简化模式的基础上，推导过程荷载计算方法的计算公式。首先引入权系数的概念；在此基础上，基于泰沙基理论，并结合各种开挖方法，推导过程荷载及地层压力的计算公式。

①地层荷载的权系数 α。

按照过程设计方法求得的最后总垂直荷载，其分布是不均匀的，不利于工程应用。因此，应该将垂直荷载进行统一，得到均布荷载。为将垂直荷载均一，引入荷载权系数 α。

权系数的意义是：每个洞室引起的垂直均布荷载占隧道整体总荷载的大小，即洞室荷载为总荷载的贡献程度。该系数小于 1，权系数 α 的计算公式如下：

$$\alpha_i = \frac{S_i}{S_s} \tag{3-15}$$

式中：S_i——单个洞室的洞顶总荷载，$S_i = q_i \cdot b_i$；

S_s——所有洞室洞顶总荷载，$S_s = \sum_{i=1}^{n} S_i$；

q_i——洞室均布荷载；

b_i——洞室宽度；

n——洞室个数。

对于上述权系数的定义，是为了方便对过程设计方法的应用。权系数则考虑了各洞室的荷载对总荷载的贡献程度。其原则是：洞室荷载愈大，则它在总荷载中的比重愈大。因此，总荷载大小应在最大洞室荷载与最小洞室荷载之间分布。

②计算公式的推导。

荷载大小的求解思路为：第一步，对导洞引起的松动荷载进行组合，得到总体垂直松动荷载(这一步引入影响系数 η)；第二步，将不均匀的垂直荷载归一化，即换算成均布垂直荷载；换算时引入权系数 α；第三步，依据不同方法的推荐侧压力系数或计算公式，计算求得两侧的分布荷载。

这里，应对简化模型的导坑按照其开挖顺序进行编号，例如导洞 1、导洞 2、导洞 3 等。其次将每个导洞的松动荷载被后续导洞开挖影响分别表示为：η_1、η_2、η_3。下面给出当前较为常用的几种计算方法的求解公式。

根据普氏理论，各导洞开挖产生垂直均布荷载 q_i，引入影响系数 η_i，则各导洞的垂直均布荷载为：

$$q_i = \frac{\gamma \cdot \eta_i}{f}\left[\frac{b_i}{2} + h_i \cdot \tan\left(45° - \frac{\varphi}{2}\right)\right] \tag{3-16}$$

式中：q_i——对应导洞的上覆垂直均布荷载；

b_i——对于导洞的几何宽度；

h_i——对应导洞的几何高度；

γ——重度；

φ——内摩擦角；

f——普氏系数；

i——取值为 1,2,3…n；n 为简化后导洞的个数。

a. 权系数 α：

$$\alpha_i = \frac{S_i}{S_s} = \frac{q_i \cdot b_i}{\sum_{j=1}^{n} q_j \cdot b_j} \tag{3-17}$$

b. 垂直均布荷载 q_0：

$$q_0 = \sum_{i=1}^{n} \alpha_i \cdot q_i = \frac{\sum_{i=1}^{n} q_i^2 b_i}{\sum_{i=1}^{n} q_i b_i} \tag{3-18}$$

水平荷载为：

$$e_1 = q_0 \cdot \tan^2\left(45° - \frac{\varphi}{2}\right)$$

$$e_2 = e_1 + \gamma h_0 \cdot \tan^2\left(45° - \frac{\varphi}{2}\right)$$

$$h_0 = \sum_{i=1}^{n} \alpha_i h_i \tag{3-19}$$

当 $n=3$ 时（三导洞开挖）：

$$q_0 = \frac{q_1^2 \cdot b_1 + q_2^2 \cdot b_2 + q_3^2 \cdot b_3}{q_1 b_1 + q_2 b_2 + q_3 b_3} \tag{3-20}$$

将式(3-16)代入式(3-20)得到总垂直均布荷载为：

$$q_0 = \frac{\gamma}{f} \cdot \frac{\eta_1^2 b_1\left(\frac{b_1}{2} + h_1 \cdot \tan\beta\right)^2 + \eta_2^2 b_2\left(\frac{b_2}{2} + h_2 \cdot \tan\beta\right)^2 + \eta_3^2 b_3\left(\frac{b_3}{2} + h_3 \cdot \tan\beta\right)^2}{\eta_1 b_1\left(\frac{b_1}{2} + h_1 \cdot \tan\beta\right) + \eta_2 b_2\left(\frac{b_2}{2} + h_2 \cdot \tan\beta\right) + \eta_3 b_3\left(\frac{b_3}{2} + h_3 \cdot \tan\beta\right)} \tag{3-21}$$

$$\beta = 45° - \frac{\varphi}{2}$$

$$h_0 = \alpha_1 h_1 + \alpha_2 h_2 + \alpha_3 h_3 = \frac{q_1 h_1 b_1 + q_2 h_2 b_2 + q_3 h_3 b_3}{q_1 b_1 + q_2 b_2 + q_3 b_3} \tag{3-22}$$

3.3 重庆轨道交通小什字车站过程荷载计算实例

3.3.1 隧道地层压力的确定过程

计算时，应参考地铁车站隧道开挖方法的简化原则：①简化后的宽度应分别取实际洞室中宽度最大的位置；②考虑到安全储备和现场情况，简化后洞室的高度取实际最大开挖高度的95%；③考虑到计算结果的统一性，作各洞室在同一基准线，且二者边墙与实际隧道边墙相切；④洞室的底线应在同一平面上。

根据上述的简化原则，并结合小什字车站的实际情况，简化为三个洞室，具体尺寸如表 3-3 所示。

重庆地铁小什字隧道洞室的开挖几何参数表　　表 3-3

位　　置	实际洞室宽度(m)	实际洞室高度(m)	简化后洞室宽度(m)	简化后洞室高度(m)
一号洞室	8.5	17.6	8.5	16.72
二号洞室	8.5	17.6	8.5	16.72
三号洞室	8.57	19.6	8.57	18.62

3.3.2　地铁车站荷载的计算

小什字车站为换乘站，总长 257.548m，位于渝中区的繁华地段。车站在里程 YDK13 + 978.209 处与 1 号线成十字交叉，交角 85.26°。1 号线在上，6 号线在下，上下轨面设计高程相差约 8.3m。B 型断面轮廓宽 25.570m，高 19.608m。B 型断面(B 加强型断面)埋深 9 ~ 13.5m，采用双侧壁导坑法开挖，计算埋深取 11.3m。

图 3-4 给出过程设计方法确定荷载的示意，实际确定过程需要根据实际情况做进一步的分析。按照泰沙基公式，计算车站隧道的地层荷载。小什字车站的地层物理力学参数如表 3-4 所示。计算中所用的黏聚力、摩擦角为各土层参数的加权平均值。

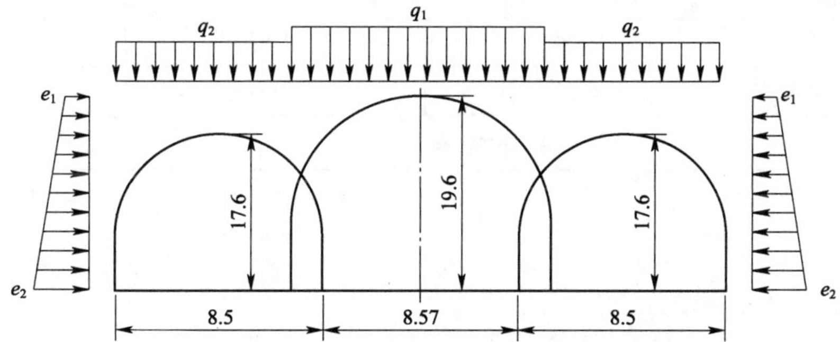

图 3-4　基于过程的重庆地铁小什字站开挖方法的荷载模式示意图(尺寸单位：m)

小什字车站地层物理力学参数　　表 3-4

围 岩 类 别	重度 γ(kN/m^3)	内聚力 C(kPa)	内摩擦角 φ(°)
粉质黏土	20	0	30
砂质泥岩(Ⅳ)	25.6	400	30
砂岩(Ⅳ)	25	550	35

(1)压力拱高度计算

1 号洞室的压力拱高度：

$$\left.\begin{aligned} a_1 &= b_1 + h_1\tan(45° - \varphi/2) = 17.83 \\ \sigma_{v1} &= \frac{a_1(\gamma - c/a_1)}{k\tan\varphi}\left(1 - e^{-k\tan\varphi\frac{H_1}{a_1}}\right) = 203.50 \end{aligned}\right\} \Rightarrow H'_1 = \frac{\sigma_{v1}}{\gamma} = 8.65\text{m}$$

同理,可分别得到2号、3号硐室的压力拱高度 $H'_2 = 8.65\text{m}$, $H'_3 = 8.78\text{m}$。

(2)权系数平均地层压力拱高

$$\left.\begin{aligned} S_1 &= \sigma_{v1} \cdot b_1 = 1729.78 \\ S_2 &= \sigma_{v2} \cdot b_2 = 1729.78 \\ S_3 &= \sigma_{v3} \cdot b_3 = 1771.74 \end{aligned}\right\} \Rightarrow S_s = \sum_{i=1}^{3} S_i = 5231.30$$

$$\alpha_i = \frac{S_i}{S_s} = 0.33 \Rightarrow \begin{cases} \alpha_1 = 0.33 \\ \alpha_2 = 0.33 \\ \alpha_3 = 0.34 \end{cases}$$

(3)竖向、水平向地层压力

$$\begin{cases} H' = \alpha_1 H'_1 + \alpha_2 H'_2 + \alpha_3 H'_3 = 8.69\text{m} \\ q' = \sum_{i=1}^{n} \alpha_i \sigma_i = 204.60\text{kN/m} \\ e'_1 = q' \tan^2(45° - \varphi/2) = 63.73\text{kN/m} \\ e'_2 = (q' + \gamma H') \tan^2(45° - \varphi/2) = 127.46\text{kN/m} \end{cases}$$

通过计算得到各洞室开挖引起的地层松动区高度后,计算各个洞室的权系数,进而求得作用于隧道结构上方的平均地层压力。

过程荷载法与现有计算方法的对比如表3-5和表3-6所示。

过程荷载法和现有计算方法对比表 表3-5

计算方法	竖向压力 q(kN/m)	水平向压力 e_1(kN/m)	水平向压力 e_2(kN/m)
过程荷载法	204.60	63.73	127.46
现有设计方法	265.93	82.83	219.33
过程荷载法/现有设计法	76.9%	76.9%	58.1%

关键步荷载的大小 表3-6

步　　数	竖向荷载 $\alpha_i\sigma_i$(kN/m)	施工完成时荷载 $\sum\alpha_i\sigma_i$(kN/m)	竖向荷载/完成时荷载 $\alpha_i\sigma_i/\sum\alpha_i\sigma_i$(%)
第一步	18.19	52.96	34.35
第二步	36.38	52.96	68.70
第三步	52.96	52.96	100

小什字车站实测压力最大值为155kPa,而过程计算方法得到垂直均布压力为204.6kPa。显然,实测松动压力整体上小于基于过程荷载计算方法算得的围岩压力。实例表明:过程荷载计算方法具有一定可靠性和实用价值,可作为过程设计方法的基本依据。

第4章 城市轨道交通特大断面隧道施工技术

在城市隧道建设中，隧道断面不断增大且隧道上部构筑物密集，施工环境复杂，施工危险性极大，传统铁路、公路隧道开挖施工工艺使得效益与工期矛盾不断突出，本章针对以上情况，结合具体工程，提出了洞群开挖稳定性控制技术、立体式回旋分部隧道开挖方法，以及组合型钢支护技术，解决了特大断面隧道施工变形及稳定性控制难题。

4.1 隧道洞口条石挡墙托置式大管棚进洞施工技术

4.1.1 托置式大管棚施工技术

托置式大管棚技术既是利用管棚大刚度、高强度等优点，整体托置起上部条石挡墙、车辆等荷载，再行进洞身开挖，这样既保留了隧道口现有的构筑物，又可以保证上部构筑物安全。

4.1.2 条石挡墙下隧道开挖方案优选

条石挡墙下隧道出入口施工有以下两个方案供比选：

方案一：拆除该段垂直条石挡墙并按照土石方进行放坡和支护，再进行隧道开挖。

方案二：施作托置式大管棚，用大管棚来承受上部条石挡墙的荷载。

结合现场条件和施工难度等情况对以上两种工艺进行比较，见表4-1。

进洞方案比较　　表4-1

比较指标	方案一	方案二
技术可行性	可行	可行
施工条件限制	挡墙拆除影响上部建筑物	无
工程造价	需拆除条石挡墙和进行边坡支护，造价较高	进行管棚施工后直接进行隧道开挖，造价较低

通过技术可行性、施工便利、造价等综合比较可见，方案二优于方案一，选择采用托置式大管棚技术进洞更具有优势。

4.1.3 托置式大管棚工艺

由于条石挡墙以上存在多层建筑物，考虑隧道开挖后会对上部建筑物存在一定的影响，需在隧道开挖时进行沉降观测，预报险情，确保安全，而且通过现场监测进行方案和设计修改。

托置式大管棚施工步骤：测量定位、净空放线→套拱格栅钢架加工及安装→导向管制作及安装→立模及混凝土灌注→长管棚钻进施工→钢筋笼安装→长管棚注浆→隧道进洞开挖。相关关键工序工艺阐述如下：

(1)导向管制作及安装

采用 $\phi127\times5$ 钢管，采用 $\phi16$ 固定钢筋将套管焊于格栅钢架上，长度为根据现场实际调整以接触岩石为准。导向墙实施见图 4-1，钢管套与工字钢焊接连接大样见图 4-2。套拱与岩石之间形成一定的空间，此处采用混凝土浇筑拱圈，内侧预留出空间便于后续初期支护格栅钢架的安装与支护。套拱与岩石连接示意见图 4-3 和图 4-4。

图 4-1　导向墙实施完成图

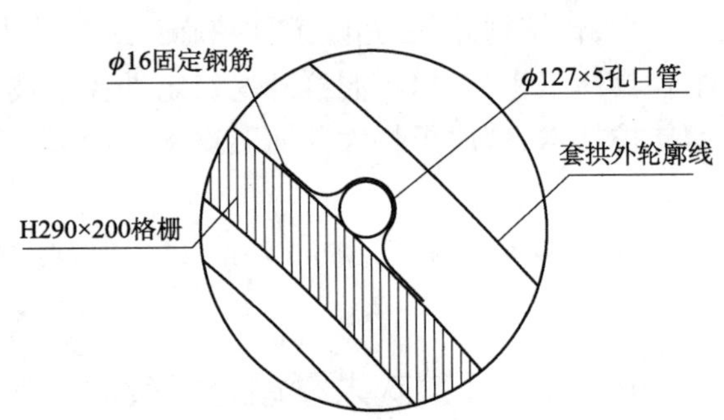

图 4-2　钢套管焊接连接图

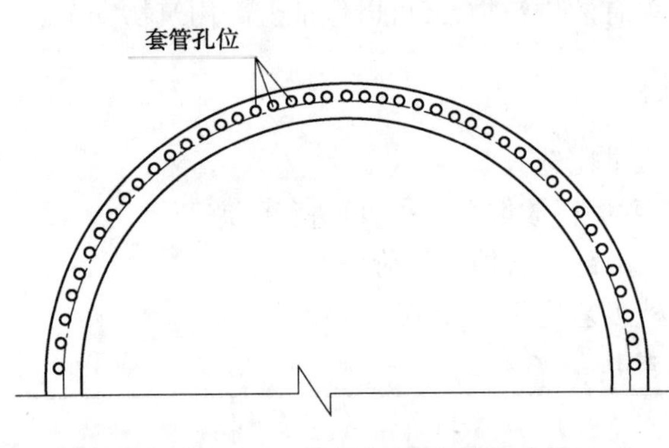

图 4-3　管棚套管布置图

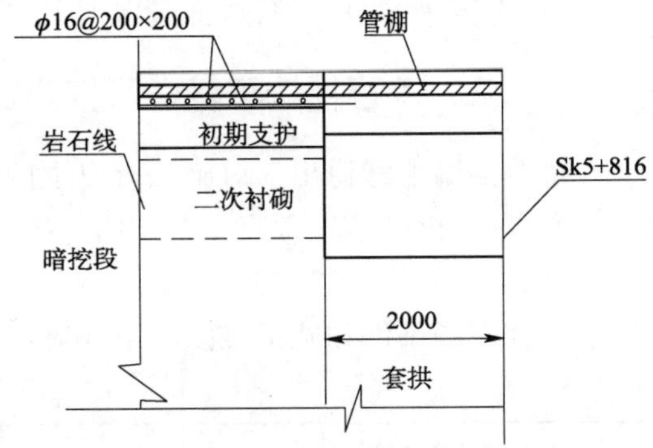

图 4-4　套拱与岩石挡墙关系图(尺寸单位：mm)

(2)长管钻进施工

长管棚采用外径 $\phi108$，壁厚 10mm 的热轧无缝钢管，钢管前端加工成锥形，尾部焊接 $\phi10$ 钢管加劲箍，管壁四周钻四排 $\phi20$ 压浆孔。钻孔时管口段 1.05m 不钻孔，花管长度分 4m、6m 两种，相邻两根接缝错开 2m，连接套连接，每钻好一孔及时安装一孔长管，防止钻孔缩颈和塌孔，为保持内管洁净及时密封管口(图 4-5)。

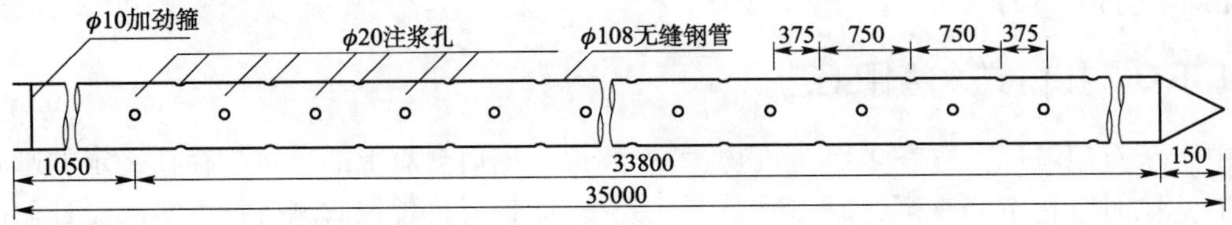

图 4-5　长管棚加工图(尺寸单位：mm)

(3)钢筋笼安装

钢筋笼制作采用以外径 ϕ45、壁厚4.5mm 钢管为支架,每节为40cm,中心间距为1.5m;将4ϕ20 钢筋对称可靠焊接于钢管外壁,注浆前应先将钢筋笼沿管棚内壁放入其中,钢筋笼之间采用对焊的方式可靠连接,具体见图4-6。

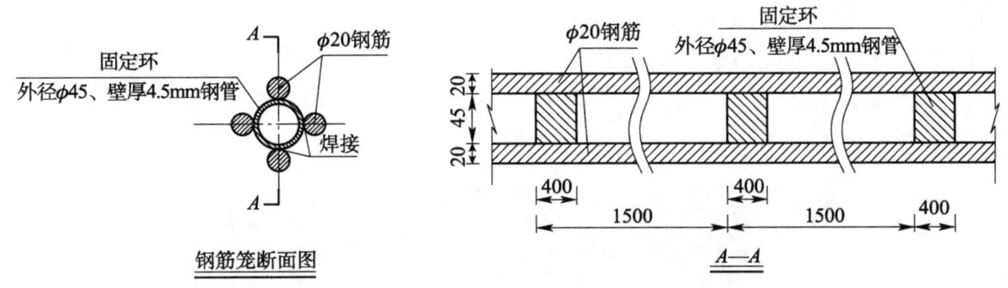

图4-6　钢筋笼断面及剖面图(尺寸单位:mm)

(4)长管棚注浆

长管棚安放完毕后,用早强混凝土或喷射混凝土封闭孔口孔隙及周围边散围岩,形成止浆墙,其厚度不得小于15cm。采用注浆机两台,由两侧从底至上对称注浆,浆液为纯水泥浆,水灰比为1:1,严格掌握水灰比和液散度,初压为0.5~1MPa,终压为2MPa,达到终端压时此孔注浆即告结束。

(5)隧道进洞开挖

托置式大管棚施工完成后即可进行隧道进洞开挖,开挖时需注意控制爆破对挡墙的影响,及时支护,确保挡墙和隧道施工安全。

4.2　城市风景区隧道出洞施工技术

4.2.1　施工难点分析

城市隧道出洞技术须综合考虑周边地质地理条件、人文条件、交通环境、环保政策,在现有施工技术及设备条件下,合理组织施工、综合上述因素选择施工方案,施工难度较常规山岭隧道大。

小什字暗挖隧道工程出洞口紧邻旅游风景名胜区,出口位置位于悬崖绝壁上,如图4-7所示。隧道出口拱顶上方为交通繁忙的道路,隧道拱顶埋深13~18m,属于深埋隧道。隧道出口围岩级别为中风化Ⅲ级围岩,岩层现状整体稳定,但是存在个别且由于长期暴露在自然条件下的巨大危石和孤石,分布在隧道出洞口左侧,危岩体长约15m,最大厚度1.9m,高约5.5m,为楔形危岩体,其体积约110m^3,属特大型危岩体。危岩体下部岩体已经坠落,形成高约10m,深约2.8m的凹腔,其下部完全临空。出口端下方为人行通道路口,一侧为风景区阁楼,隧道在开挖掘进过程中需预先对洞口巨型危石和孤石进行加固处理,再行施作洞口挂口,由于无施工作业面,环保要求高,机械设备选择开挖方式、出渣方式要尽可能减小对围岩的扰动,减小对周边风景区居民的干扰。

归纳起来,城市风景区进出洞施工难点主要体现在以下几个方面[28]:

(1)隧道出口位于陡崖上,临空面高而陡,没有施工通道可以达到,如何组织进行隧道出口的护坡施工难度很大。

(2)出洞口存在危岩卸荷带,出口端下方为人行通道路口和休息的小阁楼,隧道在开挖掘进过程中对洞口巨型危石和孤石的处理显得尤为重要,对其下方的行人和建筑物影响较大,因此如何确保行人及建筑物安全是重点与难点。

(3)出口段刚好穿越城市道路,且出口段下方为著名古建筑群风景旅游区。若采取爆破开挖势必会造成出口端的岩石飞溅,对道路和古建筑群造成影响和安全隐患,因此采取何种开挖方式确保隧道顺利出洞是重点。

a)出洞口现场图示

b)洞口轮廓线内的巨型孤石

图4-7　小什字暗挖隧道出口周边环境条件

4.2.2　关键施工技术措施

为确保隧道顺利、安全出洞,同时确保洞口旁的古建筑群风景区受到施工的影响最小,根据洞口地形及周边施工环境,按照“先外后内”的原则施工,即先施工洞外防护工程,然后再行洞内施工。洞口段施工顺序为:搭设防护棚→洞口处理(设截水盲沟、打设锚杆)→危石处理(加设支墩、锚索施工)→大管棚施工→静态爆破开挖。

(1)护棚搭设

由于出洞口侧为高而陡的绝壁,洞口端的岩石长期暴露在自然条件下,存在两块大而散的孤石,下方为一个临时人行通道和小阁楼。为防止隧道施工过程中绝壁上的巨石滚落,在施工前先搭设防护棚对下方的行人和小阁楼进行保护，同时搭设好的防护棚还可作为以后进行洞口边坡支护和管棚施工的操作平台。出洞口防护立面图及实施见图4-8。

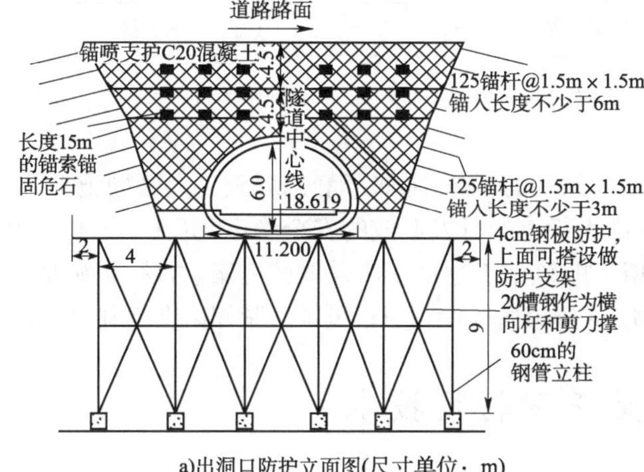

a)出洞口防护立面图(尺寸单位：m)

b)出洞口防护实施

图4-8 小什字暗挖隧道出口防护(尺寸单位：m)

(2)洞口处理

先在出洞口顶段5m以外的位置设置一条截水沟，减少大气降水和地表水的渗入对洞口围岩造成破坏。洞口土方段打设锚杆采用长5m的ϕ25的砂浆锚杆，锚杆锚入土层不少于6m，锚入岩层段不少于3m，锚杆间距为1500mm×1500mm，挂ϕ8@200×200钢筋网片；喷射混凝土采用C25混凝土，厚度150mm，注浆材料强度等级不低于M20，注浆压力0.4~0.6MPa。边坡防护自上而下分层进行，每层高度2~3m。做好坡面喷射混凝土防护层与原坡面衔接，防止坡面扰动，引起水土流失，导致边坡防护受到损坏。

(3)巨型危石处理

由于轮廓线内的危岩体下部岩体已经坠落，形成高约10m，深约2.8m的凹腔，其下部完全临空。采取预应力锚索加支墩联合支护处理，这样既避免了锚索抗剪强度弱的受力特性，又充分发挥了混凝土的抗压特性，还减少了支墩轮廓内危石飞溅的可能。出洞口位置位于该危岩体的左侧位上，为避免隧道出洞施工过程对其的扰动，使其重心改变发生倾斜或掉落，在该孤石凹腔下方加设三个C30混凝土支墩支撑，高度9m，长、宽分别为下部2m、上部1m，同时对于孤石与岩层面下方的缝隙采取灌注M30水泥浆填充密实，支撑完毕之后再对危石进行预应力锚索加固。

(4)锚索施工方案

锚索施工在防护棚上面搭设简易操作平台，每个孤石的锚索为三排两列，锚索长度为15m，每孔为7根ϕ15.24的钢绞线，采用二次高压灌浆锚索。二次高压灌浆锚索的关键部件为注浆套管，注浆套管为在侧壁开有8个小孔的弹性很强的塑料管。在注浆套管开孔处的外部用橡胶圈盖住，使浆液只能从注浆套管内流人钻孔，而不能反向流动，在高压作用下，浆液从注浆套管流人钻孔，并劈裂一次注浆形成的锚固体。在一次注浆形成的圆桩形锚固体的基础上，进行二次高压劈裂注浆。其浆液冲破一次注浆形成的锚固体向土体扩散、渗透，形成直径较大的扩体。这样通过二次高压灌浆增大了锚固体与周围土体的摩擦接触面积，同时由于高压注浆对土体的挤压、渗透作用，提高了土体的力学指标，其工艺流程见图4-9。

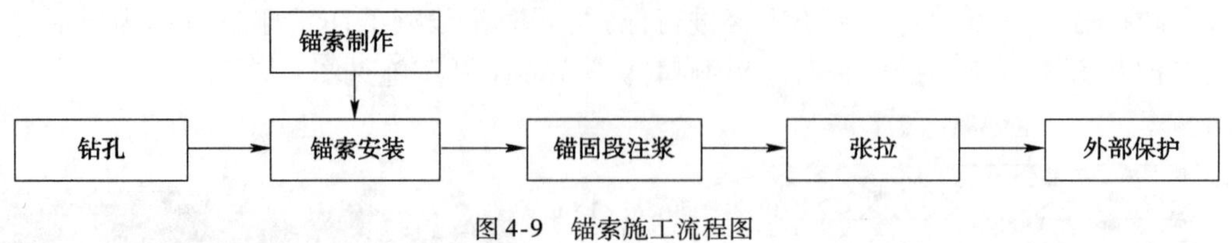

图4-9 锚索施工流程图

(5)洞口施工

在进行洞口施工当中,考虑到常规爆破对风景区的影响,采取了静态爆破+大管棚施工,不仅减少了飞石对风景区内古建筑群和洞口下部人行道的行人造成的安全隐患,也减少了洞口顶部路面的沉降以及保证了出洞的安全。实践证明,该施工过程中所采取的方案、方法、措施是适合的,解决了隧道出洞过程所面临的地形陡峭、人群聚居、巨型危石、风景区紧邻诸多不利因素。

4.3 斜井至正洞转换技术

4.3.1 挑顶施工技术

挑顶施工充分利用了围岩的自稳能力,以斜井拱顶高程与正洞拱顶开挖高程连线为挑顶段拱顶开挖线,拱部坡度保持不变,下部分台阶结合矿山棚架法支护原理,在正洞中形成正洞开挖断面。利用正洞形成的开挖断面,施作正洞初期支护;并与斜井拱部连接成为一体,形成整体联合加强支护。上导施工完成后,按台阶法施工中、下导形成正常循环,完成挑顶施工。

(1)斜井至正洞过渡段抬高、加大开挖及支护。

斜井台阶法施工进入平坡段仍保持台阶法施工方法,上、下台阶长度为5~6m,拱部斜向上按10%~20%进行挑顶斜井拱部上抬,抬高1.2m,到达与正洞相切部位,下半断面底部高程仍按平坡控制,台阶缩短为4~5m,将左右边墙跟齐。

施工中,遵循"弱爆破、短进尺"的原则采用光面爆破或预留光爆层控制爆破开挖上半断面。支护全断面可采用I20工字钢架,上半断面其轮廓尺寸不变,立架时抬高拱顶高程,下半断面拱架加长,其加长长度与抬高高度相同,具体形式见图4-10。

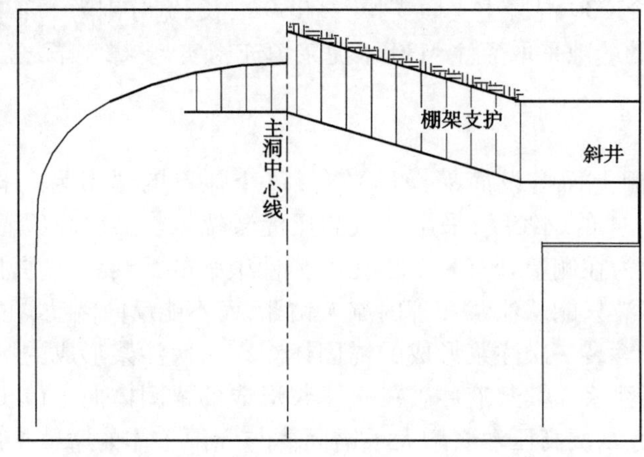

图4-10 斜井至正洞过渡段抬高、加大施工纵断面图

(2)正洞相交段上导挑顶开挖、临时支护

当斜井施工至与正洞边墙相交断面时,开始正洞上弧导挑顶,此时施工方法由两台阶法变为三台阶法,台阶高度均为 3m,台阶长度 4m。

根据测量放样正洞开挖轮廓五寸台,人工钻爆法斜向上开挖,每循环进尺 0.5 ~ 1m,开挖断面为 3m × 4m 的方形导坑,每开挖一循环施作 1 榀棚架支护,边墙设 3.0m 长锚杆,棚架间采用 ϕ22 钢筋纵向连接,喷 C20 混凝土 20 ~ 25cm,形成临时支护体系。同时根据三台阶法的施工顺序,斜井段的下台阶及时跟进,平行作业见图 4-11。

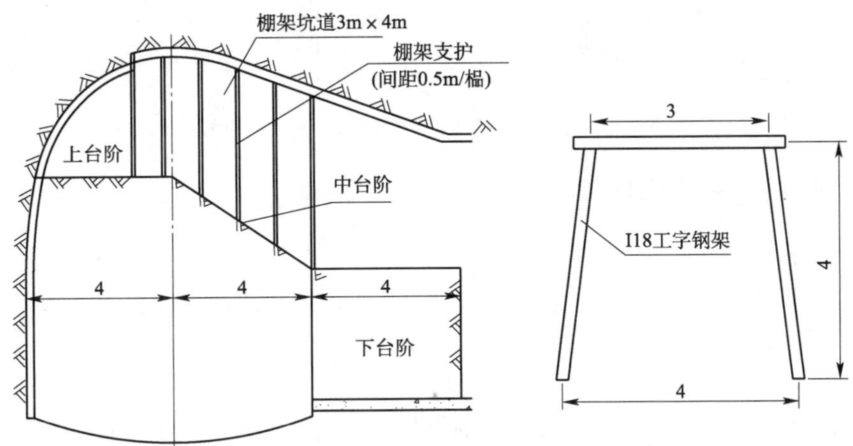

图 4-11　正洞上导挑顶开挖、临时支护施工断面图(尺寸单位:m)

(3)斜井至正洞过渡段加固、套拱

斜井至正洞过渡段抬高、加大后形成新应力重分布,在正洞上弧导挑顶开挖到位后,停止正洞施工,利用已形成的三台阶,及时对过渡段进行加固,一方面控制支护变形破坏,另一方面为正洞的初期支护提供平台基础。

在斜井段的上台阶上先施作套拱拱部钢架(I20 工字钢架),其拱顶高度与原斜井高度一致,钢架间距 0.5m/榀,系统锚杆 3.5m/根 1.0m × 1.0m 梅花形布置,套拱与过渡段已施作的临时支护间空隙采用扇形支撑支护,喷射混凝土回填密实。

斜井与正洞边墙交界面套拱采用两榀 I20 工字钢架焊接成整体架设,其拱顶设纵向工字钢托梁,托梁与套拱间空隙根据正洞初期支护钢架间距对应设置工字钢立柱,焊接牢固,喷射混凝土回填密实。

(4)下半断面支护施工

斜井至正洞过渡段上半断面套拱支护完毕后,及时施工下半断面支护,并施作该段仰拱,使支护闭合成环。

(5)正洞上导挑顶段初期支护

在斜井至正洞过渡段结构支护完成后,施作正洞上导挑顶段初期支护。该段初期支护拱脚一侧落座在上台阶底面,另一侧落座在工字钢纵梁顶。初期支护与工字钢托梁采用焊接连接,如图 4-12 所示。

(6)洞扩顶开挖,中部支撑临时钢架,形成联合支护结构

由于正洞开挖断面较大,在拱架中间支撑直立 I18 临时工字钢,挂网喷锚,形成联合受力结构。

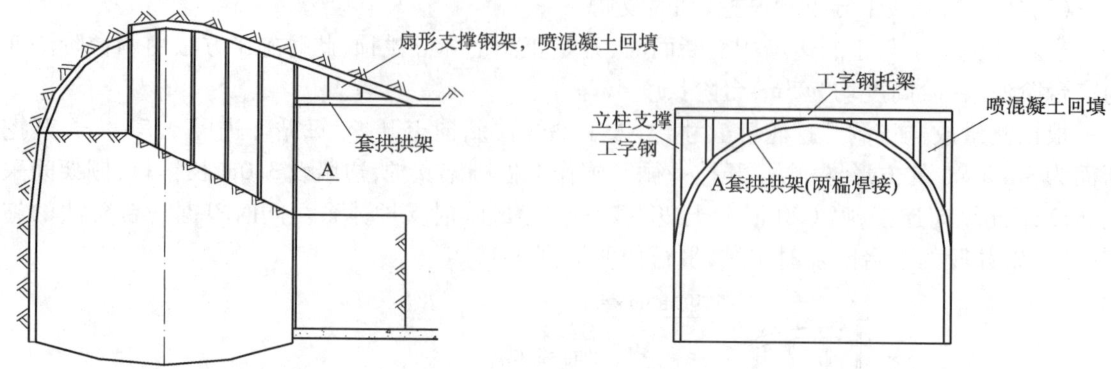

图4-12　正洞上导挑顶开挖、临时支护施工断面图

4.3.2　简易结构支模体系

隧道混凝土衬砌台车是隧道施工过程中二次衬砌的专用设备，主要有简易衬砌台车、全液压自动行走衬砌台车和网架式衬砌台车，后两者主要用于大断面隧道，前者在暗挖车站隧道的出入口、风道等附属工程中有广泛应用。

(1)简易结构支模体系

简易衬砌台车一般设计为钢拱架式，内部纵横支撑可采用不同形式，依据二次衬砌厚度及断面大小对支撑作用强度的要求，选择使用工字钢支撑、钢管支撑、衬砌台车及钢管组合支撑、小型巷道可使用简单木方支撑。模板使用标准组合钢模板，转弯处或断面不规则处可使用小块木模模板。不设自动行走，采用外动力拖动，脱立模板全部为人工操作。简易二次衬砌台车设计图及构造见图4-13、图4-14。

(2)工艺原理及适用范围

利用了工字钢本身具有的高强度和可塑形的特型，采用模块化组装原理，用工字钢和钢管为支模体系的主体材料进行框架焊接，工字钢之间采用螺栓连接，然后安装模板。台架作为二次衬砌混凝土浇筑时的承重主体，可重复利用于同种净空尺寸的断面，拆卸组装方便。

适用范围：

①利用简易台车进行二次衬砌施工，适用范围广，适用于铁路隧道、公路隧道、矿山、市政等工程中的隧道、出入口、风道等附属工程。

②断面平面线形曲折、变化多，线路长度较短，无液压行走台车操作空间的情况。

③在断面面积较小，面积从十几平方米的至一百多平方米，每种断面长度较短，断面变化多，断面不规则的小断面隧道，采用简易衬砌台车经济适用。

(3)结构安全性检验

因模板系统结构复杂，在其工作期间受到的荷载种类多，如板面自重、衬砌混凝土荷载、允许超挖部分回填荷载、振捣荷载、混凝土入模板冲击力荷载等，传统的计算方法复杂，随着有限元技术的不断进步，模拟分析技术越发成熟，该工程模板体系采用有限元分析原理，模板体系按照梁壳模型，模板采用壳单元，工字钢采用梁单元进行模拟。

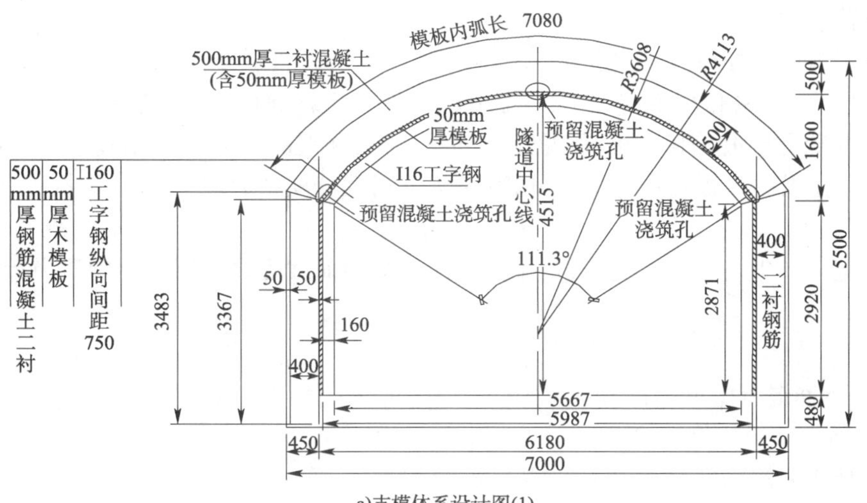

a)支模体系设计图(1)

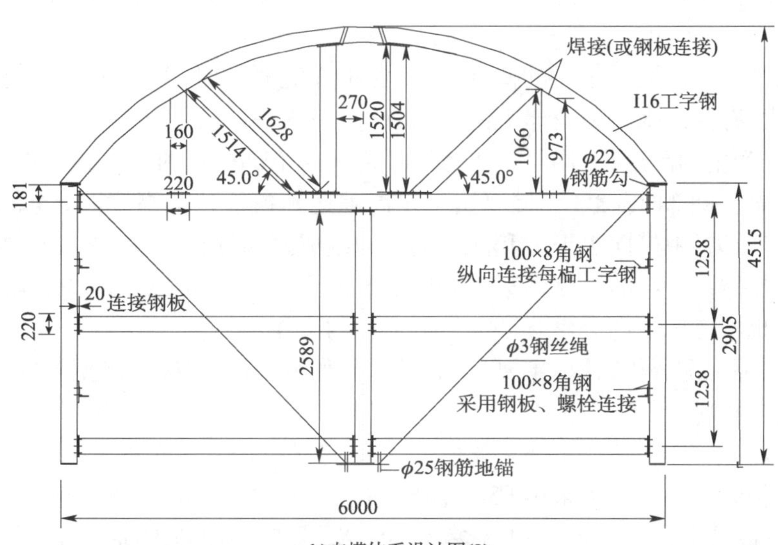

b)支模体系设计图(2)

图 4-13　简易二次衬砌台车支模体系设计方案(尺寸单位:mm)

a)内支撑为工字钢

b)内支撑为钢管

图 4-14　简易二次衬砌台车构造图

①计算荷载[29]。

简易模板体系计算荷载时主要考虑模板台车工作时的混凝土压力、模板自重及振捣荷载等,其他混凝土入模冲击力、流体静压力等组成与其相比影响很小,可忽略不计。钢模板承受的荷载包括混凝土自重、钢模板自重、混凝土振捣荷载及混凝土入仓冲击荷载等,各荷载系数除新浇筑混凝土及钢模板自重取1.2外,其余施工荷载分项系数取1.4,其中振捣荷载取 $q_1 = 2.5\text{kN}$。

在混凝土未产生初凝的情况下,台车模板所承受的荷载可以按照流体静压力计算,计算公式如下:

$$P = \gamma_c h \tag{4-1}$$

式中:γ_c——钢筋混凝土重度;

h——混凝土计算灌注高度。

混凝土计算灌注高度分为以下三种工况:

a. 工况一:灌注模板中下部混凝土时的荷载,包括浇筑混凝土时混凝土产生的横向水平力及向上的浮力。

b. 工况二:灌注中部混凝土时的荷载,当灌注中部混凝土时,新浇筑的混凝土对模板的压力为流体静压力,有横向水平力及向上的浮力,此阶段第一阶段浇筑的混凝土刚初凝,不考虑上一阶段混凝土产生的静压力,同时也不考虑该部分对下部模板的支撑约束作用。

c. 工况三:灌注拱部时荷载,当混凝土浇筑高度达到模板顶部高度时,考虑新浇筑混凝土对模板的流体静压力,由横向水平力和向下的压力组成,此时第一阶段灌注的混凝土已完成终凝,已具备了支撑体系荷载的强度。第二阶段浇筑的混凝土刚初凝,不考虑上阶段混凝土产生的静压力,同时也不考虑该部分对下部模板的支撑约束作用。

通过以上三种工况分析,找出主要不利弯矩、剪力组合,以此确定出型钢的型号、间距。

②计算模型与算例。

a. 计算参数。

某隧道断面39m²,二次衬砌采用C30混凝土重度 $\gamma_c = 24\text{kN/m}^3$,混凝土浇筑厚度0.35m,宽5.53m,高7.7m;拟采用以下工字钢支撑体系作为二次衬砌简易模板体系支撑系统,见图4-15。

b. 计算过程与结果分析。

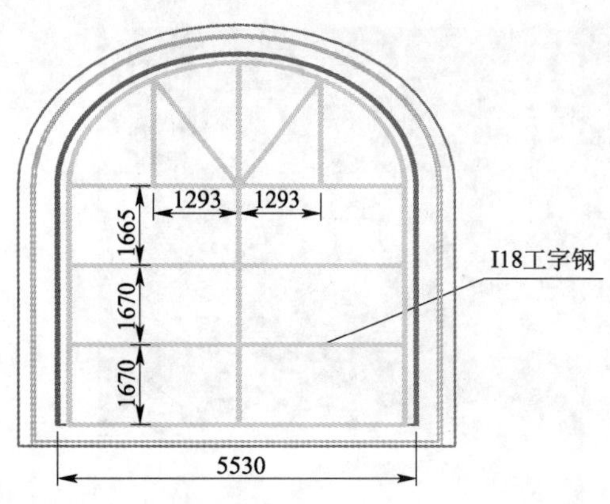

图4-15 简易模板体系支撑系统(尺寸单位:mm)

工况一:混凝土浇筑到2.5m高时:

最大侧压力 $P = \gamma_c h = 24 \times 2.5 = 60\text{kN/m}$

$$q = 1.4(P + q_1) = 1.4 \times (60 + 2.5) = 87.5\text{kN/m}$$

工况一结构受力有限元计算结果见图4-16。

工况二:混凝土浇筑到5m高时:

最大侧压力 $P = \gamma_c h = 24 \times 5 = 120\text{kN/m}$

$$q = 1.4(P + q_1) = 1.4 \times (120 + 2.5) = 171.5\text{kN/m}$$

工况二结构受力有限元计算结果见图4-17。

工况三:混凝土浇筑完毕时:

竖向压力 $P = \gamma_c h_g = 0.35 \times 24 = 8.4\text{kN/m}$

最大侧压力 $P = \gamma_c h = 24 \times 2.5 = 60\text{kN/m}$

最大侧压力 $q=1.4(P+q_1)=1.4\times(60+2.5)=87.5\text{kN/m}$

竖向压力 $q=1.4P=1.4\times8.4=11.76\text{kN/m}$

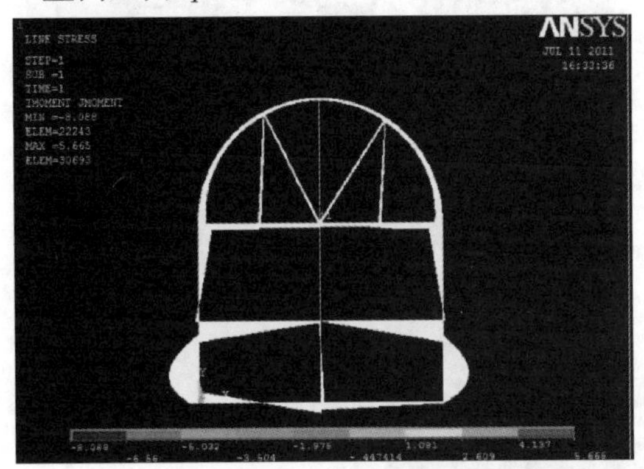

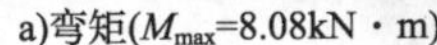
a)弯矩(M_{max}=8.08kN·m)

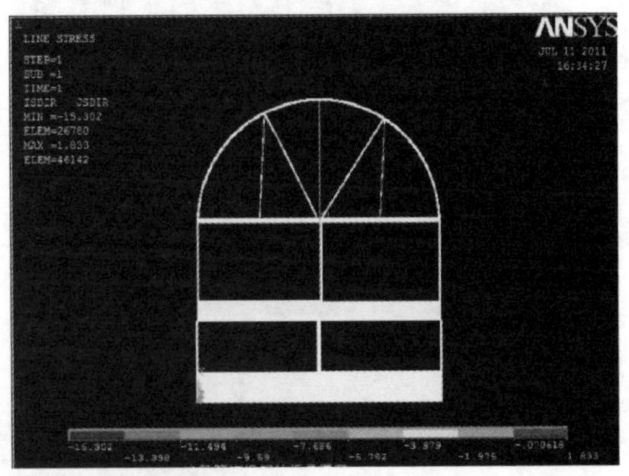

b)轴力(N_{max}=15.302kN)

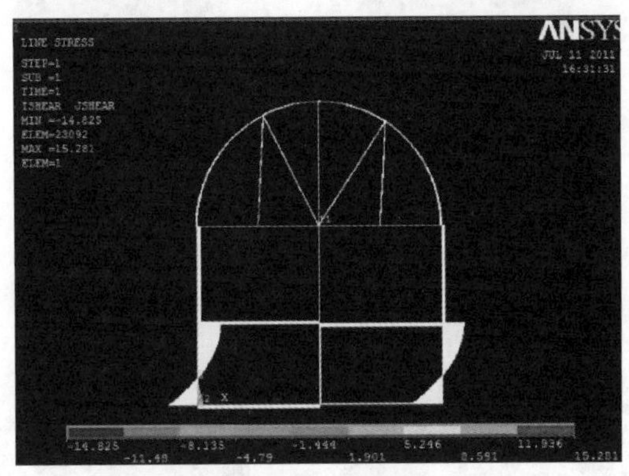

c)剪力(V_{max}=15.280kN)

图 4-16　工况一结构受力有限元计算结果

工况三结构受力有限元计算结果见图 4-18。

③强度验算。

内力取三种工况最不利组合，即 $V_{max}=42.395\text{kN}$，$M_{max}=33.436\text{kN}\cdot\text{m}$，$N_{max}=35.942\text{kN}$。根据初选结构进行力学计算选取各种材料参数，拟选取 I18@0.9m 骨架；1500mm×200mm×3.5mm 定型钢板。

a. 侧墙强度验算。

(a)骨架 I18 型钢强度验算。

查《路桥施工计算手册》中热轧普通工字钢截面特性表，得 I18 型工字钢 $w_x=185.4\text{cm}^3$，$w_y=26.2\text{cm}^3$。即有平面内强度：

$$\sigma_{max}=\frac{M_{max}}{w_x}=\frac{33.436\times10^6}{185.4\times10^3}=180.3\text{MPa}<[\sigma]=210\text{MPa}$$

由以上计算可知，骨架 I18@0.9m 工字钢选用，平面内强度可以满足工作要求。

(b)剪应力验算。

查《路桥施工计算手册》中热轧普通工字钢截面特性表，得 I18 钢板 $S_x=106.5\text{cm}^3$，$I_x=1669\text{cm}^4$，$d=6.5\text{mm}$，则有：

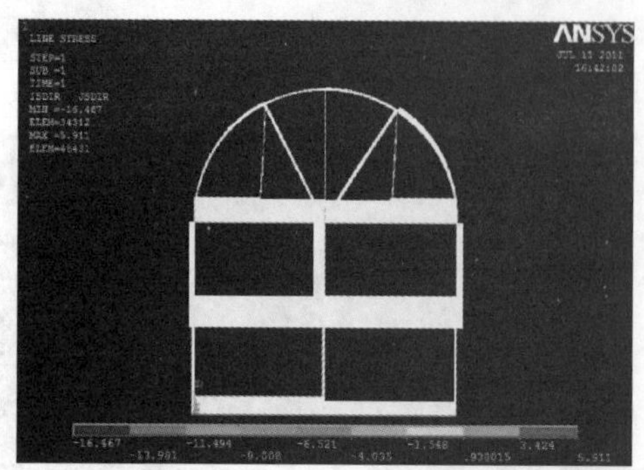

a)弯矩(M_{max}=13.864kN · m)

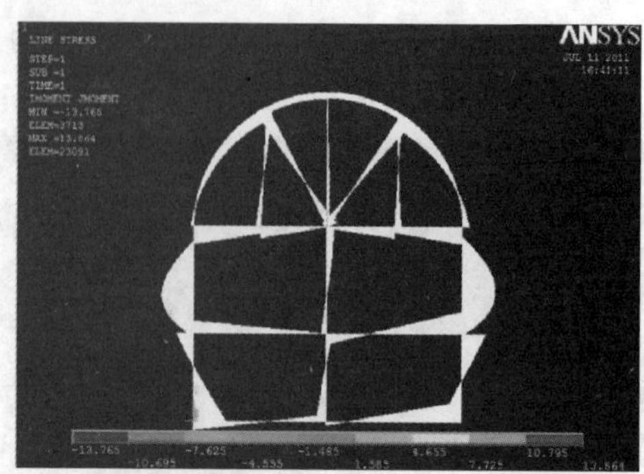

b)轴力(N_{max}=16.467kN)

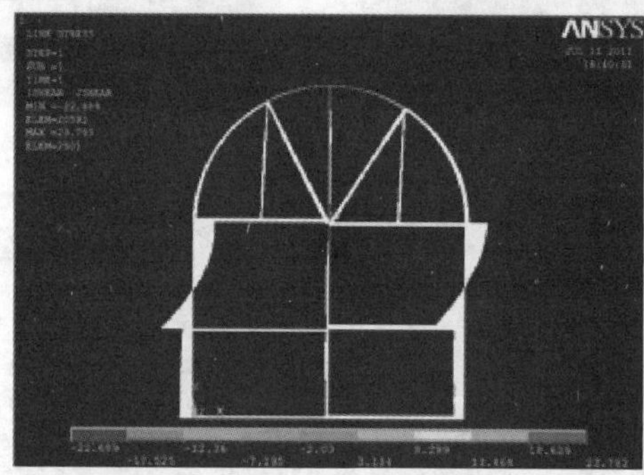

c)剪力(V_{max}=23.793kN)

图 4-17　工况二结构受力有限元计算结果

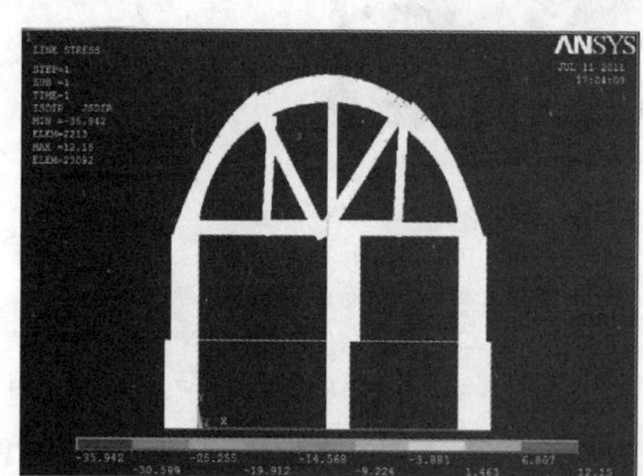

a)弯矩(M_{max}=33.436kN·m)

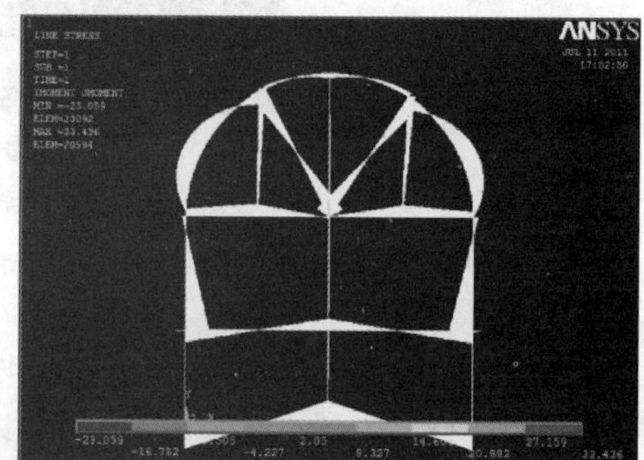

b)轴力(N_{max}=35.942kN)

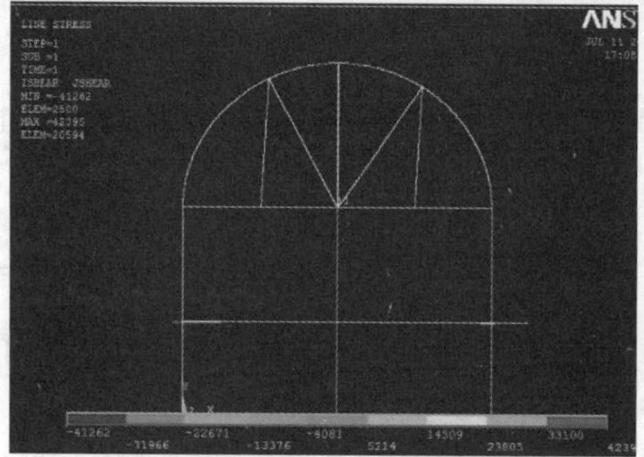

c)剪力(V_{max}=42395kN)

图 4-18　工况三结构受力有限元计算结果

$$\tau_{\max}=\frac{QS_x}{I_x d}=\frac{3.59\times106.5\times10^7}{1669\times6.5\times10^4}=35.3\text{MPa}<[\tau]=120\text{MPa}$$

故,剪应力满足要求,结构安全。

(c)刚度计算。

为保证浇筑完成的混凝土满足规范要求,需满足:

$$f_{\max}\approx0.664\frac{ql^4}{100EI}=0.122\text{mm}<[f]=\left[\frac{L}{600}\right]=\frac{900}{600}=1.5\text{mm}$$

可见,挠度小于要求较高的结构挠度允许值。

综上,可以看出此骨架是安全可靠的。

b. 钢模板强度验算。

因该部分受力均小于侧墙,故选用同侧墙指标一样的模板满足要求。

(4)施工技术

以某车站隧道出入口工程为示例,进行简易二次衬砌支模体系施工要点说明。

①初期支护完成后,小断面的二次衬砌施工分为两次进行,先进行底板二次衬砌施工(图 4-19),再利用简易二次衬砌支模体系完成直墙和拱部二次衬砌。

a)底板二次衬砌施工

b)直墙和拱部防水板施工

c)拱墙二次衬砌钢筋施工

图 4-19　关键工序施工示意图

②进行直墙和拱部防水板、钢筋制作安装时,利用钢筋台架进行直墙和拱部的防水板、钢筋制作安装。制作顺序为先直墙,再拱部,见图 4-20。

③依据出入口的平面线型和断面形状进行简易二次衬砌支模体系设计。特别是对不规则断面形状的段落进行钢拱架架立范围、布置方式、拱架架立间距、模板安装范围的设计。

④进行钢拱架骨架安装,并完成其内部纵横支撑。工字钢横向内支撑可与工字钢架立间距一致,对于直墙段横向支撑的上下间距为1.5m左右,横支撑与拱顶间要加斜撑。钢管作内支撑时采用直径50mm钢管,支撑布置间距需加密。

⑤钢模板的纵向接头应设在榀与榀之间,以便于安装模板扣件和模板挂钩。模板安装见图4-20。

图4-20　模板安装图

⑥安装泵管,进行混凝土浇筑。混凝土浇筑顺序为先边墙、再拱部。

⑦注意事项:

a. 钢拱架加工尺寸:按照设计二次衬砌尺寸轮廓扩大50mm,以确保净空。

b. 钢模板长度为1.5m,则钢拱架间距平均应不大于0.75m,但对于出口转弯段等特殊部位,左右两侧直墙长度不一致,应保证长度较长的外侧拱架榀间距0.75m,内侧间距依据外侧榀数及内侧墙长度确定,钢拱架布置见图4-21。

图4-21　转弯处靠内侧钢拱架布置图

c. 如果使用输送泵灌注,则灌注速度不宜过快,否则将引起组合钢模板变形,尤其在衬砌厚度大于500cm以上时更应放慢灌注速度。在封顶灌注时应加倍小心,随时注意混凝土的灌注情况,防止注满后强行灌注混凝土,否则将导致爆模或台车变形损坏。

4.4　特大断面回旋分部施工方法

特大断面暗挖隧道(断面积在100m^{2}以上的隧道)回旋分部多台阶开挖法,是在暗挖隧道由小断面进入大断面开挖时,采用单侧小导洞爬坡先行,至大断面拱顶后进行大断面上导坑开挖，并经核心土区域开横通道进入另一侧壁上导坑开挖，把断面左右分割，再左右两侧导坑中下导坑跟进开挖，最后取核心土、开挖仰拱，完成大断面开挖的方法。

4.4.1　回旋多台阶分部开挖法工艺原理及适用范围

特大断面暗挖隧道回旋分部多台阶开挖法工艺原理是基于新奥法、双侧壁导坑法及小导洞先行的方法，将大断面、特大断面分为左右侧、中央核心土区域各部分，同时上下导坑多台阶结合小导洞反挑开挖，逐步完成大断面开挖的一种综合方法。是通过确定合适坡度的小导洞快速进入大断面，减小开挖对围岩的扰动，保护上方密集构筑物群的浅埋暗挖大断面隧道安全施工的新型工艺。

小断面及大断面相对关系及回旋法起始开挖小导洞断面示意见图 4-22。回旋开挖法小导洞施工延伸平面情况见图 4-23。

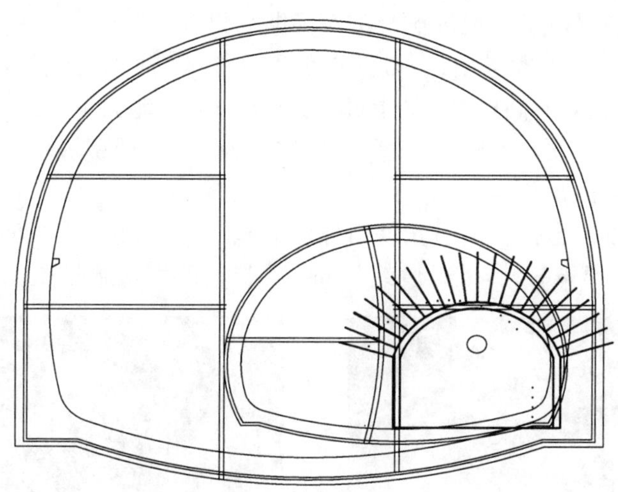

图 4-22　回旋开挖法起始开挖断面示意图

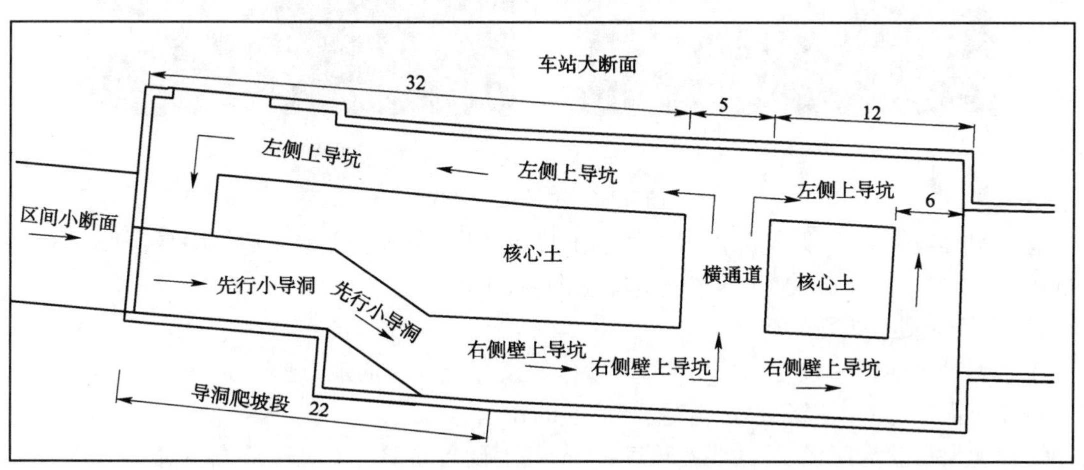

图 4-23　回旋开挖法施工平面示意图(尺寸单位：m)

其核心是先行施工爬坡小导洞，至大断面拱顶后经核心土进入另一侧壁，双侧壁各导坑同时开挖时开挖平面呈 H 形，可展开 3 ~ 5 个作业面(左右侧壁、上下导坑)，有效加快施工进度、保证安全,使洞内相对狭小作业面多处连通,保证了施工组织,交通便利。相比常规施工方法可有效避免全断面一次开挖难以实现、超挖量大、安全隐患大、进度缓慢等问题。事实证明在大断面上方建筑物密集、不具备双侧壁法施工的条件下,通过该方法可做到施工快捷、安全、高效。

本方法适用于浅埋、暗挖、跨度大或断面大、断面变化频繁的特大隧道。

4.4.2 回旋多台阶分部开挖法工艺流程

(1)单侧小导洞先行

①小导洞位置。可以依据较小断面与大断面的相对关系进行确定,或较小断面分部开挖时先到达大断面的导坑进行确定。若小断面位于大断面中线偏右侧,则可将小导洞设置在右侧壁;反之,设置在左侧壁。若小断面的某一侧壁先到达大断面桩号处时,则可以设置导洞在该侧壁,以尽快施工先行导洞,完成导洞爬坡至大断面拱顶。

②小导洞尺寸。满足车辆进出,一般断面面积在 $30m^2$ 时即可满足出渣车辆及小型机械设备进出,可设计为宽度 6m、高度 6m 的上部为拱、下部为直墙的小断面。

③小导洞坡度。为方便车辆爬行,设置底板坡度为 15%,顶板坡度可适当加大,以实现尽快由小断面爬升至大断面拱顶。

④小导洞爬坡长度。至拱顶所需长度由导洞底板、顶板坡度、小断面与大断面高差决定。高差 9.66m,顶板坡度 43% 时,爬坡长度约 22m。小导洞爬坡实施见图 4-24。

a)由右侧爬坡

b)由左侧爬坡

图 4-24　小导洞爬坡实施

⑤导洞爬坡完成后,开挖断面以右侧壁上导坑的形式开挖,以减小后期对导洞段回头进行反挑扩挖的体量。导坑开挖现场实施情况见图 4-25。

(2)核心土处开挖横通道

①单侧导坑前行一段距离(30 ~ 35m)后,向核心土开横通道,进入另一侧壁导坑施工,逐步完成断面横扩,并实现新增另一侧壁开挖面的作用。

②横通道形状为门形,尺寸为宽度 5 ~ 6m,高度随着台阶开挖高度逐渐变高。

③施工横通道时按由上至下,由拱顶部分至中下导坑的顺序进行开挖。

④横通道开挖过程中,单侧导坑掌子面继续向前推进。

⑤横通道开挖完成上导坑的台阶进入另一侧壁后,即可进行另一侧壁的上导坑开挖,且开

挖可向大桩号和小桩号端同时进行，即新增两个作业面。横通道穿越核心土到达另一侧壁实施图见图 4-26。

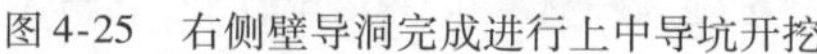
图 4-25　右侧壁导洞完成进行上中导坑开挖

图 4-26　向核心土开挖横通

⑥横通道开挖高度与左右侧壁导坑各台阶开挖高度一致后，横通道可作为连通左右两侧壁的通道，车辆进出可由右侧壁进入左侧壁到达左侧壁掌子面，完成出渣进料等。导坑与横通道相对关系见图 4-27。

(3)另一侧壁导坑开挖

①横通道开挖完成后，进行另一侧壁导坑开挖。

②导坑开挖按上中下导坑的顺序依次进行。

③另一侧导坑可向大桩号及小桩号端分头开挖，与先行侧导坑形成双侧壁开挖。形成双侧壁导坑实施情况见图 4-28。

图 4-27　横通道与导坑关系图

图 4-28　双侧壁导坑开挖图

(4)先行导洞段反挑扩挖

①当后施工的另一侧壁导坑向小桩号端开挖已经达到导洞开挖起始端，即另一侧壁道路已经完全拉通时，进行先行导洞反挑扩挖。

②爆破拆除导洞临时支护，按设计断面进行对应的导坑开挖初期支护。

(5)核心土、仰拱开挖

①完成双侧壁导坑开挖后，进行核心土开挖，完成大断面拱顶成环。另一侧壁导坑反挑完成，形成双侧壁导坑见图 4-29。

②开挖核心土后，利用 9～12m 长栈桥施作仰拱，同时做好接地等工作，尽快完成大断面仰拱闭合成环；并及时施作大断面二次衬砌，在大断面二次衬砌无法及时施作时，利用工字钢井字架临时支撑代替取掉的核心土，见图 4-30。

图 4-29　双侧道路拉通现场图

图 4-30　大断面拱顶核心土开挖图

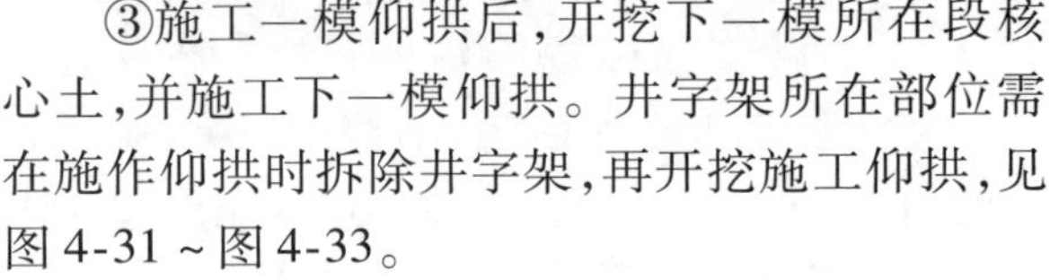

③施工一模仰拱后,开挖下一模所在段核心土,并施工下一模仰拱。井字架所在部位需在施作仰拱时拆除井字架,再开挖施工仰拱,见图 4-31 ~ 图 4-33。

(6)大断面二次衬砌施工

①大断面开挖初期支护完成后,进场并组装大断面钢模台车,进行二次衬砌施工。

②二次衬砌分两步施作,首先完成底板及矮边墙二次衬砌。再将安装好的钢模台车定位,进行拱墙及拱部大断面二次衬砌施工,见图 4-34。

图 4-31　大断面取核心土后井字架支撑

图 4-32　仰拱接地引出装置施工

图 4-33　大断面仰拱施工

图 4-34　大断面二次衬砌混凝土浇筑完毕

4.4.3　回旋多台阶分部开挖法施工要点

(1)回旋多台阶开挖适用于单头掘进时由小断面进入大断面、特大断面隧道开挖,大断面进入小断面时不必采用导洞方式,直接用 CD 法或台阶法开挖。

(2)完成小断面至大断面需一段变化过渡的断面,即小导洞。导洞在剖面上具有向上的坡度,坡度大小依据小断面与大断面高度差进行确定,当高差大时,导洞爬坡长度相应将较长,但一般控制底板坡度为 15°左右为宜,以保证现场车辆进出方便;顶板坡度较大可取 50°以下,以尽快爬坡至大断面拱顶,也保证可进行爆破施工钻孔的操作。

(3)导洞平面线型一般为直线,当断面变化较频繁时,可采用折线、曲线前进,但曲线转角不可太大,保证前后视野可通视。

(4)导洞爬坡至大断面拱顶后,采用该侧壁设计的上导坑开挖断面继续推进,中下导坑依据现场进度要求推进。

(5)距离导洞起始点 30m 左右开始进行横通道施工,以尽快进入另一侧壁导坑开挖,并及时将另一侧道路拉通,双侧道路可进行交通转换。

(6)导洞为临时措施,其断面大小、支护形式依据现场围岩条件、挖掘机等机械设备大小进行确定,完成双侧壁导坑开挖后,要将导洞临时支护拆除,将该段扩挖至设计断面。

(7)左右侧壁分部进行开挖,为保证开挖核心土时拱顶初期支护钢架左右可较好连接,钢架架立时必须精确测量放线,保证左右侧钢架对应,处于同一平面。

(8)进行特大断面分部开挖时需进行相应洞内收敛、拱顶沉降、钢架应力的监测,尤其是开挖核心土时,大断面拱顶初期支护连接成环后及时布置钢架应力测点,对拱部应力进行实时监测,作为指导核心土施工进度的重要依据,并加快大断面二次衬砌施工进度,保证超大断面的安全及上方建筑物安全。

4.5　组合型钢支撑施工技术

4.5.1　组合型钢支撑开挖法原理

在城市隧道建设中,隧道断面不断增大且隧道上部构筑物密集,施工危险性极大,在这种情况下使用原有的施工工艺使得效益与工期矛盾不断突出,而多种组合型钢支撑开挖法正是结合了双侧壁导坑法与 CD 法的优点,摒弃了二者的缺点,降低了双侧壁导坑法最后开挖核心土的施工难点,同时又结合了 CD 法开挖过程良好的控制围岩变形能力,使其成为一种解决特大断面开挖的方法,实现工期与效益相统一。组合型钢支撑开挖法适用于跨度大、拱顶应力集中、地表沉降要求严格的特大断面隧道。

组合型钢支撑开挖法工艺原理:以岩体力学理论为基础,应用新奥法指导施工,充分发挥围岩自承能力,采用组合型钢支撑开挖法(图 4-35),减少开挖施工工序,防止拱顶沉降加剧。

图 4-35　组合型钢支撑开挖法

4.5.2 组合型钢支撑开挖法工艺流程

组合型钢支撑开挖法工艺流程见图4-36。

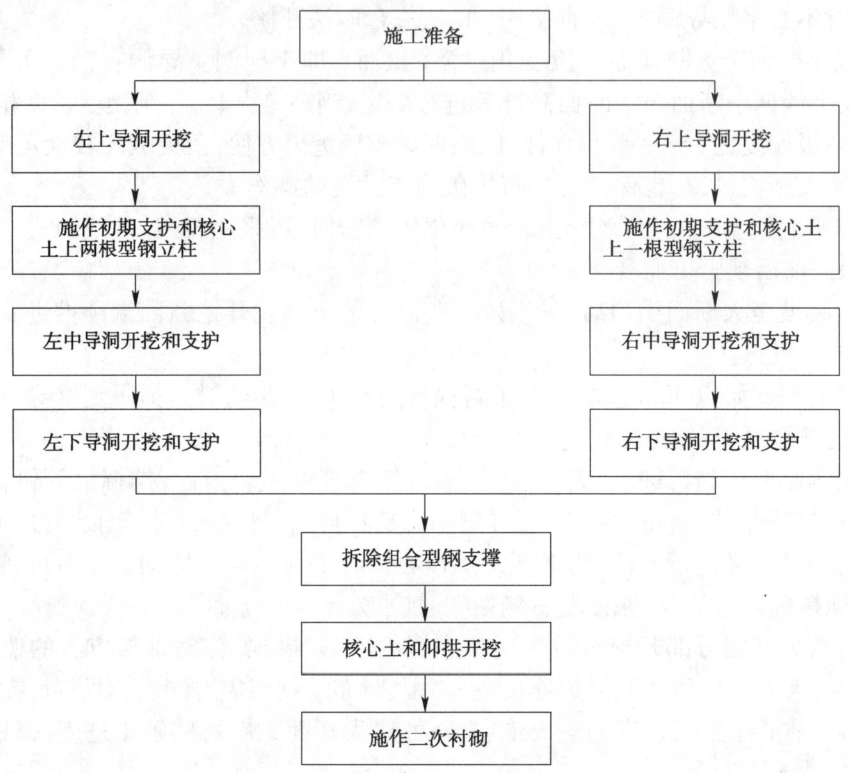

图4-36 组合型钢支撑法开挖工艺流程

4.5.3 组合型钢支撑开挖法施工步骤

组合型钢支撑开挖法断面划分见图4-37。

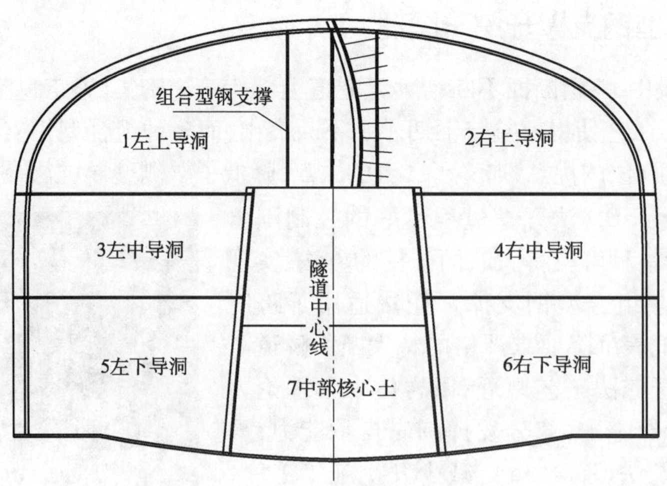

图4-37 组合型钢支撑开挖法断面图

(1)左导洞上台阶的开挖及支护

开挖前先施作该隧道顶部超前锚杆,开挖后立即施作该处初期支护及临时支护。

(2)左导洞临时立柱钢支撑

左导洞上台阶开挖 3m 后,施工竖向临时钢支撑见图 4-38。

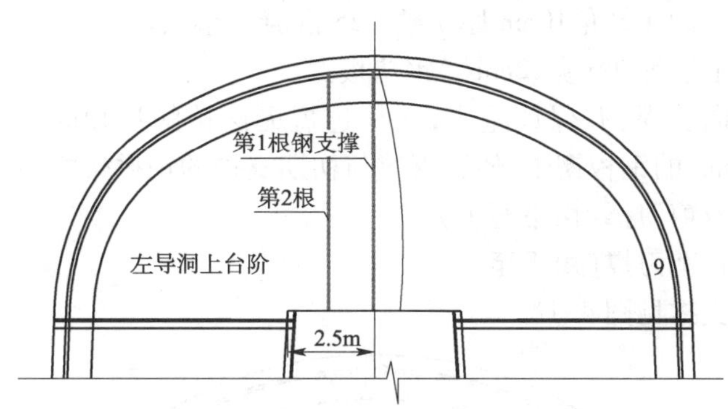

图 4-38　左导洞上台阶钢支撑施工示意图

①场地找平,距中心线 2.5m 范围铺设 10cm 厚快硬 C25 混凝土垫层。

②在垫层混凝土上满铺 2m 宽、2cm 厚钢垫板,垫板采用运载车转运至立架地点,吊车辅助装卸。

③施作第 1 根竖向支撑,并保证垂直,因隧道开挖高度无法做到十分精准,当工字钢立好后,立柱过短无法接触拱顶时,在工字钢的上部加设 400mm × 400mm × 20mm 的钢板锲子,使钢支撑与钢拱架之间的空隙紧密相连,钢板块数由现场实际情况而定。

④施作第 2 根竖向支撑,并保证垂直,立柱过短无法接触拱顶时加设 400mm × 400mm × 20mm 的钢板锲子。

⑤施作横向连接及剪刀撑(由下至上)。

⑥施作纵向连接及剪刀撑(由下至上)。

型钢支撑结构见图 4-39,型钢节点连接见图 4-40。

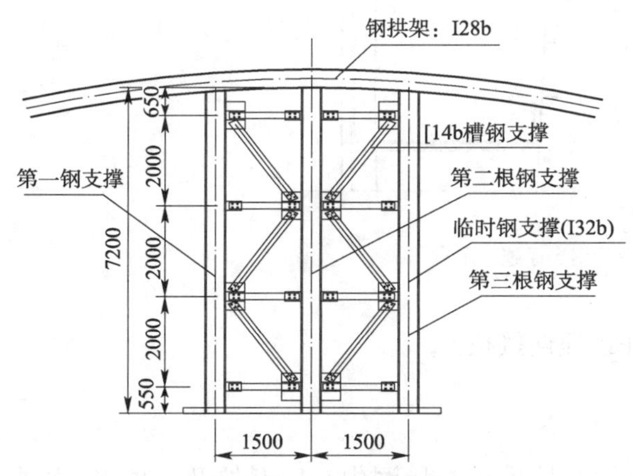

图 4-39　型钢支撑结构图(尺寸单位:mm)

图 4-40　连接处采用螺栓连接

(3)右导洞上台阶的开挖及支护

左右导洞掌子面错开15m后,开始右导洞上台阶的开挖,每次进尺小于1m。

①开挖右导洞及施作初期支护。

②机械拆除临时支护。

③距中心线2.5m范围浇筑10cm厚快硬C25混凝土垫层。

④在垫层混凝土上满铺2m宽、2cm厚钢垫板。

⑤施作第3根竖向支撑,并保证垂直,立柱过短无法接触拱顶时,在工字钢的上部加设400mm×400mm×20mm的钢板锲子,使钢支撑与初期支护的钢拱架之间空隙紧密相连。

⑥施作横向连接及剪刀撑(由下至上)。

⑦施作纵向连接及剪刀撑(由下至上)。

右导洞上台阶钢支撑见图4-41。

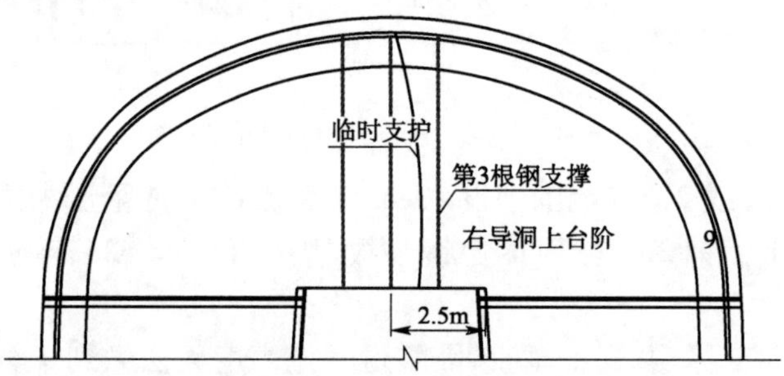

图4-41 右导洞上台阶钢支撑施工示意图

(4)左导洞中台阶的开挖及支护

开始左导洞中台阶的开挖,也可与左导洞上台阶同步掘进;每次进尺小于1.2m。左导洞中台阶钢支撑施工见图4-42。

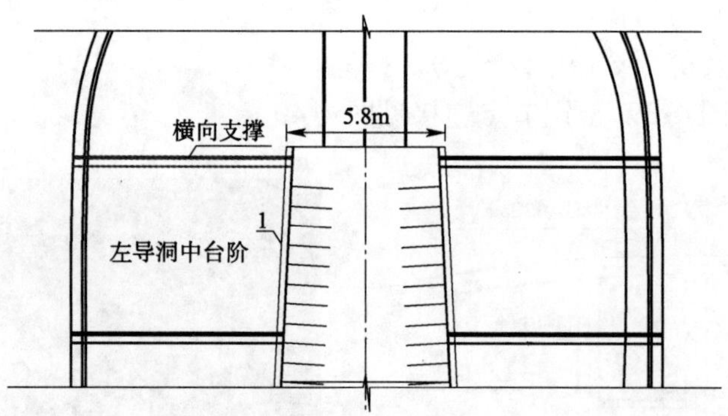

图4-42 左导洞中台阶钢支撑施工示意图

①左导洞中台阶开挖。

②边墙初期支护及中部核心土临时支护并预埋连接板。

③横向支撑安装。

(5)右导洞中台阶的开挖及支护

左导洞中台阶掌子面距右侧中台阶10m后,开始进行右导洞中台阶开挖及支护,每次进尺小于1.2m。具体实施步骤参见上述第(4)步。

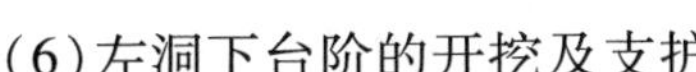

(6)左洞下台阶的开挖及支护

左导洞中台阶开挖至一定距离，具备下台阶开挖条件时，开始进行下台阶开挖及支护，每次进尺小于 1.2m。

(7)右导洞下台阶的开挖及支护

左导洞下台阶掌子面距右侧下台阶 10m 后，开始进行右导洞中台阶开挖及支护，每次进尺小于 1.2m。具体实施步骤参见上述第(6)步。

(8)临时立柱钢支撑拆除

右导洞下台阶开挖 10～15m，且隧道沉降基本稳定后，人工拆除上台阶临时立柱钢支撑；每次拆除长度与二次衬砌浇筑长度基本相同。上台阶钢支撑拆除步骤见图 4-43。

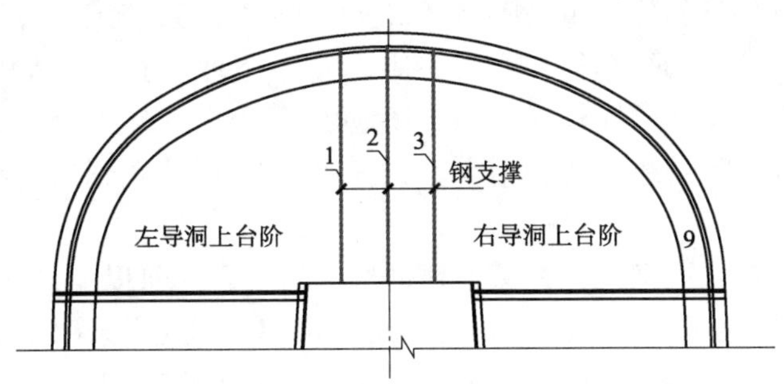

图 4-43　上台阶钢支撑拆除示意图

①在相应工作面按照纵、横步距 0.6m 搭设脚手架(采用三排脚手架)，人工拆除纵向及横向剪刀撑，材料用吊车转运至地表，经运载车转运至洞外。

②人工拆除横向及纵向连接，所拆除材料用吊车转运至地表。

③人工氧焊拆除第 1 根和第 3 根临时立柱钢支撑，拆除时必须用吊车拉紧工字钢，防止工字钢倒落砸伤操作人员，材料用吊车转运至地表。

④人工氧焊拆除第 2 根临时立柱钢支撑，拆除时必须用吊车拉紧工字钢，防止工字钢倒落砸伤操作人员，材料用吊车吊运至地表，经农用车转运至洞外。

(9)中下部核心土的开挖

上台阶临时立柱钢支撑拆除超过 5m 后，机械开挖核心土，人工拆除左右导洞临时横撑。

①机械拆除中台阶临时支护，人工拆除左右导洞中台阶横撑。

②机械开挖中台阶。

③中台阶开挖完成后机械拆除下台阶临时支护，人工拆除左右导洞下台阶横撑。

④机械开挖下台阶。

⑤仰拱浇筑及回填。

(10)左右导坑下部仰拱浇筑及二次衬砌。

第5章 复杂周边环境下超深明挖隧道施工技术

5.1 概 述

南坪中心交通枢纽工程,位于主城闹市区,是一项复杂的系统工程。该交通枢纽是集景观商业广场、步行交通、轨道交通、车行交通于一体的综合交通系统。工程内沿线周边建筑物密集,且有数栋高层建筑距离开挖线较近。施工场地狭窄,涉及的地下管网众多。在土石方开挖期间,既要做到不影响国防光缆和市民用水、用电、通信等,还要做到在闹市区合理组织大量土石方运输,非常困难。

设计采用明挖法施工,特别强调在保证邻近建筑物安全的前提下,进行开挖和支护。鉴于本工程土石方开挖体量大,开挖深度近30m,距离周边建筑最近处不足4m,支护类型多,技术要求高,护壁桩深达39m,又多为石方,施工难度较大。因此,结合工程特点对其开展复杂周边环境下超深基坑开挖与支护技术研究具有迫切的必要性。

5.2 城市中心区基坑工程施工方案优化

5.2.1 土石方开挖方案

通过技术经济分析,对石方采取水钻切割套边、中间爆破的方式开挖。合理地运用爆破技术是加快本工程进度的关键,采用爆破技术需要采取相应的安全措施,如做好深基坑边坡的保护,控制爆破振动的幅度,控制好噪声、飞石、扬尘,确保附近建(构)筑物及人员安全。

因本工程处于繁华市区,为确保工期,投入挖掘机、推土机、液压破碎锤、环保自卸汽车等施工机械,以确保工程进度。同时为本工程准备了专门的卸土场,能够做到随时卸土。

5.2.2 土石方运输方案

本工程的土石方总量为100万m^3,每天产生3000~4000m^3废渣,完成这些土石方的运送需要施工车辆20多万台次,另有10万左右台次的材料车辆进出施工区域,平均每天将有1000多台次的施工车辆要进出施工区域。由于施工车辆车型较大,对路网上的其他车辆运行也会产生一定的影响。因此,对施工车辆采用时间与空间分离的组织方案。

直观上来看,夜间是市政工程施工的黄金时间,此时其他车辆对施工干扰最小。但从环保方面来看,施工会产生噪声,造成扰民。根据车辆交通流具有的早晚高峰特性,结合重庆市民的生活特点,将施工车辆的作业时间安排在白天10:00~15:00、夜晚20:00~24:00。白天,控制施工车辆进出的台次,以降低对社会其他车辆的影响,夜间施工可增加施工车辆台次,提高效率[30]。

根据开工阶段的不同，在空间上对施工车辆进行相应的组织，选择最有利的施工车辆进出口与通行路段。

5.3　基坑主体结构部分逆作法施工技术

重庆南坪中心交通枢纽工程的主要结构形式为地下四层（负一层商业层、负二层商业及办公层、负三层设备层及轻轨交通层、负四层下穿车行道层）框架剪力墙结构。基坑深度近30m，设计基坑为直立高切坡，基坑支护形式主要是板肋锚杆挡墙和锚拉桩及桩间喷射挡墙相结合的形式。在施工过程中，采取“分段跳槽”的开挖方式，从上至下每次开挖深度为 2 ~ 3m，每次开挖长度为 6 ~ 9m，在完成该段相应的支护结构之后再进行下一段土体的开挖。但是在2009 年 2 月下旬，里程桩号 K1 + 020 ~ K1 + 100 段右侧边坡开挖进入负四层约 25m 深度时，石质边坡出现了大量明显的水平裂缝，坡脚岩石也出现了断裂现象。从对边坡位移观测点的监测情况看，该段边坡有明显的水平位移发生。在此紧急情况下，立即停止了该段边坡施工，并利用场内土石方返填至负三层即轻轨轨道梁下板高程。至此，边坡的水平位移趋势得到了有效的控制，滑坡险情得以排除。但该段边坡无法正常施工，对整个枢纽工程地面交通恢复造成极为不利的影响。

根据地质勘察单位对该桩号范围进行的补充勘探显示，该段边坡地质情况与原地质勘察报告有较大差异，同时根据现场勘察，该侧边坡下部岩体属于强风化粉质砂岩，岩层强度较差，开挖暴露岩石呈片状脱落，加之边坡外侧有明显呈压力状水流出，边坡继续向下开挖后，可能还会出现沉降、位移变形加剧的情况，对边坡支护工程施工及结构工程施工造成极大困难和不利影响[31]。

因此，土石方返填区域无法再采用原来的设计支护结构和施工方法进行施工。为此，根据现场查看并经方案论证比较，决定在该段采取逆作法进行施工，以期在边坡安全的情况下同时满足工期的要求。

5.3.1　部分逆作法施工顺序

（1）在 A 轴、1/B 轴沿线框架结构柱的位置开挖人工挖孔桩至基底嵌岩深度，制作钢筋笼，浇筑混凝土，完成逆作柱。

（2）对该段返填土石方进行平整、压实，安装负三层轨道梁下板底模，绑扎梁板钢筋，浇筑混凝土，完成负三层底板梁板结构。

（3）在轨道梁下板混凝土强度达到相关规范对施工荷载的要求后，按照常规顺序依次施工负二层、负一层和地面层结构。

（4）在轨道梁下板混凝土强度达到设计强度后，分段分阶开挖负三层轨道梁下板以下返填土石方和原基坑剩余部分土石方，边坡部位每开挖一段即进行锚喷面板支护施工，如此直至土石方全部开挖完成，结构墙体基槽完成。

（5）进行负四层结构墙体施工。

（6）进行混凝土表面缺陷处理及防水处理。

5.3.2 部分逆作法施工框架结构[32]

(1)由于该段反压土体不能向下继续开挖,2-23 轴 ~ 2-38 轴交 A 轴、1/B 轴 283.00m 高程以下的主体结构只能采取逆作法施工。原设计中 KZ2、KZ3 改为人工挖孔桩施工,人工挖孔桩按设计大样图施工,如图 5-1 所示。

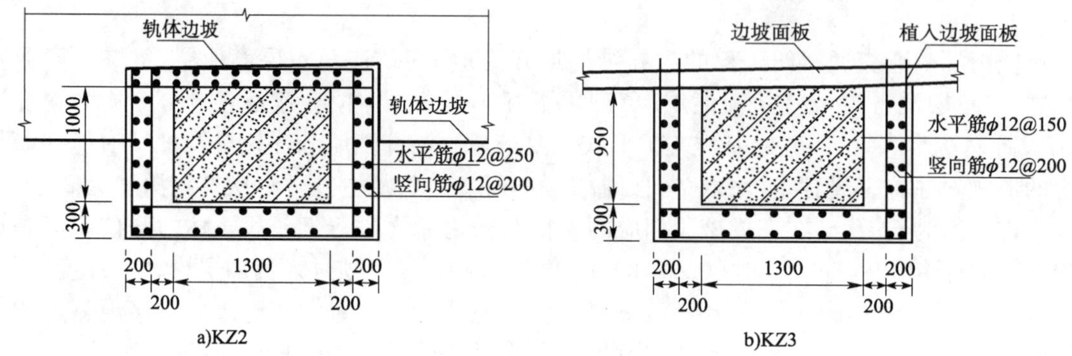

图 5-1 护壁大样(尺寸单位:mm)

(2)在第一排锚索钻孔施工过程中,可以先插入 1/B 轴 KZ2 柱人工挖孔桩施工。A 轴 KZ3 柱人工挖孔桩需待两排锚索张拉锁定后方可实施。为防止人工挖孔时扰动反压土体,影响边坡稳定,人工挖孔桩采取跳孔开挖的施工方法。

(3)A 轴 KZ3 挖孔桩人工挖孔成型后,在 KZ3 桩钢筋未绑扎前,按设计要求做好桩壁侧墙防水。防水施工完成,开始绑扎桩体钢筋,并做好桩间侧墙预留预埋钢筋,如图 5-2 所示。KZ3 挖孔桩混凝土分两次浇筑,第一次浇筑至 KZL2 梁底,将 KZL2 梁体预留钢筋预埋完成后,绑扎 KZ3 桩体钢筋、浇筑至负二层 KL1(2)梁底。靠轨体侧墙无防水要求,KZ2 挖孔桩浇筑至 KZL2 梁底(图 5-3)。

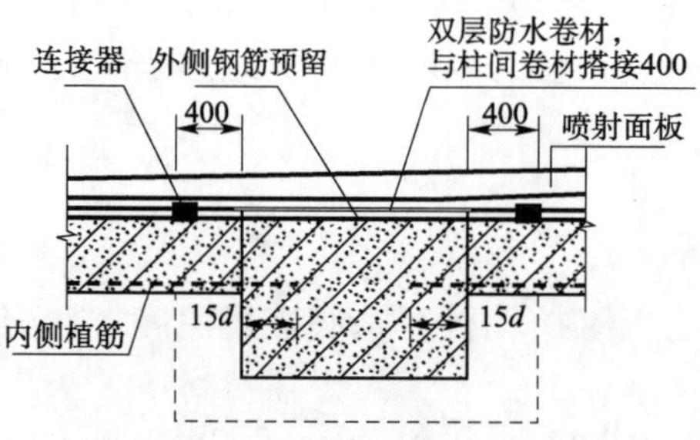

图 5-2 A 轴侧墙预留筋及防水(尺寸单位:mm)

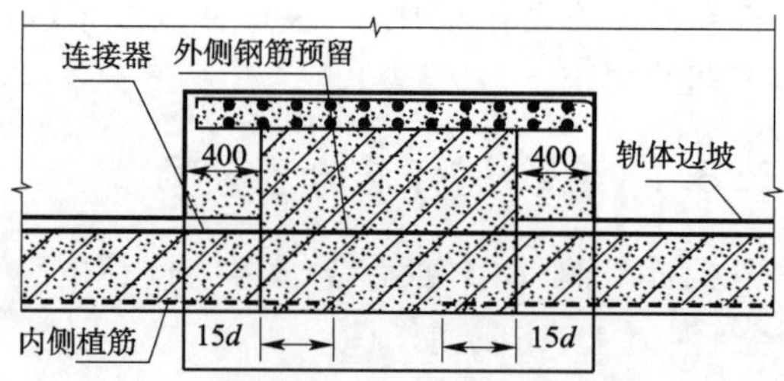

图 5-3 1/B 轴 KZ2 预留钢筋(尺寸单位:mm)

(4)由于 KZL2 梁为上翻梁,该梁体置于反压土体以下,反压土体现无法开挖外运,造成该梁体不能施工。1/A 轴 KZ6、KL7 置于 KZL2 梁上,致使上部框架无法施工,为保证上部负二层、负一层框架施工,KZ6、KZ7 下部需增设支撑桩,支撑桩底端置于下穿道路面高程下 0.9m,在施工第一排锚索时可以插入 KZ6、KZ7 下部支撑桩人工挖孔(图 5-4、图 5-5)。

(5)KZ6、KZ7 支撑桩采用人工挖孔,桩底端置于下穿道路面高程以下 0.9m,顶端混凝土浇筑距 KZL2 梁底 0.2m。绑扎 KZ6、KZ7 柱筋,同时做好 KZL2 梁的预留筋及柱底部 15d 锚固预留筋。支模完后,将混凝土浇筑至挖孔桩孔顶上 0.3 ~ 0.5m。待以后浇筑 KZL2 时,嵌入梁内柱身表面应整体凿毛,确保与梁混凝土充分结合(图 5-6、图 5-7)。

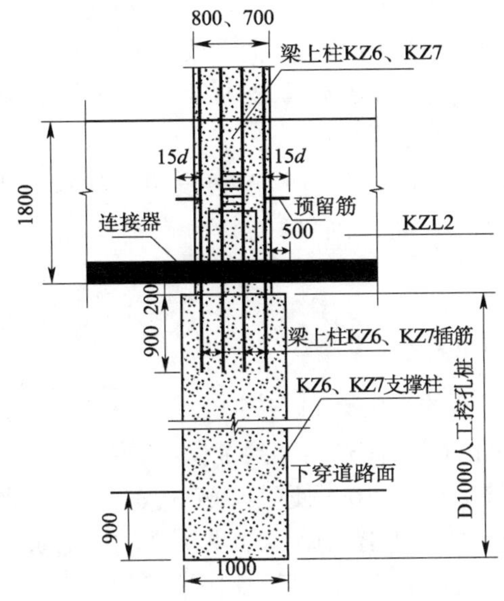

图 5-4 KZ6、KZ7、KZL2 梁柱节点(尺寸单位:mm)

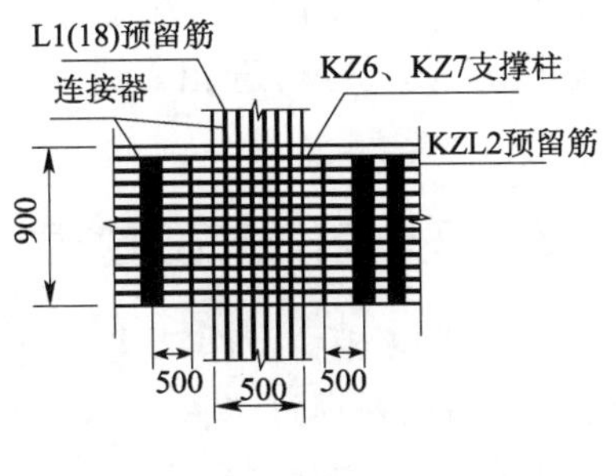

图 5-5 KZ6、KZ7 柱预留筋(尺寸单位:mm)

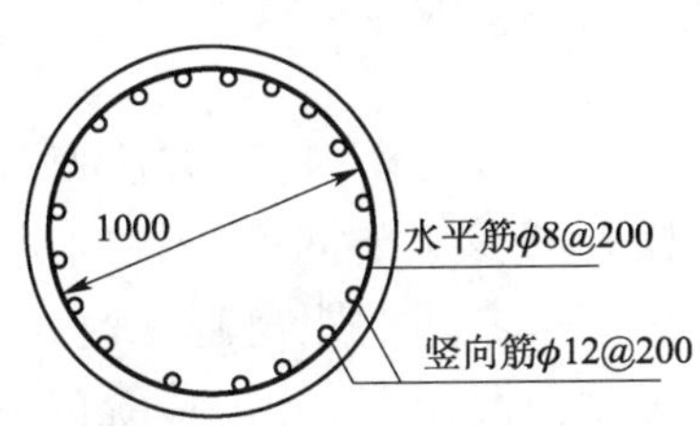

图 5-6 KZ6、KZ7 支撑桩大样图(尺寸单位:mm)

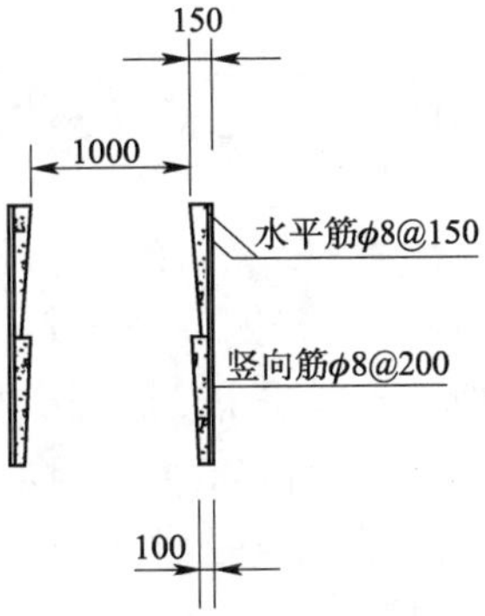

150
1000
水平筋φ8@150
竖向筋φ8@200
100

图 5-7 KZ6、KZ7 支撑桩护壁大样(尺寸单位:mm)

(6)在施工负二层主体框架结构时,需在反压土体上搭设满堂碗扣式脚手架,由于反压土石方比较松散,不能满足承载力要求,应对场地分台阶进行开挖、平整、夯实,用 C20 混凝土浇筑封底 25cm 厚,脚手架立杆底端加设[16 槽钢支垫(沿立杆方向通长)。

(7)待该段上部主体结构施工完成后,利用上部负二层、负一层主体框架结构抵挡边坡的变形,确保边坡的稳定及管网的安全。

最后逆作分阶开挖反压堆载土石方,每开挖一阶对边坡进行一次支护喷射封闭,施工层面自上而下,边开挖边喷锚。对反压回填以下整体岩石,不能采用爆破作业,只能采用炮机凿打作业,坡面开挖应采用人工结合机械进行。对桩间侧墙条形基槽开挖,采用水钻切割套边,基槽中心的石方用人工凿打开挖成型。

(8)施工时,将堆载部位土石方开挖分散堆放在两侧下穿车道内,该部分土石方开挖出渣需待一标段下穿车道形成,利用一标段的下穿车行道作为出渣通道方可实施。

(9)土石方开挖完成后,再施工负二层梁板以下部分框架结构,即条形基础、侧墙、轨道梁下板施工。A 轴、1/B 轴 KZ3、KZ2 柱为人工挖孔原槽浇筑，开挖暴露后，外露部分护壁及原槽浇筑多余部分混凝土须用人工凿打修整至设计尺寸，最后用 1∶1 水泥砂浆抹面。

(10)在负三层下穿道轨道梁下板、侧墙等全部完成，达到强度要求后，拆除负三层满堂式脚手架，最后拆除 KZL2 梁底 KZ6、KZ7 下部支撑桩。

(11)在施工主体结构时，在避开梁柱的位置，每层同一位置均应留设两处材料进出通道口，确保各层施工时材料进出。进出通道口按后浇处理，每层内的材料水平运输采取人工转运。

5.3.3 部分逆作法施工效果

采用部分逆作法后，上部结构的施工不受返压区的影响，可以按原计划顺利进行，避免了因边坡施工中的意外导致工程延期的不利后果。此外，工程安全得到了保障：本工程位于城市中心繁华地段，紧邻的高层建筑物多(如该段边坡一侧约 10m 便是宏声大厦、商社电器南坪店)、周边人车流量大(正当南坪汽车枢纽站和长途汽车站出入口)，如果深基坑的边坡出现严重意外如塌方等情况，造成的后果将不堪设想。采用部分逆作法后，返压堆载的土石方平衡了大部分边坡侧压力，框架结构柱起到了类似抗滑桩的作用，整个负三层和负四层框架结构巨大的强度和刚度确保了边坡支护结构的安全。

5.4 超高超大侧墙无拉结单面支模体系[33]

对地下室侧墙，传统的施工方法为利用对拉螺栓进行双面支模，这种方法对模板的稳定性较好，但也存在着侧墙外土石方开挖量大、对拉螺栓处易渗水的问题。特别是近年来，随着建设用地的日趋紧张，基坑支护结构与临界地下室外墙之间的距离越来越小，地下室外墙的模板支设与拆除都非常困难。针对这些工程的实际情况，可对这一传统的支模方法进行改进，即在基坑支护结构与临界地下室外墙之间不再留设空间进行模板支撑施工，而是考虑将支护结构兼作侧墙外模，侧墙内模采用单面支撑的施工方法。双面支模主要采用对拉螺栓来承受混凝土的侧压力，而单面支模则完全依靠支撑体系受力，支撑间距过小会耗时耗资，过大则较易导致跑模、爆模甚至墙体倒塌等事故发生，故其施工质量监控难度较大。

重庆南坪中心交通枢纽工程是一个复杂的市政工程，是涵盖步行系统、商业系统、车行系统、轻轨系统的地下四层立体交通枢纽。车站部分隧道埋深达 33m，地表覆土厚仅有 2～3m，采取明挖方式施工时，基坑与周边高层建筑的最近距离不足 1m。因此，地下结构衬墙外侧已没有结构施工的工作面，只能采取单面支模方式施工。

本工程地下空间结构侧墙为 1m 厚混凝土墙，高 5.5～10m 不等，单面支模的施工难度非常大，经计算混凝土的侧压力达到 205kPa，属于高支模架，危险系数较大。侧墙采取无拉结施工，对加固体系的要求更高，国内同类施工经验很少。同时，本工程属于公共建筑，设计使用年限为 100 年，防水等级为一级，结构自防水是确保工程质量的关键，考虑防水要求和现场的实际情况，不能采用穿墙螺杆对拉，只能采取斜撑和水平支撑的方式搭设。图 5-8 为本工程需单面支模的区域(标准剖面图)。

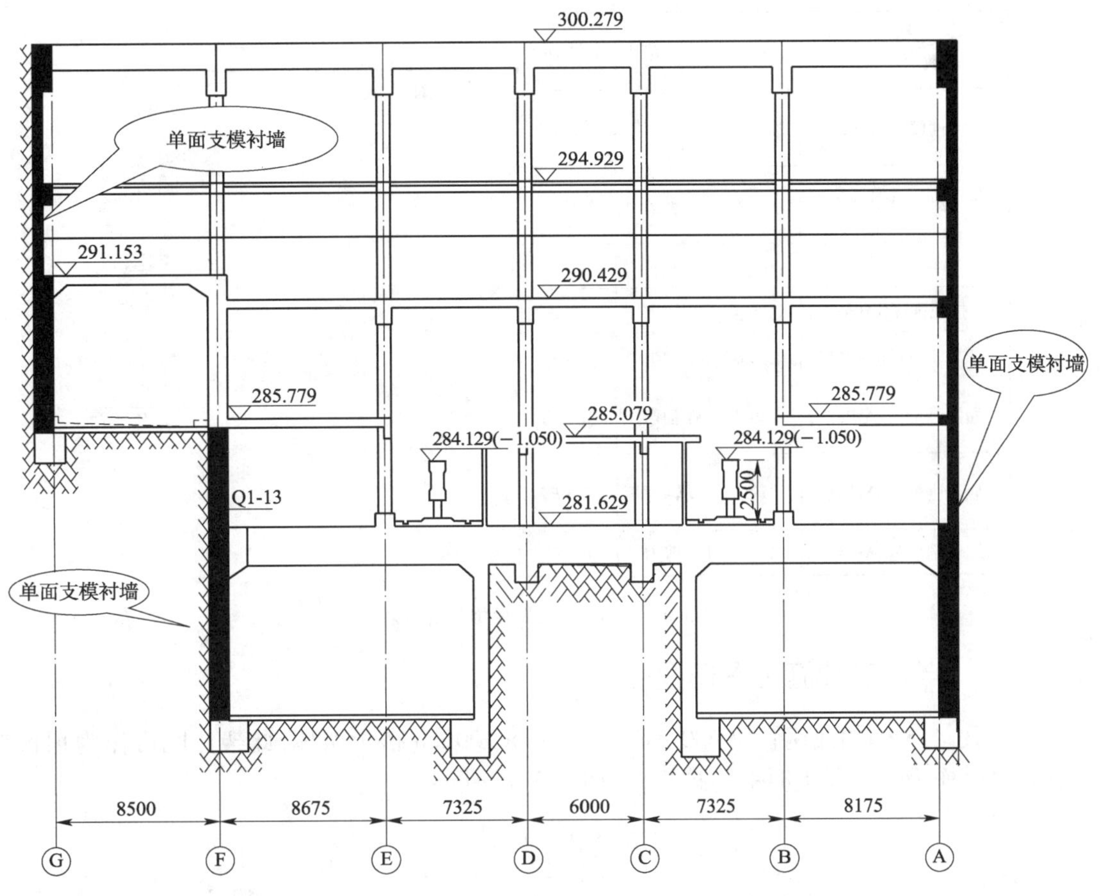

图 5-8　单面支模的区域(尺寸单位:mm)

5.4.1　单面支模工艺原理

(1)设置水平传力杆,将浇筑混凝土水平推力传至对面墙体,减少支撑体系水平位移。

(2)增加 4 ~5 排地锚钢筋,高度达到 10m 的墙体增加至 6 ~7 排,防止斜撑杆滑移。

(3)满堂式脚手架按间距 1.8m 设置多道纵向剪刀撑,增加支撑体系纵向刚度。

(4)设置斜拉钢丝绳,防止因浇筑混凝土过程浮力过大而导致模板及架体上浮,造成架体整体失稳。

(5)立杆下设置 150mm ×150mm ×15mm 钢板垫片,增加与地基接触面,减少应力集中导致地基下沉而引起的架体变形。

(6)利用 I16 型钢代替木枋,使单面支模侧墙受力均匀,保证支架的稳定性及混凝土表面平整度。

5.4.2　单面支模方案模拟分析

采用有限元程序进行受力体系模拟分析。分析结果表明,支撑体系水平位移能控制在 2mm 以内,验证了单面支模方案的可行性。结果如图 5-9 所示。

项目 参数	Q235	容许应力	规范要求
弹性模量(MPa)	2.1e+07	设计值	200
线膨胀系数(1/[T])	1.2e−05	剪力	120
泊松比	0.3		
抗拉强度(MPa)	382.3	压力	0.5 F_y
屈服强度F_{y1}(MPa)	239.6	拉力	0.6 F_y
屈服强度F_{y2}(MPa)	229.4	强轴弯矩	0.6 F_y
屈服强度F_{y3}(MPa)	219.2	弱轴弯矩	0.6 F_y
屈服强度F_{y4}(MPa)	209.0	剪力	0.4 F_y

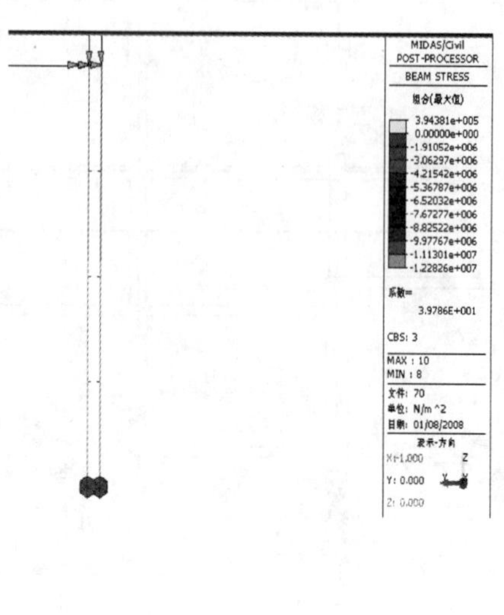

图 5-9　单面支模方案模拟分析结果

5.4.3　单面支模施工操作要点

(1)采用 ϕ48 碗扣式钢管按 600mm × 600mm × 900mm 搭设架体,此架体既可作为顶板架体利用,也可作为安装模板时的防护栏杆,如图 5-10 所示。

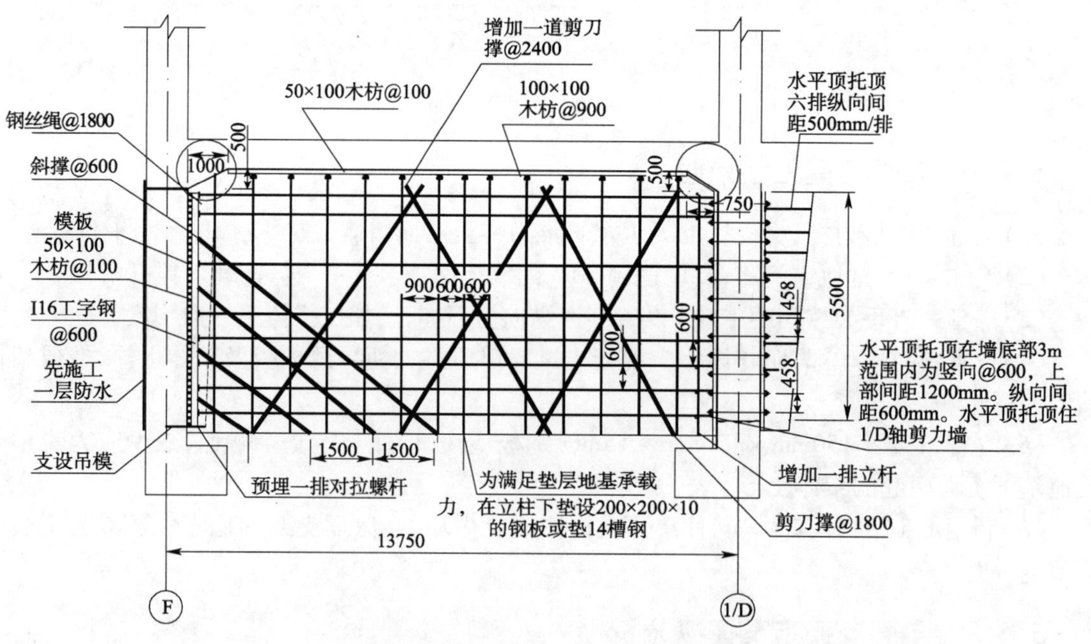

图 5-10　支撑体系图(尺寸单位:mm)

(2)单面支模的外模板安装:浇筑底板混凝土时,应先浇筑 500 ~ 700mm 侧墙,采用焊接的方式预留拉杆,利用螺杆锁紧模板底部。

（3）利用 I16 型钢代替木枋，使单面支模侧墙受力均匀，保证支架的稳定性及混凝土表面平整度。采取焊接的方式将拉杆与结构钢筋很好地焊接，利用拉杆增加背楞，固紧工字钢，下部利用螺杆和背楞固紧，上部利用扣件增加限位卡，防止工字钢因受力偏心而失稳，如图 5-11 所示。

图 5-11　I16 型钢代替木枋做模板背楞

（4）设置水平传力杆：将水平力传递予已浇筑完毕的侧墙或柱，在水平杆与工字钢接头处增加一上顶托，以便将水平杆和工字钢牢牢固紧，如图 5-12 所示。

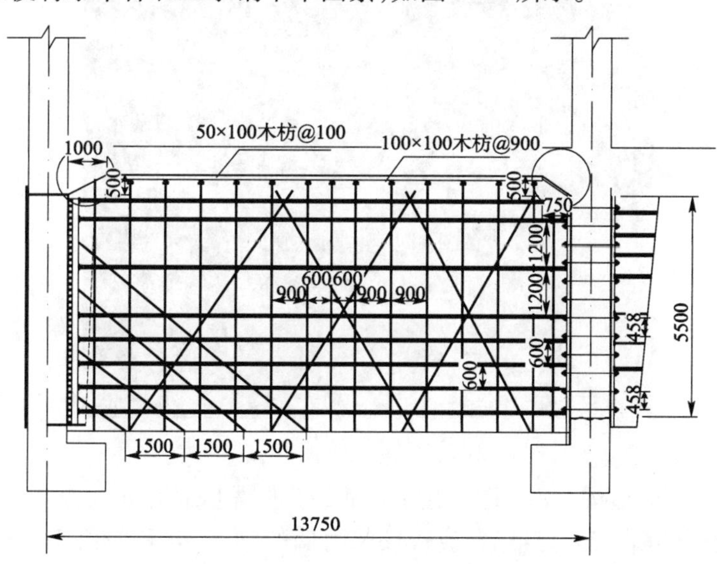

图 5-12　水平杆安装（尺寸单位：mm）

（5）斜撑安装：预先埋设 4 ~ 5 排 ϕ25 地锚钢筋，高度达到 10m 的墙体增加至 6 ~ 7 排，以防止斜撑杆滑移。将斜撑牢牢固定于地锚上部，并将斜撑采用扣件与满堂式脚手架水平杆牢牢固定，增强整体稳定性，如图 5-13 所示。

（6）设置纵向剪刀撑：按间距 1.8m 设置多道纵向剪刀撑，如图 5-14 所示，以增加支撑体系纵向刚度。

（7）设置斜拉钢丝绳：防止因浇筑混凝土过程浮力过大而导致的模板及架体上浮，造成架

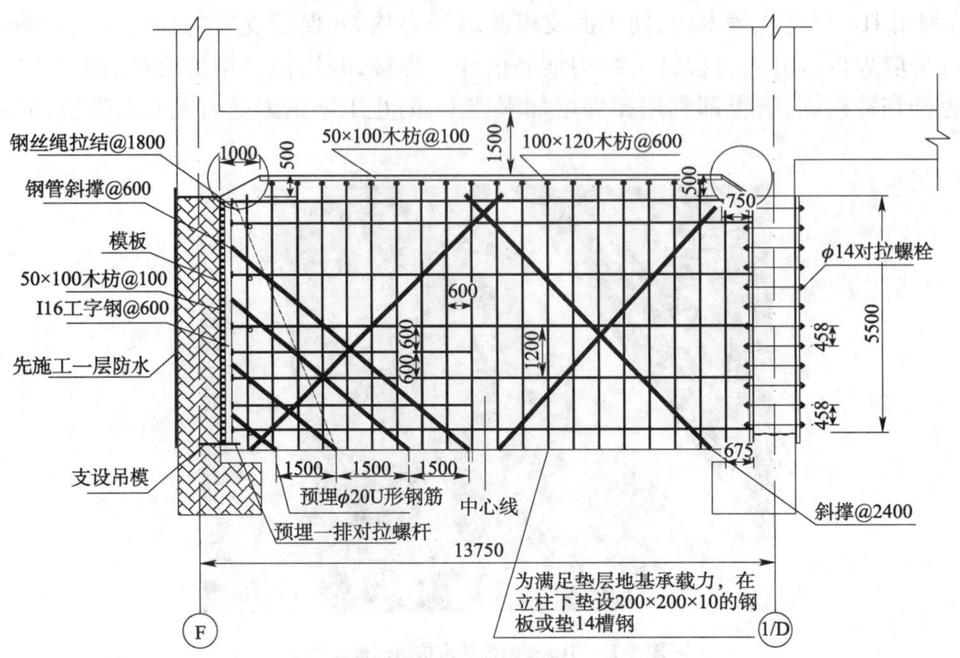

图 5-13　斜撑分布示意图(尺寸单位:mm)

图 5-14　纵向剪刀撑设置

体整体失稳。将 $\phi6$ 钢丝绳按 1.8m 的间距拉结固定于地锚上部,增加抗浮力,如图 5-15 所示。

(8)校核检查:模板等安装完毕后,应校核剪力墙的轴线,并利用顶托调整,使其符合允许偏差,并检查支撑是否到位。

(9)混凝土浇筑:混凝土浇筑过程中应注意控制混凝土浇筑速度,分层浇筑。

(10)待混凝土达到一定强度后,拆除模板,检查混凝土外观是否满足要求,并及时安排专人养护。

5.4.4　单面支模施工质量控制措施

(1)措施一:对混凝土浇筑过程中混凝土内部的应力变化、支架体系的应力变化进行测量，通过电脑实时计算分析，对过程的安全性进行分析、位移情况进行监控，如图 5-16 所示。

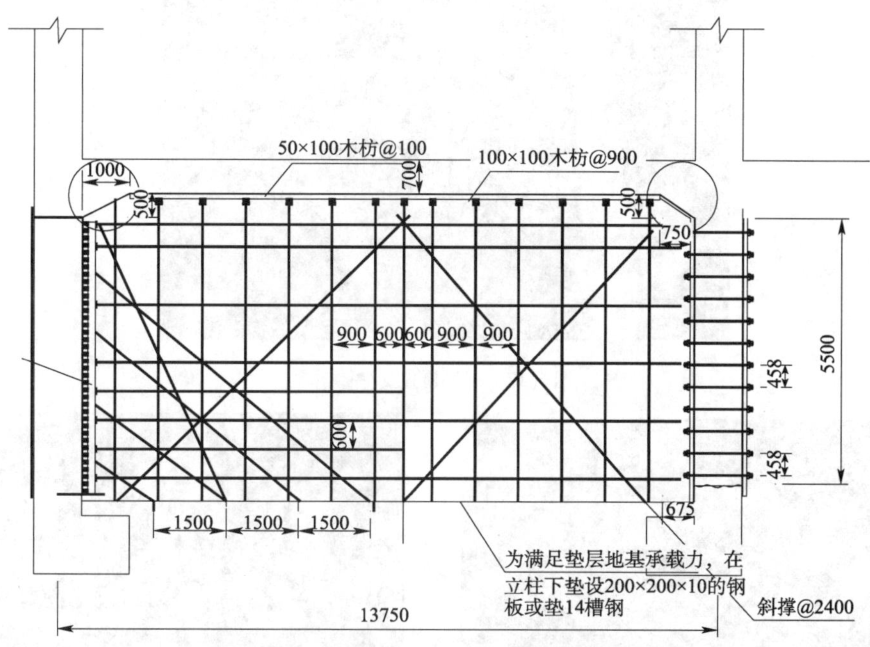

图 5-15　钢丝绳分布示意图(尺寸单位:mm)

图 5-16　施工过程监测

通过现场测试分析，混凝土侧压力和支架体系的受力与方案计算基本符合，支撑体系的应力值和变形值与模拟分析数据基本一致。

(2)措施二：支撑体系搭设前进行详细交底，由技术部负责对全过程进行跟踪检查，发现问题及时整改。

(3)措施三：安全员监督支撑体系搭设过程，搭设完毕后按方案及规范验收，并在签署验收合格证后方可进行下道工序施工，如图 5-17 所示。

另外，在立杆下设置 200mm × 200mm × 15mm 钢板垫片，增加与地基的接触面，减少应力集中导致地基下沉而引起的架体变形，如图 5-18 所示。架体搭设成型后的情况，如图 5-19 所示。

图5-17　现场检查支撑体系

图5-18　立杆下设置钢板垫片

图5-19　架体搭设和成型后的情况

5.5　临近建筑物超深基坑支护技术与安全性评价[34]

5.5.1　超深基坑开挖与支护的极限分析

(1)逐步开挖扰动的极限平衡与深基坑边坡支护的变位分析原理

①极限平衡分析原理。

极限平衡法是通过分析在临近破坏状况下,土体外力与内部强度所提供抗力之间的平衡,计算土体在自身和外荷作用下的土坡稳定性程度,通常以边坡稳定系数 F 表示:

$$F = \frac{S}{\tau} = \frac{C}{C'} = \frac{\tan\phi}{\tan\phi'} \tag{5-1}$$

式中: S——抗剪强度;

τ——实际剪应力;

C、$\tan\phi$——土体实际的抗剪强度参数;

C'、$\tan\phi'$——土体达到极限状态时的抗剪强度参数。

②逐步开挖扰动支护的变位分析原理。

支护的内力和变位如图5-20所示,在计算滑动面以下支护内力、位移和侧向压应力时,首先引入支护的变形系数(按 m 法计算)：

$$\alpha = \left(\frac{m_H B_p}{EI}\right)^{\frac{1}{5}} \tag{5-2}$$

式中：α——支护的变形系数；

m_H——地基系数随深度增加的比例系数；

E——桩的钢筋混凝土弹性模量，$E=0.8E_c$（E_c为混凝土弹性模量）；

B_p——桩的计算宽度；

I——桩的截面惯性矩。

梁的挠曲方程：

$$EI\frac{d^4x}{dz^4} = -p \tag{5-3}$$

图 5-20　支护的内力和变位

式中：p——土作用于支护上的水平反力。

假定支护作用在土上的水平压应力等于桩上各点的水平位移 x 与该点处土的地基系数 C_H 的乘积，即由于 C_H 随深度 y 成正比，于是有：

$$p = xC_H B_p = m_H zxB_p \tag{5-4}$$

$$EI\frac{d^4x}{dz^4} = -m_H zxB_p \tag{5-5}$$

设当 $z=0$ 时，该处的轴向位移为 x_0、转角为 ϕ_0、弯矩为 M_0、剪力为 Q_0，由此初始条件求解微分方程，得到支护上任一点的水平位移 $x(z)$、转角 $\phi(z)$、弯矩 $M(z)$ 和剪力 $Q(z)$ 为：

$$x(z) = x_0A_1 + \frac{\phi_0}{\alpha}B_1 + \frac{M_0}{\alpha^2 EI}C_1 + \frac{Q_0}{\alpha^3 EI}D_1 \tag{5-6}$$

$$\phi(z) = \alpha\left(x_0A_2 + \frac{\phi_0}{\alpha}B_2 + \frac{M_0}{\alpha^2 EI}C_2 + \frac{Q_0}{\alpha^3 EI}D_2\right) \tag{5-7}$$

$$M(z) = \alpha^2 EI\left(x_0A_3 + \frac{\phi_0}{\alpha}B_3 + \frac{M_0}{\alpha^2 EI}C_3 + \frac{Q_0}{\alpha^3 EI}D_3\right) \tag{5-8}$$

$$Q(z) = \alpha^2 EI\left(x_0A_4 + \frac{\phi_0}{\alpha}B_4 + \frac{M_0}{\alpha^2 EI}C_4 + \frac{Q_0}{\alpha^3 EI}D_4\right) \tag{5-9}$$

式中，A_j、B_j、C_j、D_j，$j=1$、2、3、4 可查表得到。

为确定支护顶部变位 x_0、ϕ_0，需求出单独支护的柔度系数。对于支护底支承于非岩石类的土中且当 $\alpha h \geqslant 2.5$ 时（αh 为锚固段换算长度），支护的柔度系数可简化为：

$$\delta_{HH} = \frac{1}{\alpha^3 EI}A_0 \tag{5-10}$$

$$\delta_{HM} = \frac{1}{\alpha^2 EI}B_0 \tag{5-11}$$

$$\delta_{MM} = \frac{1}{\alpha EI}C_0 \tag{5-12}$$

于是有：

$$x_0 = Q_0\delta_{HH} + M_0\delta_{HM} \tag{5-13}$$

$$\phi_0 = -(Q_0\delta_{MH} + M_0\delta_{MM}) \tag{5-14}$$

式中：δ_{HH}、δ_{HM}、δ_{MH}、δ_{MM}——分别为水平力和弯矩作用下支护的柔度系数。

将 x_0、ϕ_0 代入，可求得支护任一深度处的内力和变位。

（2）抗滑桩板墙支护稳定性与变位分析

①抗滑桩板墙支护逐步开挖扰动的极限平衡分析。

在理正抗滑桩板墙支护逐步开挖扰动的极限平衡分析深基坑软件中使用瑞典条分法对K0 + 520 处进行极限平衡分析，计算出基坑边坡的整体稳定安全系数以及潜在滑裂面位置，其条分法中的土条宽度设定为0.5m。各工况极限平衡分析如图5-21 所示。

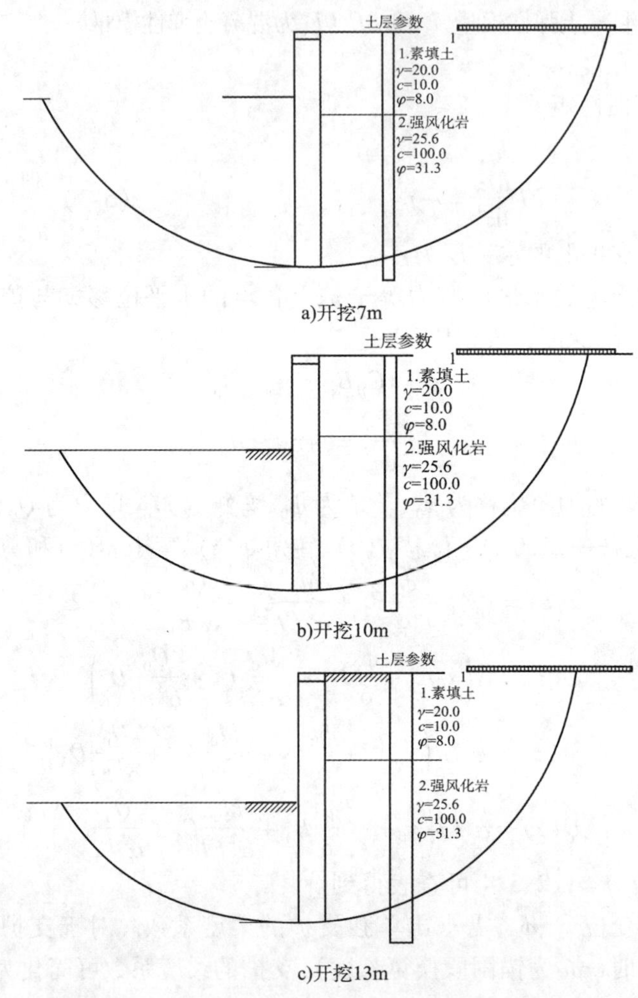

图5-21　不同开挖深度时支护结构整体稳定验算简图

根据以上模拟结果，可知抗滑桩板墙支护整体稳定安全系数随着开挖深度加大而减小，刚开挖时安全系数为最大值7.70，开挖至基坑底时安全系数达到最小值3.06。由于采用的是抗滑桩板墙支护，潜在滑动面基本在桩底所在曲面。各工况下整体稳定安全系数都达到要求，故认为支护形式合理，能较好地保证基坑的整体稳定，保障周边建筑的安全。

②抗滑桩板墙支护逐步开挖扰动的变位分析。

通过极限平衡法使用理正深基坑软件对基坑施工过程进行模拟计算，得到支护结构的位移、弯矩、剪力值，并绘制曲线图。各工况抗滑桩板墙支护逐步开挖扰动的变位分析图如图5-22 所示。

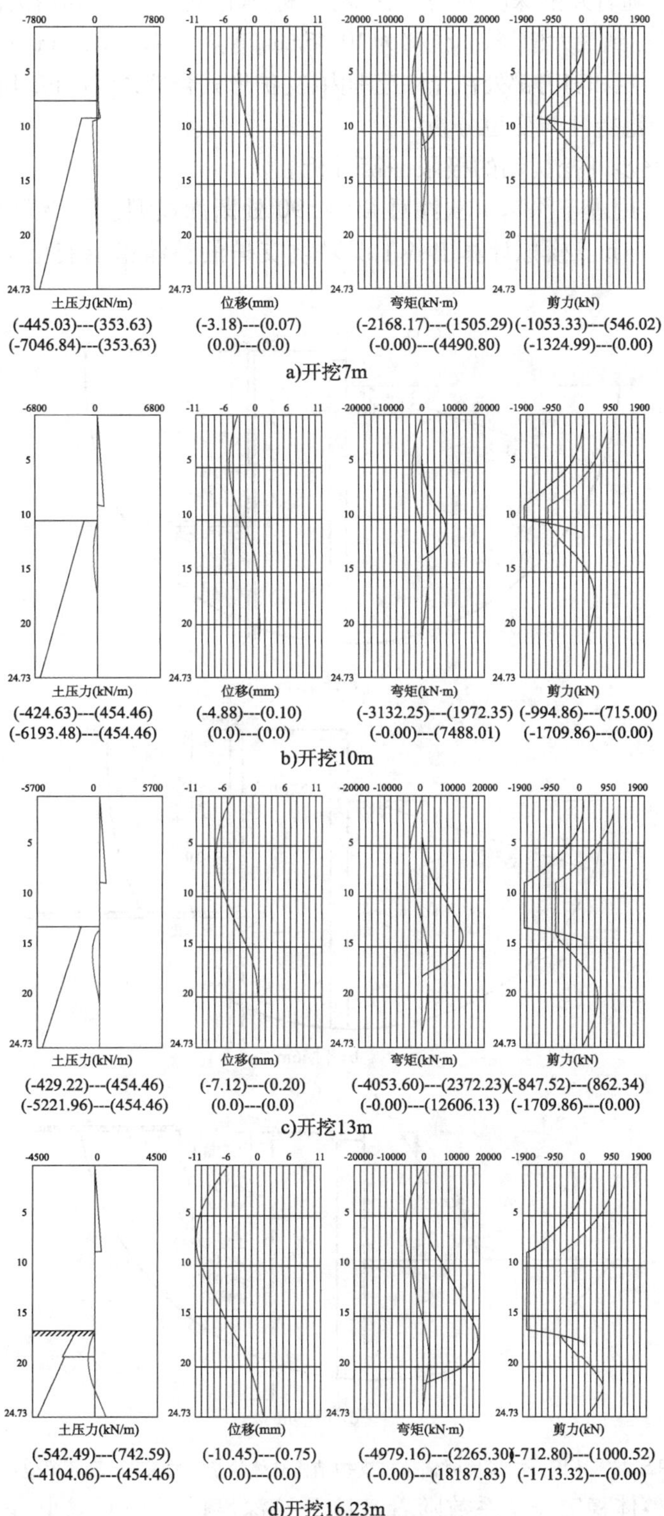

图 5-22　各工况下抗滑桩板墙支护变位分析结果

由图5-22可知,随着开挖深度的增加,抗滑桩桩体的位移、弯矩和剪力随之变大,各项指标在开挖至16.23m时达到最大值,桩体位移为10.45mm,弯矩为4979kN·m,剪力为1000.52kN。各工况下桩体的位移、弯矩和剪力都处在允许范围内,支护形式合理,能保证基坑和周边建筑安全。

(3)锚拉桩支护稳定性与变位分析

①锚拉桩支护逐步开挖扰动的极限平衡分析。

采用瑞典条分法用理正深基坑软件对K0+590处断面模型进行极限平衡分析,其条分法中的土条宽度设定为1m。模拟计算出各工况基坑支护的整体稳定安全系数和潜在滑裂面如图5-23所示。

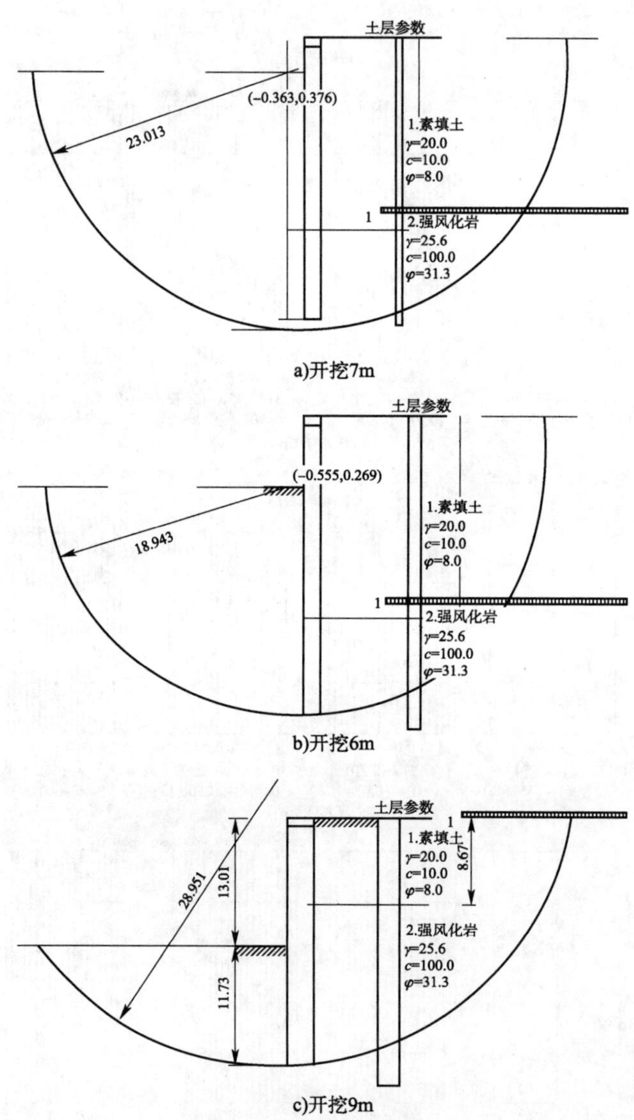

图5-23 不同开挖深度时锚拉桩支护结构整体稳定验算简图(尺寸单位:m)

锚拉桩支护的整体稳定安全系数随着基坑开挖深度的增加而减小,最小值为1.23,潜在滑裂面不断靠近支护。由以上分析可知,锚索的效果明显,保证了支护的整体稳定。该支护形式确保了基坑开挖对近距离高层建筑的影响降低至较小，效果较好。

②锚拉桩支护逐步开挖扰动的变位分析。

通过极限平衡法使用理正深基坑软件对基坑施工过程进行模拟，得到支护结构的位移、弯矩、剪力值，并绘制曲线图。各工况锚拉桩支护逐步开挖扰动的变位分析图如图 5-24 所示。

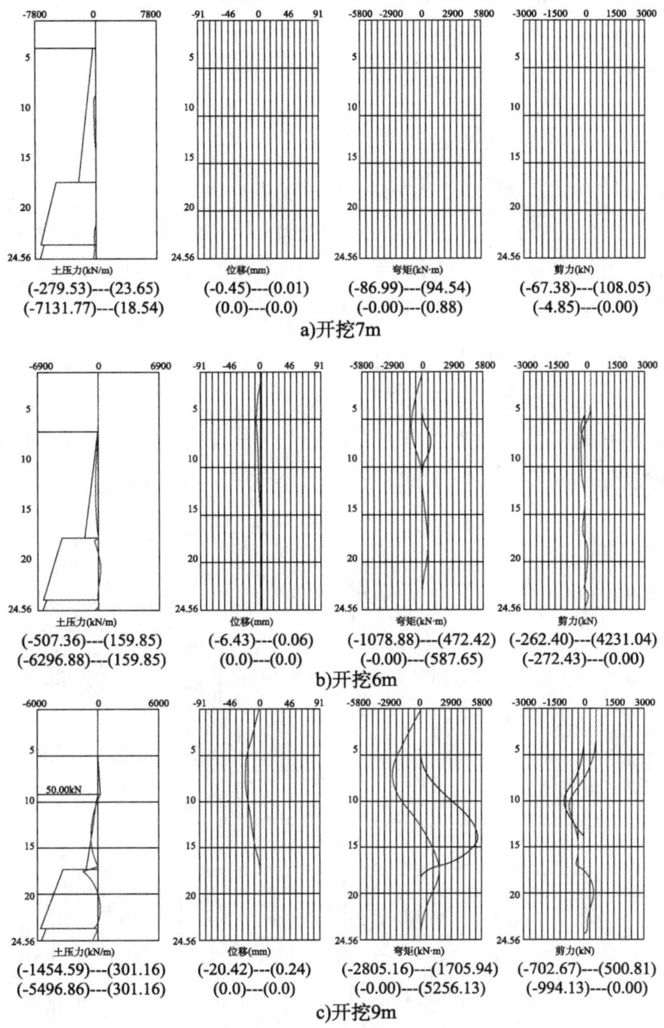

图 5-24　不同开挖深度时锚拉桩支护后变位分析结果

随着基坑的开挖，桩体的位移、弯矩及剪力不断变大，且作用位置加深，桩体位移最大达到了 82.88mm，弯矩达到 4429.53kN · m，剪力达到 1065.79kN。经过分析，认为这是由于近距离有高层建筑产生了巨大的附加荷载，故支护的位移、弯矩和剪力都较大。采用锚拉桩的支护形式很好地抵抗了高层建筑带来的巨大荷载，保证了基坑和周边建筑的安全。

(4)板肋式锚杆支护稳定性与变位分析

①板肋式锚杆支护逐步开挖扰动的极限平衡分析。

采用瑞典条分法使用理正深基坑软件对 K0 + 820 处断面进行极限平衡分析，其条分法中的土条宽度设定为 0.5m。模拟计算出各工况整体稳定安全系数以及滑裂面结果如图 5-25 所示。

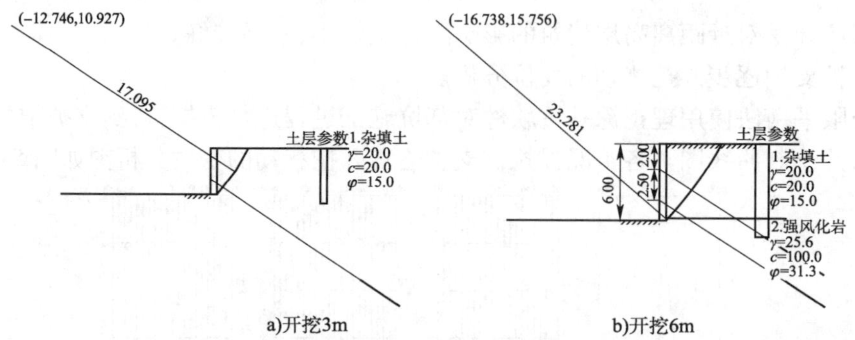

a)开挖3m　　b)开挖6m

图5-25　不同开挖深度时板肋锚杆支护整体稳定性分析简图(尺寸单位:m)

经过分析,由于上层土层为素填土,故基坑刚开挖时整体稳定安全系数较小,仅有1.21,之后由于土层变为砂质泥岩和砂岩,整体稳定安全系数变大,最后该系数随开挖深度的加深而减小,达到1.43。该支护在各工况下都达到稳定性要求,支护形式合理,能有效地保证基坑施工前后的安全,使周边建筑受到的影响较小。

②板肋式锚杆支护逐步开挖扰动的变位分析。

通过极限平衡法使用理正深基坑软件对基坑施工过程进行模拟计算,得到支护结构的位移、弯矩、剪力值,并绘制曲线图。各工况板肋式锚杆支护逐步开挖扰动的变位分析图如图5-26所示。

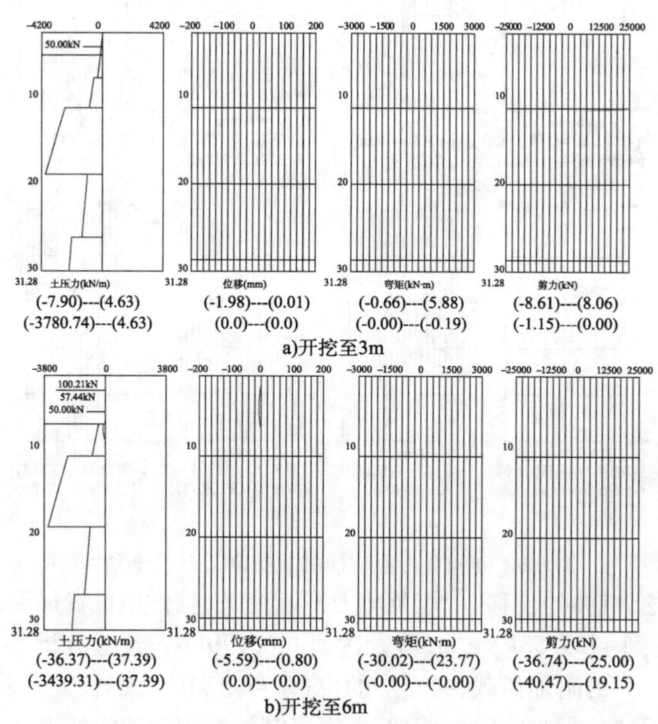

图5-26　不同开挖深度时板肋锚杆支护结构后变位分析结果

由图5-26可知,板肋式锚杆支护的位移、弯矩及剪力都较小,该支护有效抵抗了土体及周边建筑对基坑边坡的压力,控制了支护的变形和受力。其中锚杆效果显著,未加锚杆处支护位移最大达到180mm,施加锚杆后支护的变形明显减小,只有7.23mm。故认为该支护形式合理,有效控制了变形,能够保证基坑和周边建筑的安全稳定。

5.5.2　超深基坑开挖与支护的三维有限元分析

(1)模型的建立

为进一步分析不同支护措施下基坑及支护体系的稳定性,分别建立了抗滑桩板墙支护体系、锚拉桩支护体系以及板肋锚杆支护体系三种条件下的三维有限元模型,如图 5-27 所示。

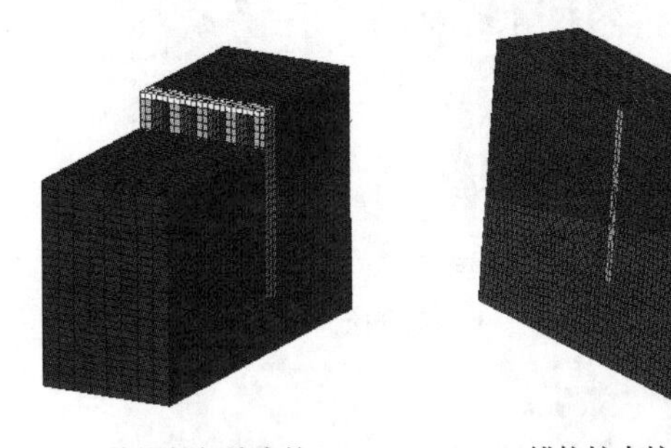

a)抗滑桩板墙支护　　b)锚拉桩支护

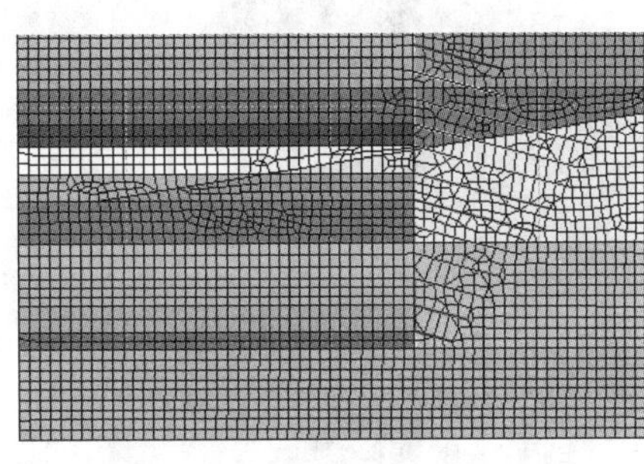

c)板肋锚杆支护

图 5-27　不同支护体系三维有限元模型

模型中,桩体和锚杆分别采用实体单元和杆单元模拟,围岩为实体单元。约束模型两侧节点轴方向位移以及底部三个方向的位移。围岩本构为理想弹塑性模型,且服从 Mohr-Coulomb 破坏准则,支护结构为弹性材料。基坑开挖过程实行动态模拟,建立施工阶段,每级开挖后,再进行下一步骤计算。

(2)计算结果

图 5-28 ~ 图 5-32 分别为不同支护体系下,基坑开挖所引起的桩及土体水平位移云图。

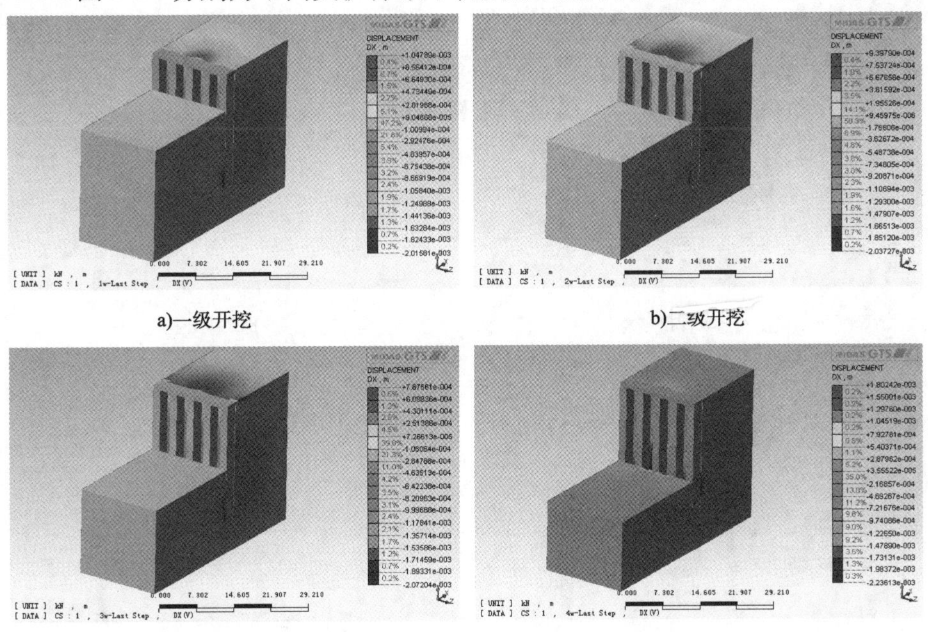

a)一级开挖　　b)二级开挖

c)三级开挖　　d)四级开挖

图 5-28　抗滑桩板墙支护下基坑各级开挖 x 方向位移云图

(3)结果分析

①随着开挖深度增加,临空面增加,桩体承受的压力变大,从而桩体变形逐渐增大,基坑周围沉降值增大,桩体变形和基坑周围沉降均较小,故该基坑稳定,且对周围建筑物影响较小。

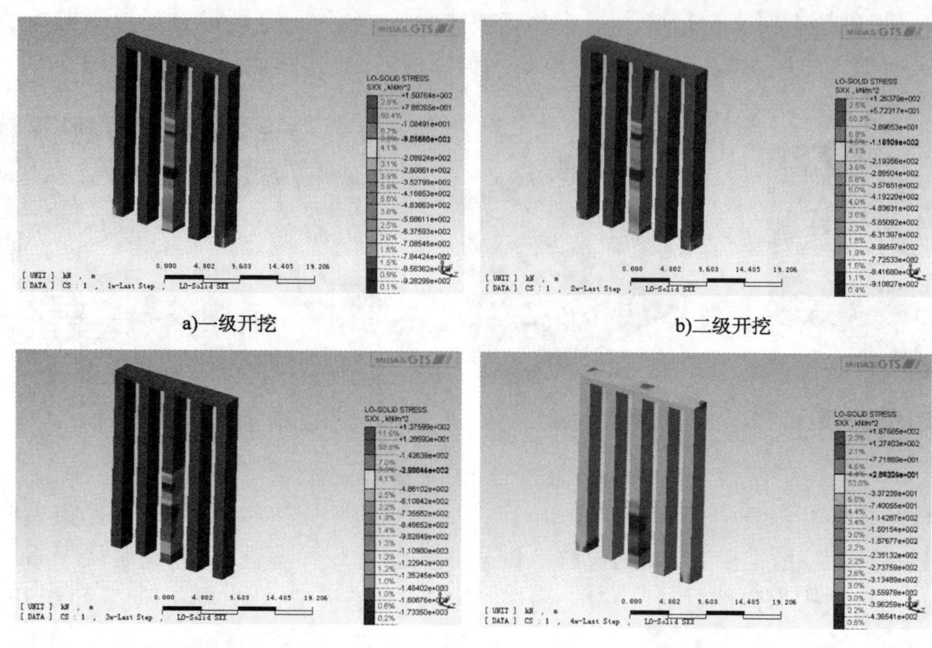

a)一级开挖　b)二级开挖

c)三级开挖　d)四级开挖

图 5-29　抗滑桩板墙支护下基坑各级开挖桩 x 方向总应力云图

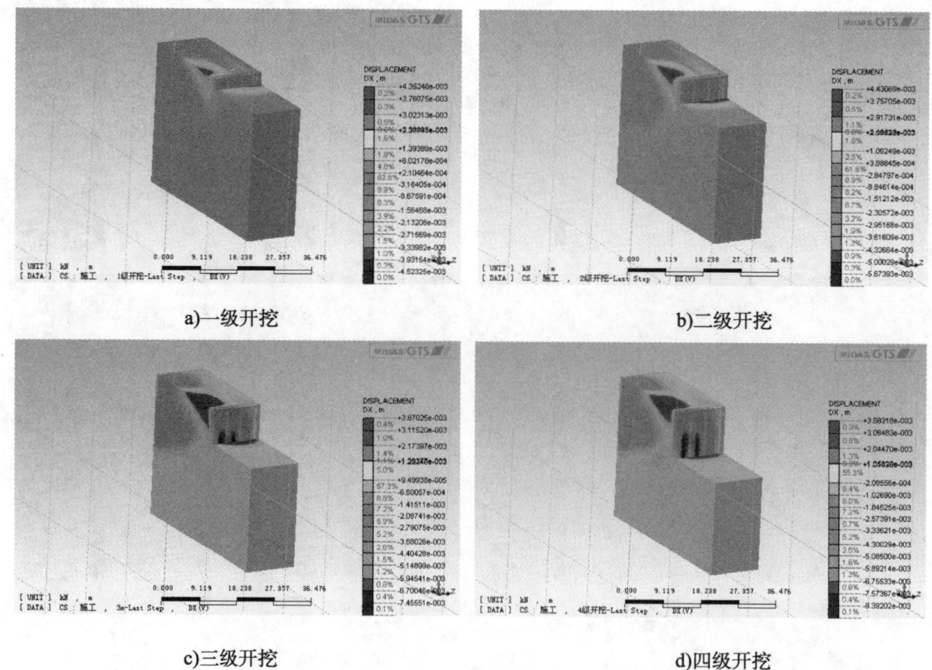

a)一级开挖　b)二级开挖

c)三级开挖　d)四级开挖

图 5-30　锚拉桩支护体系下基坑各级开挖 x 方向位移云图

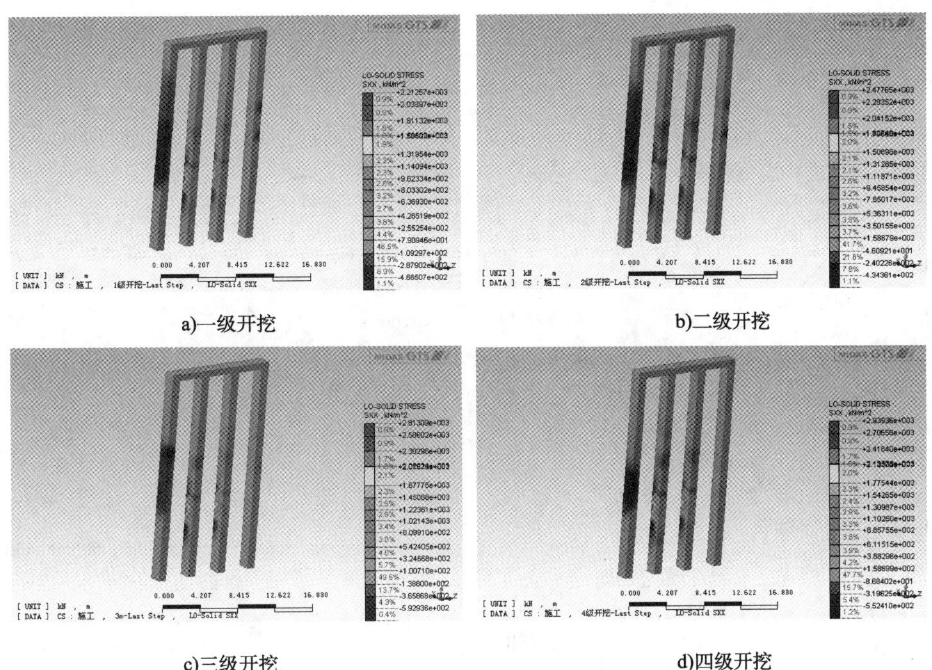

a)一级开挖　　b)二级开挖

c)三级开挖　　d)四级开挖

图 5-31　锚拉桩支护体系下基坑各级开挖桩 x 方向总应力云图

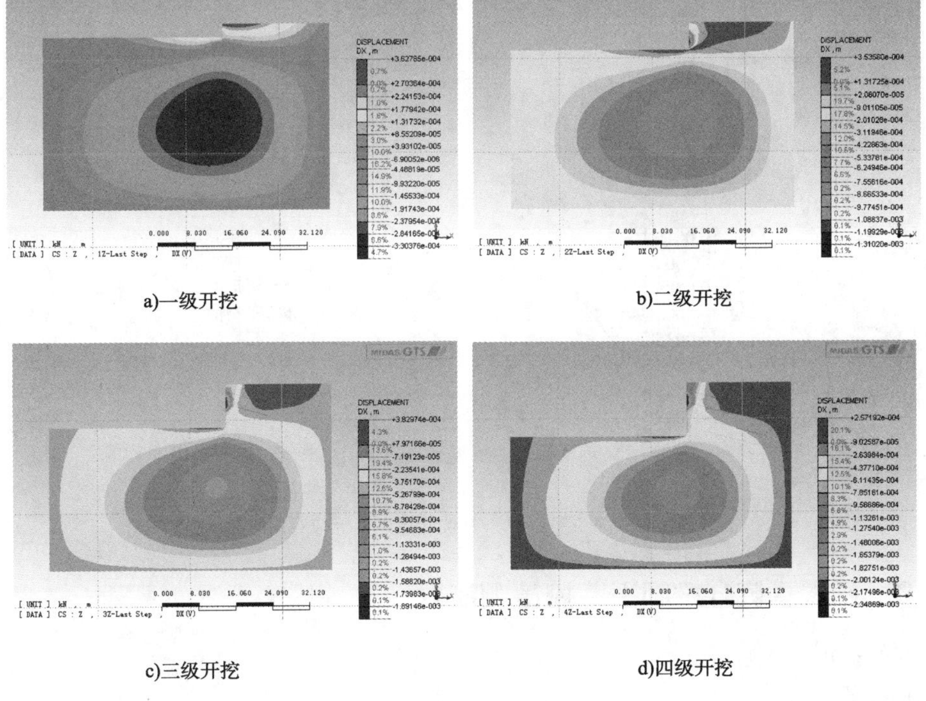

a)一级开挖　　b)二级开挖

c)三级开挖　　d)四级开挖

图 5-32　板肋锚杆支护体系下基坑开挖 x 方向位移云图

②图5-33、图5-34分别为锚拉桩支护体系及板肋锚杆支护体系下，基坑开挖所引起的地表沉降计算结果与监测结果的对比图，从中可见，两者数值均吻合较好，数值模拟结果可靠、有效。

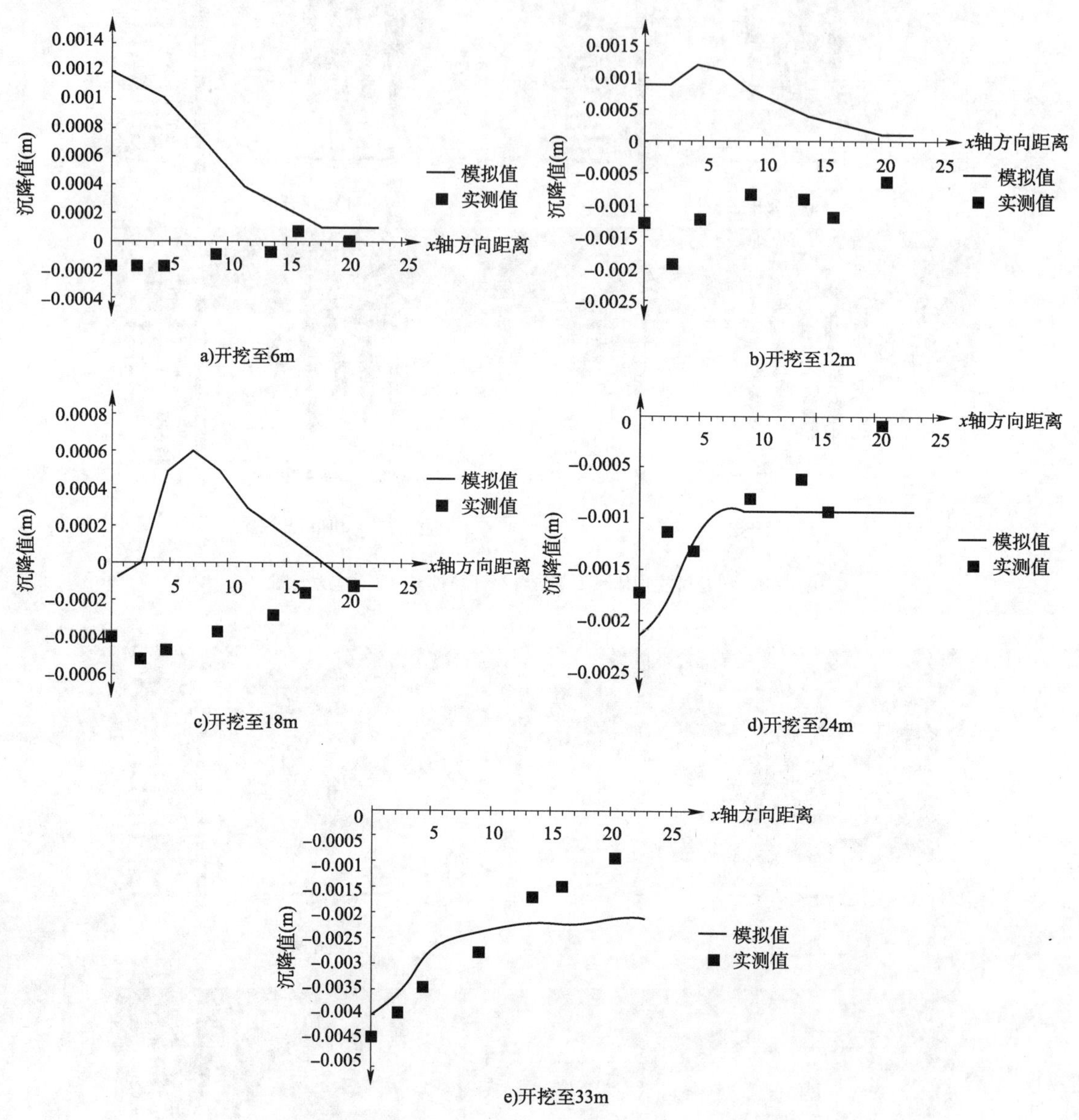

图5-33 锚拉桩支护体系下基坑开挖地表沉降对比曲线图

5.5.3 超深基坑开挖施工监控量测技术

(1)建筑物沉降监测

①监测仪器。

Dini03全自动电子水准仪、条码尺等。

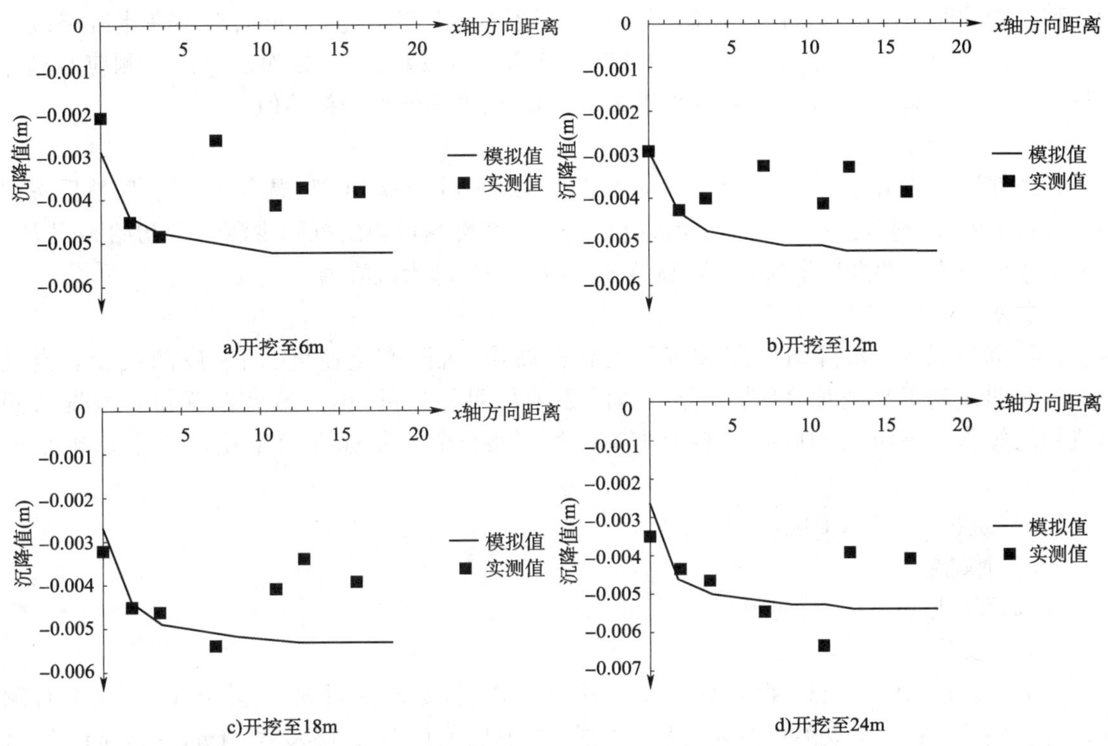

图5-34 板肋锚杆支护体系下基坑开挖地表沉降对比曲线图

②监测实施方法。

a. 基点埋设。

基点应埋设在沉降影响范围以外的稳定区域,并且应埋设在视野开阔、通视条件较好的地方;基点数量根据需要设置,基点要牢固、可靠。基点埋设方法示意图如图5-35所示。

b. 沉降测点埋设。

用冲击钻在建筑物或墙上钻孔,然后放入水平段长200~300mm、弯曲段长20~30mm的半圆头弯曲钢筋,四周用水泥砂浆或结构胶填实。测点的埋设高度应方便观测,对测点应采取保护措施,避免其在施工过程中受到破坏。每幢建筑物上一般布置4个测点,重要的建筑物布置6个测点。测点的布设如图5-36所示。

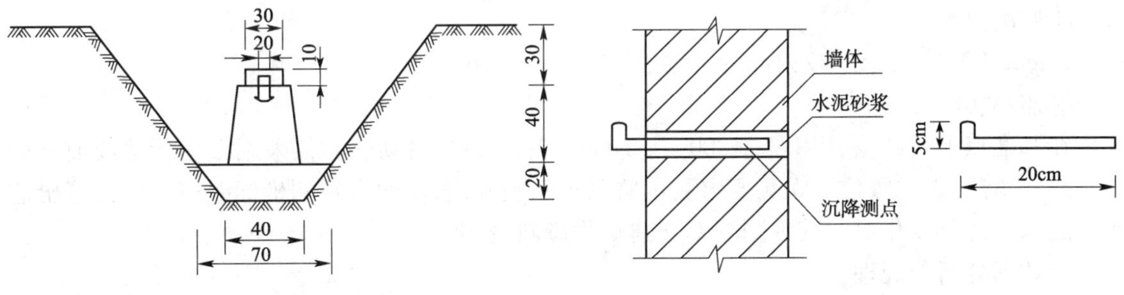

图5-35 基点埋设方法示意图(尺寸单位:cm)

图5-36 测点的布设图

c. 测量方法。

观测方法采用二级变形观测中要求的精密水准测量方法。基点和附近水准点联测取得初始高程。观测时各项限差宜严格控制,每测点读数高差不宜超过0.3mm,对不在水准路线上的观测点,一个测站不宜超过3个,超过时应重读后视点读数,以作核对。首次观测应对测点进行连续两次观测,两次高程之差应小于±1.0mm,取平均值作为初始值。

d. 沉降值计算。

在条件许可的情况下,尽可能地布设水准网,以便进行平差处理,提高观测精度,然后按照测站进行平差,求得各点高程。施工前,由基点通过水准测量测出沉降观测点的初始高程 H_0,在施工过程中测出的高程作为 H_n,则高差 $\Delta H = H_n - H_0$ 即为沉降值。

e. 数据分析与处理。

将各沉降观测点沉降值绘制成沉降变化曲线图,沉降变化速度、加速度曲线图。当沉降—时间曲线趋于平缓时,可选取合适的函数进行回归分析,预测最大沉降量。根据所测建筑物的倾斜与下沉值,判断建筑物倾斜是否超过安全控制标准及采用的工程措施是否可靠。

(2)建筑物倾斜(水平位移)监测

①监测仪器。

Leica1800型全站仪、反射膜片。

②监测实施方法。

在待测建筑物的不同高度(应大于2/3建筑物高度)贴上反射膜片,建立上、下两个观测点,并在大于两倍上、下观测点距离的位置建立观测站,采用Leica1800型(1mm+2ppm,1″)自动全站仪按二级位移观测要求测定待测建筑物上、下观测点的坐标值。根据两次观测坐标差值即可计算出该建筑物的倾斜(水平位移)变化量。其观测频率同建筑物沉降监测观测。

③数据分析与处理。

绘制时间—位移曲线、时间—位移速度曲线。

(3)建筑物裂缝观测

建筑物的沉降和倾斜必然导致结构构件的应力调整,从而产生裂缝,故裂缝开展状况的监测通常作为施工影响的重要依据之一。一般采用直接观测的方法,将裂缝进行编号并画出测读位置,观测裂缝的发生发展过程。必要时通过裂缝观测仪进行裂缝宽度测读。监测数量和位置根据现场情况确定。

(4)围护桩顶水平位移监测

①监测仪器。

Leica1800型全站仪、反射膜片、铸铁道钉。

②监测实施方法。

在基准点上设站,利用Leica1800型(1mm+2ppm,1″)自动全站仪采用极坐标法或前方交会法或小角法,按二级位移观测要求测定监测点的坐标值,由两次观测坐标差值即可计算出监测点的水平位移变化量。其观测频率同建筑物倾斜观测。

③数据分析与处理。

绘制时间—位移曲线、时间—位移速度曲线。

(5)监测点位布置及总量统计

监测点数量应满足下列要求:既有建筑物沉降监测基点不少于5个;倾斜(水平位移)监

测点不少于 5 个;基坑支护结构沉降监测点不少于 3 个;水平位移监测基点不少于 3 个。土石方施工爆破震动速度监测点,根据现场情况确定。具体布设情况见表 5-1、表 5-2。

既有建筑物监测点情况统计表　　表 5-1

建(构)筑物	既有建筑物沉降测点(个)	既有建筑倾斜(水平位移)测点(个)
江南明珠大厦	4(房角各一个)	4(基坑临空面房角上下各一个)
聚丰酒店	4(房角各一个)	4(基坑临空面房角上下各一个)
中国农业银行	4(房角各一个)	4(基坑临空面房角上下各一个)
南坪饭店	4(房角各一个)	4(基坑临空面房角上下各一个)
合计	16	16

基坑支护结构监测点情况统计表　　表 5-2

建(构)筑物基坑支护	基坑支护围护桩顶水平位移测点(个)
江南明珠大厦段	3
聚丰酒店段	9
中国农业银行段	5
南坪饭店段	4
合计	21

第6章　城市轨道交通隧道微震爆破施工技术

6.1　概　　述

目前,国内外常规爆破通常采用预裂或光面爆破技术来控制振动影响问题,主要是通过控制最大单段药量来实现。虽具有一定的效果,但对于城市高密度建筑群落,特别是在紧邻保护物体的环境中,单纯采用预裂爆破往往不能实现对爆破振动的有效控制,不能满足规范要求,常常引发“扰民”事件,甚至发展成“民扰”阻工等社会问题,工程施工最终不得不采用成本很高、工期很长的机械破碎开挖工艺。针对城市隧道施工的以上问题,提出了大直径螺旋掏槽爆破施工技术、空气弹簧减震爆破技术和浅埋隧道减震爆破技术,解决了城市隧道爆破振动有害因素的控制问题。

6.2　大直径螺旋掏槽爆破施工技术[35]

6.2.1　大直径螺旋掏槽爆破技术原理

城市地下工程所对应的地表范围分布有大量的构筑物、管网等,降低爆破振动对城市构筑物的影响已成为城市隧道施工的重要目标,大直径螺旋掏槽爆破技术是城市隧道开挖过程中一种降低爆破振速的重要措施。

大直径螺旋掏槽技术是通过水平机械掏槽(如 ϕ65cm、ϕ85cm 水平掏芯)形成爆破临空面,即第二自由面,在爆炸时围岩沿着“第二自由面”破碎、开裂、移动。在爆破过程中的减震作用原理主要为以下两点:

(1)掏槽孔作为“第二自由面”,形成岩石破碎、膨胀和移动的空间。在爆破时围岩沿着“第二自由面”破碎、开裂、移动,减小了移动的阻力,单段药量爆破范围扩大(即破岩应力范围扩大),单段药量对周边岩体的峰值振动范围影响减小,爆破质点振动速度相应越小,从而提高了爆破效果、控制了爆破质点振动速度(图6-1)。

(2)降低了大直径空孔周围爆破产生的地震波及冲击波的叠加。大直径水平掏槽孔周围炮孔爆炸时,由于中间掏槽孔的存在,围岩中地震波和冲击波叠加概率减小或叠加被错开;同时依据围岩情况大直径掏槽孔长度可设置为20~30m,开挖中未达到的孔深部分还可以减弱爆破冲击波,从而减小了对隧道围岩的破坏、对地表周边建筑物的影响。

6.2.2　大直径螺旋掏槽与传统爆破的区别

大直径螺旋掏槽爆破施工方法与常规爆破方法相比,在高层建筑物、文物建筑按规范设计限制只能采用机械开挖的隧道可以实现爆破开挖，不仅避免了施工对高层建筑、文物建筑的不利影响，而且极大地缩短了工期，降低了施工成本。

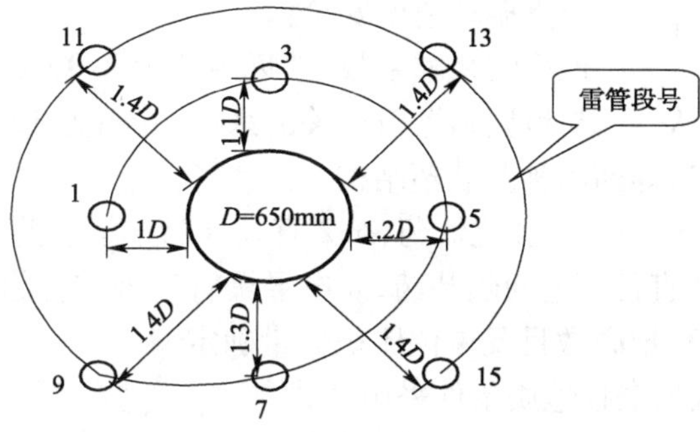

图 6-1　大直径螺旋掏槽图

本方法结合光面爆破、减震爆破技术，减少了超欠挖，节约了材料，提高了立架效率，缩短了喷射时间，较好地解决了城市商业繁华地段中浅埋隧道爆破开挖控制振动速度的难题，实现了开挖工艺规范、安全、高效和高质量的综合目标，推动了城市控制爆破施工的精细化进程，避免了闹市区爆破“扰民”问题的发生。

6.2.3　大直径螺旋掏槽爆破技术要点与适用性

(1)根据隧道开挖断面尺寸进行设计爆破，确定机械掏槽孔位置。机械掏槽孔基本上位于隧道轴线上，距离爆破断面底部 1.5 ~2.5m。

(2)根据爆破规范和设计要求测试爆破质点振动速度，并根据岩石的密度、硬度，确定平均单段药量，现场布孔并完成钻孔作业。

(3)严格控制单段药量，并采取非电导爆管毫秒雷管微差起爆技术，控制总药量和爆破次数。

(4)根据围岩坚硬程度和大直径机械掏槽孔位置，合理划分开挖区域，确定各区域的开挖次序。

(5)根据上一轮爆破质点振动速度监测结果，调整下一轮爆破孔和大直径掏槽孔的关系，细化爆破孔布局。

(6)利用大直径掏槽技术，在隧道开挖断面开创出一个供岩石破碎、膨胀和移动的空间，降低单段药量，从而减小爆破振动峰值，有效控制爆破质点振动速度。同时，减少常规爆破掏槽部分单位面积内平均耗药量，实现安全、经济、环保等目标。

本爆破减震技术可适用于城市人防、地铁车站及区间、输水、地下管线等隧道的开挖；在高层建筑、文物建筑附近修建地下工程；在已建结构物旁、结构物下进行地下工程开挖。

6.2.4　大直径螺旋掏槽爆破参数选取

(1)单段药量的确定

单段装药量采取萨氏经验公式：

$$Q_{\mathrm{m}} = R^3 \left(\frac{V_{\mathrm{Kp}}}{K}\right)^{\frac{3}{\alpha}} \tag{6-1}$$

式中：Q_m——单段最大装药量；

R——地面建筑物距离爆破中心的距离；

V_{Kp}——质点振动速度安全值；

α——地震波衰减系数，较近距离为2.0，较远距离为1.5；

K——与地质和爆破相关的系数，岩石为30～70，土为200。

（2）炸药品种及装药结构

掏槽眼采用乳化炸药，ϕ32直径药卷连续装药，非电导爆管毫秒雷管起爆。周边光爆眼采用ϕ22直径药卷间隔装药，非电导爆管毫秒雷管起爆。

（3）炮眼数目及单位体积药量确定

根据工程地质条件采用公式：

$$N=\frac{qs}{ar} \tag{6-2}$$

式中：N——炮眼数目，不包括未装药空眼数；

s——坑道断面面积；

q——单位炸药消耗量；

a——炮眼装填系数，取值见表6-1；

r——每米长度炸药的质量。

装药系数 a 的取值 表6-1

炮眼名称 \ 围岩级别	Ⅱ、Ⅲ	Ⅳ	Ⅴ	Ⅵ
掏槽眼	0.5	0.55	0.6	0.65～0.8
辅助眼	0.4	0.45	0.6	0.55～0.7
周边眼	0.4	0.45	0.6	0.6～0.75

大直径机械掏槽后断面爆破孔眼布设见图6-2。

（4）单眼药量的确定

炮眼装药量均可按照下式计算：

$$q=kawl\lambda \tag{6-3}$$

式中：q——单眼装药药量；

k——炸药单耗；

a——炮眼间距；

w——炮眼爆破方向的抵抗线；

λ——炮眼部位系数；

l——炮眼深度。

（5）雷管类型及起爆网路

采用导爆管网路。首先起爆掏槽眼，其次起爆辅助眼，再次起爆周边眼，最后起爆底眼。最大段起爆炸药量控制在安全振动允许范围内。选用非电导爆管毫秒雷管为起爆器材，段别为1～20段奇数段；低段位雷管跳段使用，塑料导爆管（脚线）长6.0m，网路采用并簇联方式。大直径机械掏槽爆破孔装药实施见图6-3。

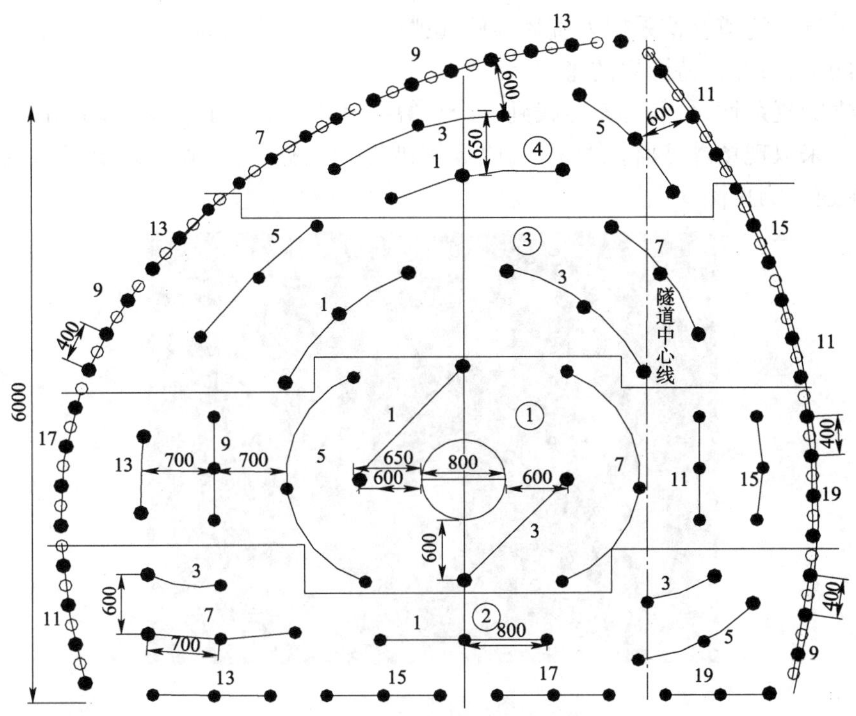

图 6-2　炮眼布置图(尺寸单位:mm)

注:图为隧道左上导洞炮眼布置图,为减小爆破产生的振动,该部分分三次爆破

图 6-3　大直径螺旋掏槽爆破实施图

6.2.5　工程应用实例

重庆市轨道交通 3 号线工贸站位于重庆市南岸区工贸大厦及裙楼下部,埋深 10 ~ 18m,开挖高度为 19.6m,开挖宽度为 22m,开挖断面面积为 370m^2,具有典型的城市浅埋硬岩大断面隧道的特点及施工难度。因隧道顶部工贸大楼建设年代早,年久失修,内部多处裂缝,且基础距隧顶最近仅有 3m,设计要求爆破振速必须小于 1.5cm/s。

整个车站隧道施工采用双侧壁导坑分台阶施工方法、分部开挖闭合,通过合理转换工序,将小洞扩为大洞。隧道开挖采用大直径螺旋掏槽技术，在隧道的周边增加减震孔隔孔装药，减轻爆破震动的危害，并保持围岩的稳定。

由于围岩的复杂性，目前还不能找到一个计算公式准确计算其实际振动情况，因此在爆破工过程中必须采取现场爆破监控的手段，收集爆破振动数据，逐步调整爆破参数，指导下一步施工，爆破振速监测见图6-4。

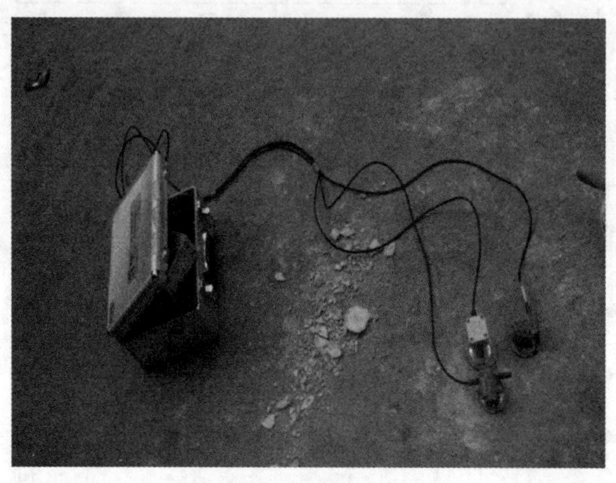

图6-4 振速监测

(1)根据多次震动波形检测结果分析，该爆破设计没有出现波峰叠加的现象，微差爆破起到了良好的减震作用，并通过波形图分析可知，大直径螺旋掏槽很好地解决了中心掏槽时引起的爆破震动过大的问题，在整个爆破期间除因人为操作不当造成的个别爆速达到2.0cm/s外，基本控制在1.5cm/s以下，对该隧道顶部建筑物未产生大的影响，爆破振速基本符合设计要求。

(2)从整体爆破效果检查来看，大直径螺旋掏槽及减震爆破的实施加大了炮眼利用率，实现了很好的光面爆破效果，超前、欠挖基本满足《铁路隧道工程施工安全技术规范》(TB 10304—2009)要求。

6.3 空气弹簧减震爆破技术

空气弹簧减震爆破技术，是在常规爆破施工控制最大单段药量的基础上，在爆孔内设置空气阻隔腔，利用空气阻隔腔的压缩、储能作用，有效提高炸药能量的破岩利用率，加大作用时间，明显降低爆破振动峰值，并较好地控制飞石产生，实现施工现场安全管理。

6.3.1 空气弹簧减震爆破机理

炮孔内空气柱类似于液压冲击振动系统中的储能元件——气体蓄能器。其主要原理是利用储气腔较大的能量存储功能，吸收冲击、消除脉动和回收能量。孔内药柱爆炸时，孔底、孔顶的气柱吸收峰值冲击能量，转换为平滑过渡的均衡压缩能，从而提高能量利用率，降低振动峰值。设定装入炮孔中的炸药性质相同、密度均匀且连续分布，则炸药爆炸时的脉动初始压力和爆炸作用时间可用下式计算：

$$P_m = \frac{1}{2} \cdot \frac{1}{K+1} \cdot \frac{1}{1+\frac{l_a}{l_c}} \rho_o D^2 \tag{6-4}$$

$$t = \frac{2(K+1)\left(1+\frac{l_a}{l_c}\right)}{\rho_o D^2} I \tag{6-5}$$

式中：P_m——爆轰脉动初始压力；

K——爆轰产物等熵系数，$K=3$；

ρ_o——炸药密度；

D——炸药爆速；

t——作用时间；

I——爆破冲量；

l_a——空气柱长；

l_c——装药长度。

当空气柱长度分别为 $l_a = A$（孔中装药长度，$A>0$）、$l_a = 0$ 时，可知：

$$P_m|_{l_a=A} < P_m|_{l_a=0} \tag{6-6}$$

$$t|_{l_a=A} > t|_{l_0=0} \tag{6-7}$$

即当炮孔中设置空气腔时，孔内药柱爆后的脉动峰值压力降低、作用时间延长。爆破过程中的作用机理主要体现在以下三个方面：

（1）卸荷作用，降低初始爆压

在孔内药柱爆轰后的初始阶段，爆压迅速向气柱卸荷，降低了初始爆压，减轻了爆轰冲击作用，对周边岩体的峰值振动显著降低。爆压的下降，缩小了孔壁岩石粉碎圈体积，从而使破岩应力波能量加强，作用范围增大，爆炸能量转换为破岩的利用率得到提高。

（2）蓄能作用，增大爆破冲量，减弱爆破振动

爆破中，岩石的破碎遵循冲量守衡，即 $I = \int p\mathrm{d}t$。孔内药柱爆炸时，部分能量被孔腔内的空气柱储蓄，并伴随直接作用在岩体上的主压缩波连续释放，增加了对岩石的破坏作用时间和脉动周期，改善了爆破效果，减弱了振动峰值。

（3）气压破岩延时，断裂破坏加强

孔内药柱峰值爆能被空气柱吸收后转换为压缩能（由于爆破时间极短，可视为绝热过程），在介质产生足够裂纹使冲击压缩能降低到一定程度后，压缩气柱继续释放能量，形成了爆轰冲击和气压破坏两段动态破岩组合，延长了爆破作用时间，使爆轰波和应力波冲击形成的裂隙在高压力体劈裂作用下进一步扩展，爆破振动随之变缓。

合理布设孔内空气腔，既可以实现降低爆破峰值振动能量和控制飞石的目的，又可提高爆破效率，降低炸药单耗。综合分析，降振与提效是相辅相成的，本质是将炸药能量更加集中优化到破岩做功方面。

6.3.2　施工技术流程及操作要点

（1）工艺流程

空气弹簧减震爆破技术施工流程见图 6-5。

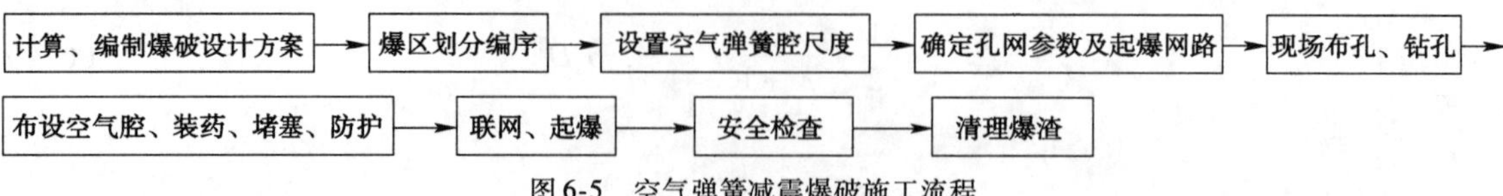

图6-5　空气弹簧减震爆破施工流程

(2)操作要点

①根据规范要求确定安全控制点的质点振动速度,并根据岩石的密度、硬度,确定平均单耗、孔网参数和空气腔的长度后,现场布孔并完成钻孔作业。

②根据计算得出的孔内空气腔尺度,在施工现场按如下方式设置空气腔:在预裂孔、光面孔中设置孔底、孔顶空气阻隔腔,孔内采取不耦合装药;在主炮孔中设置孔底、孔顶空气阻隔腔,采取连续或分段装药。

③严格按单耗量控制单孔药量,采用微差起爆技术,控制最大单段药量。

④结合周边环境岩层特点,合理划分开挖区域,确定各区域的开挖次序。

⑤利用空气弹簧减震降幅技术,调节爆炸能量对保护介质的瞬态冲击量,加大作用时间,明显降低爆破振动峰值,有效提高炸药能量的破岩利用率,从而降低振动能量和控制飞石,实现经济、环保、安全、高效等目标。

6.3.3　爆破施工方案

(1)施工准备

①施工前完成三通一平、围护、警戒等工作。

②放线,根据地形、岩层走向及周边环境合理划分爆区,确定爆破时的主振方向与最重要的保护区相互垂直。在主振方向设置临空面,利用控制爆破的主振方向与弱振方向量级分配技术,逐区依序开挖,有效减弱、阻隔振动能量的传递。

③准备相应的机具、火工产品及 PVC 管等空气腔材料,城区内应选用非电起爆系统,以确保安全。

④配备爆破振动监测设备。

(2)设计孔网参数及起爆网路

①根据岩石的物理特性确定爆破单耗,通常坚硬岩单耗 $q=0.6\sim0.8\text{kg/m}^3$,较硬岩单耗 $q=0.5\sim0.6\text{kg/m}^3$,中风化、风化岩石单耗 $q=0.3\sim0.5\text{kg/m}^3$,可通过试爆来确定。

②根据临近目标安全控制点的限制振动速度和已确定的单耗,设计孔网参数和空气阻隔腔长度。主爆孔、预裂爆破孔、光面爆破孔的孔网参数和空气腔尺度应根据爆源与被保护建筑物的距离,由专业技术人员分别计算确定。

③根据岩石特点、周边环境要求,确定最大单段药量。其计算公式为:

$$Q=\left[R\left(\frac{V}{K}\right)^{\frac{1}{\alpha}}\right]^3 \tag{6-8}$$

式中:Q——最大单段药量;

R——爆源与保护点的距离;

V——保护点允许地表质点振动速度;

K、α——与地质、地形有关的系数。可根据岩石特性初选,经过试爆、监测分析计算,确定当地适用值。

④根据最大单段药量，完成起爆网路的设计工作。

(3)钻孔及试爆

①试爆时钻少量孔，选择已有临空面的地形，按空气弹簧施工工艺在孔内设置空气腔，并按装药结构布药，孔网参数按设计方案要求布置。

②装药完成后，按对数规律测距布置监测点，并布置监测设备，爆后分析回归计算 K、α 值。

③用监测分析计算出的 K、α 值，进一步完善孔网参数，修改药量分布与装药结构分配，并按设计方案依区布孔。

(4)装药及爆破(以浅孔爆破为例)

以宽为 14m 的基坑槽为例进行网路设计。

①检查布孔符合设计方案要求后，在孔底设置 300 ~ 500mm 的空气腔，可用 PVC 管、竹筒或纸筒置入孔底形成空气腔。

②按要求逐孔填装炸药、起爆体，完成装药后，在孔顶同样设置 300 ~ 500mm 的空气腔，随后完成堵塞工作，应注意保证堵塞质量。单孔装药结构见图 6-6。

③在设 K 孔、光面孔的岩壁爆孔内同样应设置上、下空气腔，并将预制好的不耦合药体装入孔内，按设计方案要求完成堵塞。

④起爆体各段别雷管应安装正确，随装随检。

⑤用毫秒微差控制爆破技术完成网路参数设计。

⑥联网、防护、布设监测设备后起爆，见图 6-7。

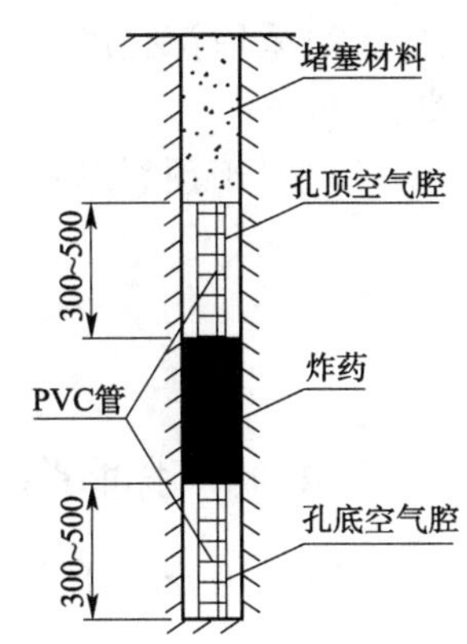

图 6-6　单孔装药示意图
(尺寸单位：mm)

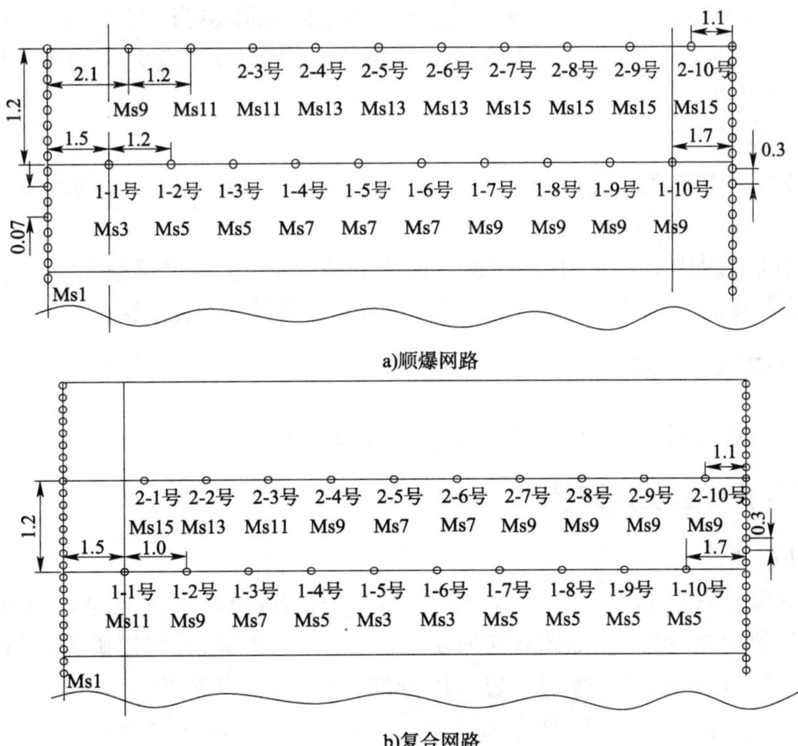

图 6-7　起爆网路示意图(尺寸单位：m)

起爆后及时处理监测数据，总结分析。当满足安全、稳定的参数要求后，在同类工况下即可免于监测。

6.3.4 空气弹簧尺度

根据长期试验研究与现场应用成果，总结出如下经验数据：

（1）取浅孔爆破时，通常孔径为 $\phi42$，当钻孔深度取 3.0 ~ 3.5m 时，孔底空气腔长度取 50cm，孔顶空气腔取 40cm；当钻孔深度取 2.0m 左右时，孔底空气腔取 30cm，孔顶空气腔取 30cm。

（2）采取深孔爆破时，孔径通常为 $\phi90$ ~ $\phi115$，此时，孔底空气腔取 80 ~ 100cm，孔顶空气腔取 80cm。

（3）对于预裂爆破，应控制不耦合度在 60% ~65% 之间。

6.4 浅埋隧道减震爆破技术

6.4.1 浅埋隧道减震爆破机理

（1）采用分部开挖，分多次装药爆破技术，严格控制单孔装药量、段装药量及一次爆破总装药量。

（2）采用能最大程度减震的掏槽眼布置形式，合理使用非电导爆管毫秒雷管段别，跳段使用低段雷管进行微差爆破。

（3）采用幵挖轮廓线外布置导向减震孔、在周边之间隔孔装药、掏槽区内大空孔减震的三层减震爆破技术。利用导向减震孔，实施光面爆破技术，并建立一套完整的爆破振动监控量测系统，进行信息化施工。

其主要特点包括：

（1）将爆破振动控制在允许范围之内，确保地面建（构）筑物和地管网的安全，降低噪声，消除居民的恐惧心理和不适感。

（2）在开挖断面周边采取光面爆破技术，使断面成型好，减少超挖量。

（3）采用微振爆破开挖，减少对隧道围岩的扰动，避免掉块、塌方等。

6.4.2 施工技术流程

浅埋隧道的减震爆破技术施工流程如图 6-8 所示。

6.4.3 施工方法及关键技术

（1）爆破开挖顺序

将掏槽区尽量布置在靠近开挖断面底部，以增大掏槽爆破时爆源至地表的距离，减轻掏槽爆破对地表建筑物的振动影响，如图 6-9 所示。分 2 ~ 3 次爆破，首先爆破掏槽所在区及Ⅰ区，其次爆破Ⅱ区，最后爆破预留光爆层。也可以分两次将Ⅰ区、Ⅱ区和各自相应的光爆层一同爆破。无论分两次或三次起爆，目的是为了减弱爆破振动速度，每炮循环进尺为 1.0 ~ 1.2m，主城区每炮循环进尺不宜超过 1.5m，且掌子面要达到平整，应使炮眼深度一致。

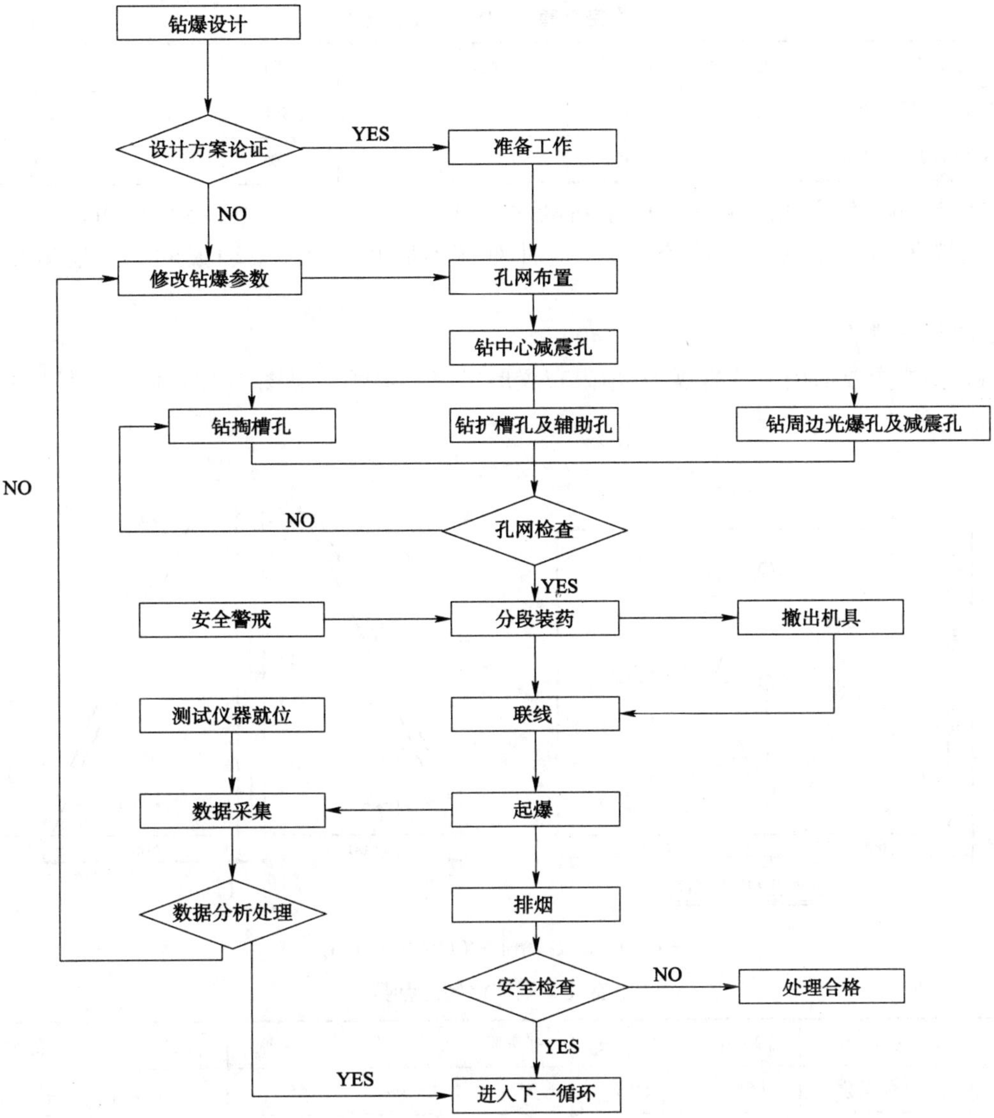

钻爆设计
设计方案论证
YES
准备工作
NO
修改钻爆参数
孔网布置
钻中心减震孔
钻掏槽孔
钻扩槽孔及辅助孔
钻周边光爆孔及减震孔
NO
NO
孔网检查
YES
安全警戒
分段装药
撤出机具
测试仪器就位
联线
数据采集
起爆
数据分析处理
排烟
安全检查
NO
处理合格
YES
YES
进入下一循环

图6-8　浅埋隧道的减震爆破技术施工流程

(2)掏槽爆破

隧道掘进能否减轻爆破振动,关键在于掏槽爆破能否成功。掏槽爆破若失败,爆渣未抛掷出去,80%的爆炸能量将以振动波的形式传播出去,则掘进无进尺,地表振动量大。因此,实施本技术应视围岩的软硬程度采取不同的掏槽形式。

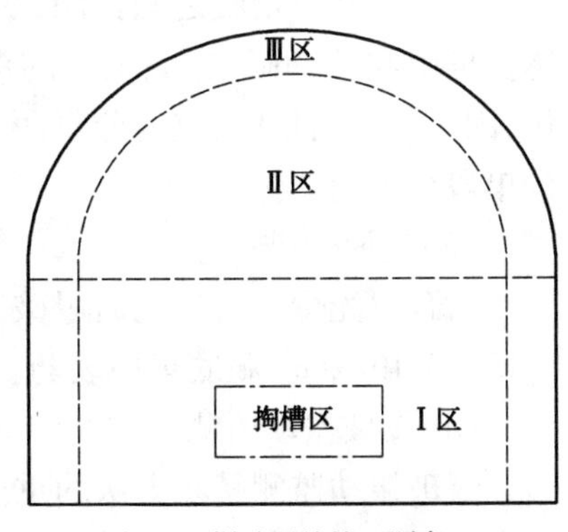

①直眼掏槽。

直眼掏槽主要适用于硬岩爆破,掏槽眼布置在1.5m×1.5m的正方形范围内。使用2号岩石乳化炸药,装药参数见表6-2,均为延长药包。

Ⅲ区
Ⅱ区
掏槽区
Ⅰ区

图6-9　爆破开挖施工顺序

中空孔直眼掏槽装药参数 表6-2

炮眼名称	掏槽眼	扩槽眼	掘进眼	内圈眼	底板眼	周边眼	备注
小空孔减震装药系数	80%	70%	55%	50%	55%	60%	ϕ42 空孔
大空孔减震装药系数	70%	60%	50%	50%	55%	55%	ϕ100 空孔

在两排掏槽眼之间用TQ—100型钻机钻一列（三个）中空孔，孔间距为30cm，距掏槽眼30cm，这既为掏槽眼创造了临空面，又是针对掏槽眼用药大、振动大的一项有效的减震措施。

②斜眼掏槽。

斜眼掏槽主要适用于软岩爆破，炮眼布置形式与起爆顺序见图6-10。使用2号岩石乳化炸药，装药参数见表6-3。

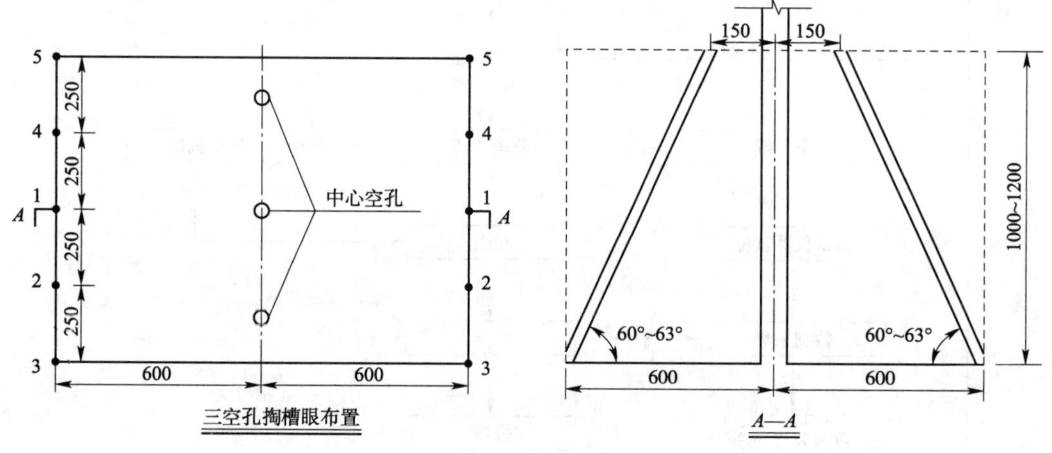

图6-10 斜眼掏槽形式（尺寸单位：mm）

中空孔斜眼掏槽装药参数 表6-3

炮眼名称	掏槽眼	扩槽眼	掘进眼	内圈眼	底板眼	周边眼	备注
小空孔减震装药系数	65%	60%	55%	45%	55%	50%	ϕ42 空孔
大空孔减震装药系数	60%	55%	55%	45%	55%	50%	ϕ100 空孔

一次性在掏槽眼之间钻深20m左右的大径空孔。图6-10所示的掏槽炮眼先起爆，然后起爆扩槽眼和辅助眼，完成Ⅰ区的爆破，之后进行Ⅱ区、Ⅲ区爆破。掏槽眼属浅眼，采用延长药包，因用药多而集中，宜划分每两个掏槽眼为一段，每孔装药四条，眼口用泡泥填塞，尽可能减少单段最大用药量。

（3）光面爆破

对预留光爆层实施光面爆破。爆破参数：眼深1~1.2m，周边眼间距0.4m，线装药密度0.15~0.19kg/m，眼底集中装药。

（4）爆破振动监测

爆破振动监测是本方法的重要组成部分，是检验设计与施工正确与否、控制爆破振动危害的有效手段，监测系统见图6-11。

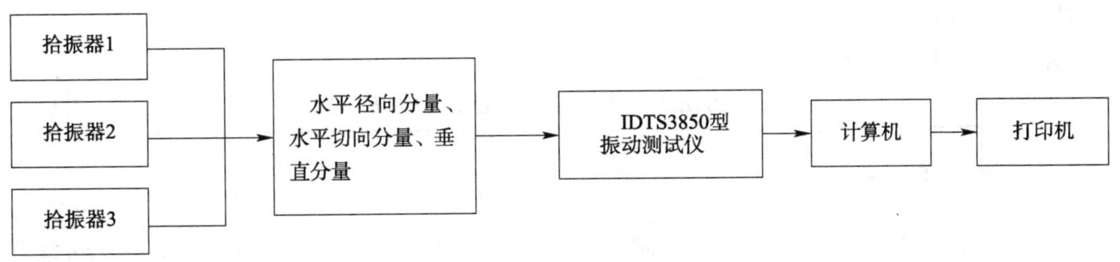

图6-11　爆破振动监测系统框图

①测点布置。

研究爆破地震动波传播规律通常是沿爆破区径向或环向布置一条或几条地表测线，或一条隧道内测线，径向测点按对数曲线布置，测点应放在同一地层或基础上，每一测点最好能同时测三个方向量。观测爆破振动对建筑物影响的测点则应布置在被测地表建筑物附近的地表、基础或建筑物上，观测布点见图6-12。

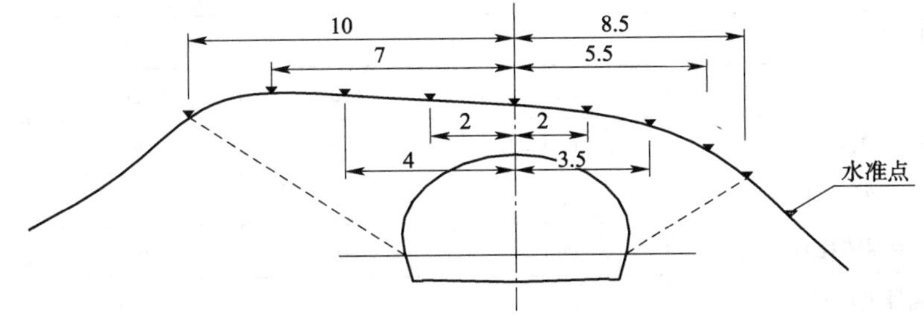

图6-12　地表测点布置图（尺寸单位：m）

②量测数据的处理。

应用公式 $V=K\left(\sqrt[3]{R}\right)^{\alpha}$ 及一元回归法对所测得的数据进行回归分析，得到与介质、地形有关的系数 K、α，从而可得到质点振速 V 的衰减规律，然后根据上式以允许最大振动速度 V、爆心距 R，反算出允许的一次起爆药量 Q。

将得到的振速与安全判据（有关规程所规定的允许振动速度值）相比较，可以判断建筑物、构筑物是否安全。若所测得的振动速度值大于允许值时，则应采取减震措施或修正钻爆参数。

6.4.4　技术优势分析

（1）本技术从掏槽眼、周边眼的布置、装药量以及线装药密度的优化、循环进尺和单段最大装药的控制等入手，最大限度地降低了爆破震动波对近距离（2.7～4.0m）建（构）筑物的危害，取得了在重要市政设施下、危旧建筑物旁修建地下工程的成功经验，在城市地铁施工技术方面有一定的创新价值。

（2）由于减弱爆破的应用，降低了爆破装药量，原设计Ⅳ级围岩炸药的单耗为0.9～1.2kg/m^3，减弱爆破的实际单耗为0.87kg/m^3。

（3）使开挖壁面形成了顺圆的光面，减少了对围岩的搅动，避免了坍塌，降低了超挖量，节省了超挖引起的喷射混凝土回填量。

（4）因超欠挖量的减少，节省了处理欠挖和喷射混凝土等工序的作业时间，提高了工作效

率，加快了施工进度。

技术经济比较见表6-4。

本方法与普通爆破技术经济比较表 表6-4

工序及指标名称	单　位	方案比较		
		普通爆破	本方法	设计
开挖面积	m^2	84.30	81.51	80.24
开挖工程量	m^3	151.73	146.72	137.59
平均线性超挖厚度	cm	31.00	20.00	15.00
延米超挖工程量	m^3	7.00	5.07	3.80
喷射混凝土量(进尺1.8m)	m^3	12.07	10.14	8.87
炸药单耗量	kg/m^3	1.23	0.87	
钻孔爆破耗时	min	120	130	
处理安全耗时	min	30	30	
出渣耗时	min	120	120	
处理欠挖耗时	min	100	30	
立钢架、挂网耗时	min	180	110	
钻孔、安装钢锚耗时	min	60	60	
喷射混凝土耗时	min	270	210	
测量放线耗时	min	30	30	
小计	min	910	720	

注：1. 本表是以重庆市轨道交通1号线8标石油路车站及区间隧道为例进行的经济技术比较。其中，设计开挖面积76.44m^2，未包括规范允许超挖量3.8m^2在内。

2. 本表循环进尺是按实际循环进尺1.8m考虑的。

第 7 章　隧道岩溶高压富水区信息化注浆技术

7.1　概　　述

重庆市轨道交通中梁山隧道，全长约 4329m，采用单洞双线形式，复合式衬砌结构，钻爆法施工。隧道穿越嘉陵江组石灰岩，最大埋深约 270m，岩溶、暗河极为发育，岩溶水丰富，隧道最大涌水量达 27000m^3/d；隧道下穿上堰水库、余家湾水库，如图 7-1 所示。隧道施工风险极大，稍有不慎，就会造成突水、突泥重大灾难，并造成大量地下水及水库水的流失，给附近居民生活带来严重影响。

本工程施工以前，中梁山已修建了多条隧道，但修建过程中均对地表生态环境有不同程度的影响，如井泉干涸、地表水体漏失、地表岩溶塌陷等，如图 7-2 所示。因此，在本隧道施工过程中必须采用超前预注浆技术对掌子面进行注浆堵水及地层加固。

图 7-1　余家湾水库及周边民居

图 7-2　隧道修建对地表的影响

注浆技术最早出现于 19 世纪初，主要用于解决土建工程中的软弱地层、渗漏水等有关技术难题。注浆法对地下水进行治理主要有帷幕注浆、局部注浆、径向注浆等几种形式。随着注浆技术的广泛运用，注浆材料也得到较大发展，注浆材料从最早的石灰和黏土、水泥，发展到今天的水泥—水玻璃浆液、各种特殊水泥以及多种化学浆液。

中梁山隧道地下水除受地层岩性、地质构造的控制外，还与地形地貌的关系密切。碎屑岩孔隙、裂隙层间水多分布于背斜两翼的单斜储水构造，地下水主要靠大气降水渗入补给，各含水层自成补、迳、排系统，相互间基本无水力联系。浅部地下水往往径流途径短，排泄分散，深部地下水运移途径较远，向横切构造线的主要河流方向运移排泄。泉水流量最大值出现在 6 ~ 10 月，其流量峰值一般滞后于降雨 15 ~ 30d，具有出露位置高、连续分布的特点，出水部位与裂隙发育深度一致，裂隙发育深度在 200m 左右。观音峡背斜东翼水量中等，单孔涌水量为 100 ~ 500m^3/d；背斜西翼水量较贫乏，单孔涌水量小于 100m^3/d。红层地下水主要指侏罗系地层砂岩中的地下水，砂岩含水泥岩隔水，每一层砂岩构成一个独立的含水层；裂隙是地下水的主要

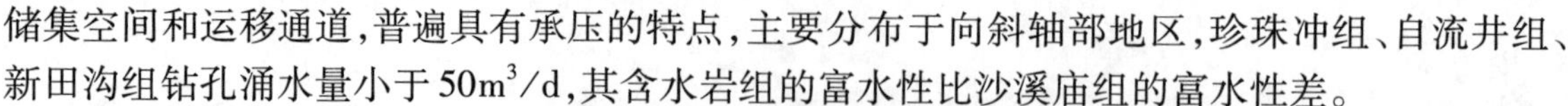

储集空间和运移通道,普遍具有承压的特点,主要分布于向斜轴部地区,珍珠冲组、自流井组、新田沟组钻孔涌水量小于 $50m^3/d$,其含水岩组的富水性比沙溪庙组的富水性差。

国内外在高压、富水区修建深埋长大隧道上都不同程度地遇到了涌水、突泥现象,在岩溶地区更加严重。高压涌水、突泥给施工和环境保护都带了巨大的困难和安全隐患,地质和隧道专家认为,在高水压、富水区修建长大隧道是一种具有挑战性的世界难题。根据中梁山隧道高压、富水及流动性大的特点,以及城市隧道对地下水排放标准的高要求,如采用传统的注浆技术,则其效率低、效果差,很难达到目的,因此必须研究新的注浆方法、工艺及设备,实现高质量的快速注浆。

7.2 城市隧道防排水标准

7.2.1 地下水治理原则

中梁山隧道穿越岩溶富水区段地下水的治理,主要围绕控制和疏导的有机结合,解决好隧道施工和运营期间的工程安全和生态环境安全两个方面的问题。治理地下水采用的技术至少需要考虑的因素包括:

(1)隧道所处的地理位置及社会影响。

(2)与城市轨道交通功能要求及运营期间维护方式相适应。

(3)满足隧道建设影响范围内地面建筑、地表水体及生态环境安全要求。

(4)施工能够安全顺利进行,并确保不出现高压涌水或突泥突水事故。

(5)作用在隧道衬砌上的水压力不超过衬砌、防水层及结构缝的正常承受值。

(6)处理方案必须技术先进,经济合理。

7.2.2 地下水排放标准

与中梁山隧道地质条件和生态环境条件都非常相似的渝怀铁路歌乐山隧道,经过堵水治理后岩溶段的平均排水量约 $1m^3/(m \cdot d)$,说明该地区生态环境能承受这一标准的地下水排放,初步确定中梁山隧道限量排放标准为 $1m^3/(m \cdot d)$。

7.3 排水量监测

7.3.1 监测结果分析

2011 年 1 月起,对中梁山隧道水量最大区段的施工全过程进行了地下水流量和地表水位的监测,监测最小频率为 1 次/d,在隧道排水量突变时监测频率加密到 2 ~ 3 次/d。

7.3.2 地下水排水量监测

图 7-3 为中梁山隧道施工期间,进、出口端及排水总量变化图,从中分析可知:

(1)隧道在 2011 年 1 月 12 日排水量出现异常,隧道排水量由原先总排水量每天不超过

2400m³急剧增加。进口端峰值排水量达到2890m³/d,出口端峰值排水量达到3760m³/d,隧道总排水量超过6650m³/d。日排水量出现异常的原因是施工由贫水区向富水带过度,超前钻孔首次揭露岩溶地下水时引起大量岩溶地下水涌出。

(2)随后排水量缓慢下降,到3月9日后排水量变化趋于平稳。出现以上变化的原因是岩溶水压力高,无控制自由涌出,堵水和治水的难度倍增,第一循环堵水持续时间较长,进口第一循环历经57d,出口端第一循环历经49d。

(3)3月9日~10月12日,出现数次持续1~3d短暂的水量突然增减,但峰值排水量远小于1月12日的峰值水量。其间出现短暂的水量突然增减均在历次注浆循环的开始,即超前钻孔揭露岩溶水时。每次水量变化的剧烈程度和时间长短与岩溶富水程度及施工人员封闭孔口管的操作熟练程度有关。

(4)2011年12月30日~2012年1月3日,进口段水量突增,出口端水量突减,而隧道的总排水量趋于稳定,平均为1.06~1.13m³/d,与设计指标基本吻合。出现以上水量突变的原因是进出口排水进行转换,出口端反坡段水通过转换由进口端顺坡排除,也标志着隧道仰拱和二次衬砌顺利贯通。

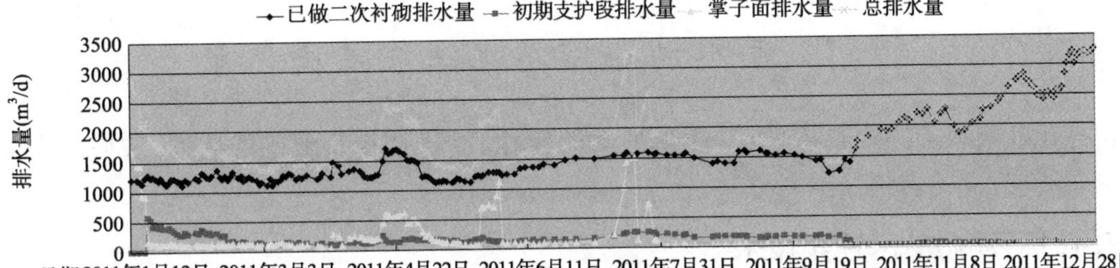

a)隧道进口端

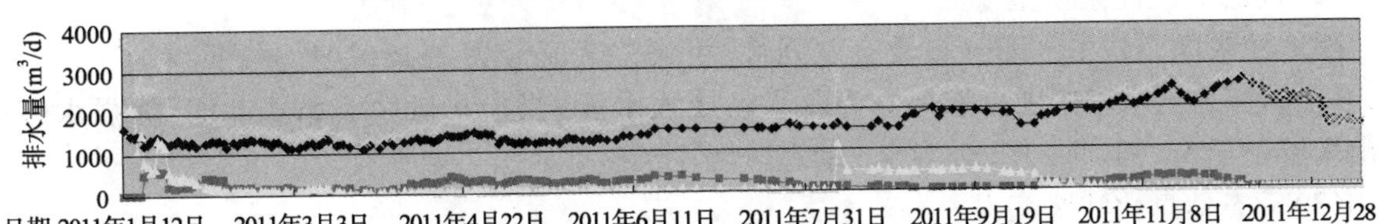

b)隧道出口端

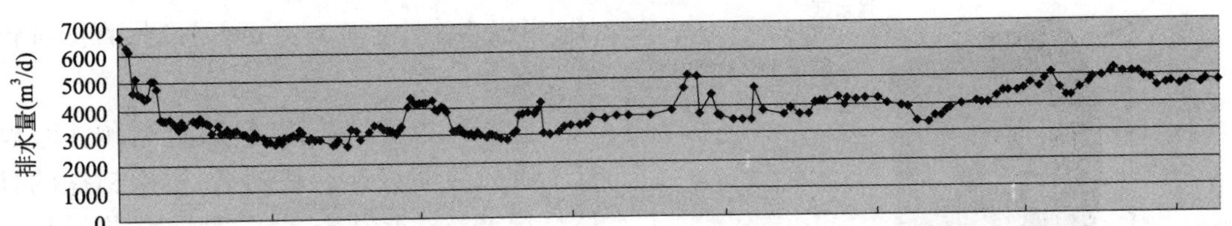

c)隧道总排水量

图7-3 中梁山隧道施工期间排水量监测结果

7.3.3 地表水位监测

余家湾水库水位监测数据表明，余家湾水库在隧道施工期间出现两次水位下降，下降幅度均在2.5m左右，到2011年9月底水库水位开始恢复，2011年11月中旬水库水位基本恢复，其后水位趋于稳定。结合施工期间隧道排水量、气候变化及水库用于抽水灌溉的情况进行分析：

(1)地下水的排放造成了余家湾水库水位第一次下降。同时这一阶段大气降水较少，也是加剧水库水位下降的主要原因。

(2)余家湾水库水位的第二次下降与隧道施工没有直接关系，气候干旱和农田取水灌溉是造成水库水位下降的直接原因。

(3)自2011年11月中旬在没有出现大量降水的条件下，水库水位及补给源水流已长时间稳定，说明隧道影响范围内水环境已基本恢复，隧道施工引起的环境变化在生态自我调节的承受范围内，隧道设计的排水指标基本满足水环境和生态环境保护的要求。

根据以上监控量测数据分析结果判定，中梁山隧道设计方案在实施过程中得到了实践的检验，实施结果符合预期效果。

7.4 动水动态信息化注浆方法

信息化注浆技术的核心体现在：注浆方案的优化、注浆材料及配比的优选、注浆设备的优化。

7.4.1 动态分区注浆技术[36]

(1)动态分区注浆的原则

动态分区注浆技术的原则是“判定地质，分区定位，动态注浆”。

(2)动态分区注浆模型

隧道注浆区围岩中水体分布具有空间性，可将注浆区分为左上、右上、左下、右下四个区域，并根据探孔出水量判别标准划分为弱水区或强水区（当出水量大于$5m^3/h$时，为强水区；当出水量小于$5m^3/h$时，为弱水区）。动态分区注浆模型如图7-4所示。

(3)动态信息化注浆流程

①根据超前地质预报和超前钻探探明隧道前进方向的围岩地质情况和水体分布情况，当出水量大于$3m^3/(m\cdot d)$时，需进行帷幕注浆；当出水量小于$1m^3/(m\cdot d)$时，直接进行开挖施工。

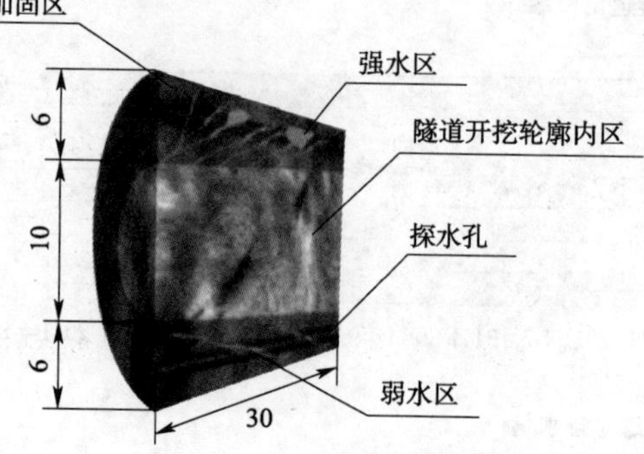

图7-4 动态信息化注浆模型（尺寸单位：m）

②根据以往的注浆经验，进行预注浆设计。在预注浆设计的基础上，根据钻探的具体情况调整注浆孔布置，并选择注浆材料及注浆机具。

③施作探孔，了解掌子面前方30m水体分布情况，根据出水量分出弱水区和强水区。

④根据弱水区和强水区进行布孔,加密强水区布孔;优选注浆材料和注浆设备。

⑤根据注浆方案总原则,进行弱水区和强水区的注浆。

⑥施作检查孔,检验注浆效果。当检查孔出水量大于0.2L/(min·m)时,需要进行补注浆;当检查孔出水量小于0.2L/(min·m)时,达到注浆效果。

⑦进行开挖施工。

7.4.2 注浆材料优选[37]

(1)注浆材料优选的原则

①快速堵水:凝胶初凝、终凝能在几分钟至数小时范围内任意调整,并能准确控制。

②材料来源丰富、价格便宜、稳定性好。

③操作简单、配制方便。

④结石体具有良好的抗压、抗折强度,抗溶蚀、抗碳酸盐侵蚀、抗硫酸盐侵蚀,并和围岩及混凝土有较好的黏结力。

(2)单浆液注浆材料试验

选取快硬硫铝酸盐水泥、普通硅酸盐水泥(42.5)、超细水泥进行试验,初凝、终凝最快的是快硬硫铝酸盐水泥。只有选取快硬、早强的快硬硫铝酸盐水泥,才能在前进式注浆施工中加快钻孔注浆进度。

①快硬硫铝酸盐水泥复合浆液四种组合的试验。

快硬硫铝酸盐水泥从不掺到掺有1/3、1/2、2/3普通硅酸盐水泥(42.5),0.8的*W/C*,复合后的浆液黏度均小于快硬硫铝酸盐水泥10.92s,而扩展度均大于快硬硫铝酸盐水泥的300mm,结石率均在97%以上,初凝、终凝时间随着普通硅酸盐水泥(42.5)掺量的增加而推迟,抗折、抗压强度也随着普通硅酸盐水泥(42.5)掺量的增加而减小。

②水灰比对快硬硫铝酸盐水泥单浆液的影响试验。

水灰比从0.6增大到1.1,黏度逐渐在减小,扩展度在增加,结石率都在99%以上,初凝、终凝时间随着水灰比的增大而逐渐推迟,抗折、抗压强度随着水灰比的增大而逐渐降低。

③快硬硫铝酸盐水泥单浆液耐久性试验。

对快硬硫铝酸盐水泥进行水溶蚀、碳酸盐侵蚀、硫酸盐侵蚀耐久性试验,研究快硬硫铝酸盐水泥的质量和强度变化情况。

从图7-5看出快硬硫铝酸盐水泥在三种侵(溶)蚀下,质量在增加,结石体体积在膨胀,水溶蚀、硫酸盐侵蚀在180d内呈缓慢增长的趋势,而碳酸盐侵蚀从3d到14d呈缓慢增长的趋势,14d到180d呈缓慢下降趋势。

从图7-6看出快硬硫铝酸盐水泥在水溶蚀、硫酸盐侵蚀下结石体抗折强度于28d前快速增长,28d至180d增长放缓,而碳酸盐侵蚀从3d到7d呈增长趋势,7d至180d呈下降趋势。

从图7-7看出快硬硫铝酸盐水泥结石体的抗压强度在硫酸盐侵蚀下180d内呈增长的趋势,而碳酸盐侵蚀在180d内呈下降趋势,水溶蚀180d内一直处于缓慢增长趋势。

④温度对快硬硫铝酸盐水泥单浆液的影响。

选取环境温度20℃、25℃、30℃三个梯度,隧道里的拌和用水温度与环境温度相匹配,检验快硬硫铝酸盐水泥的初凝、终凝时间。

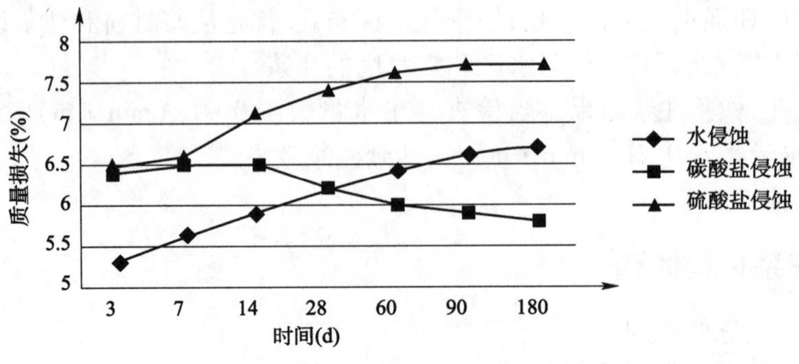

图 7-5 三种侵蚀试验质量损失

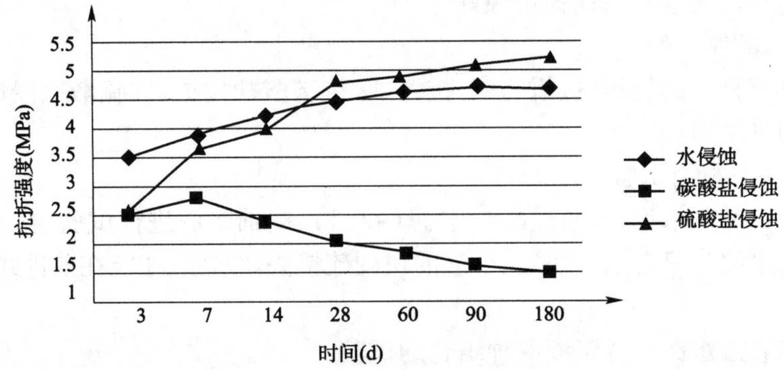

图 7-6 三种侵蚀试验抗折强度变化

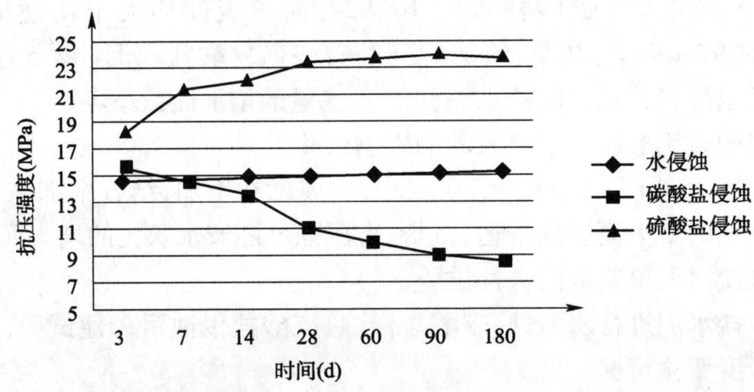

图 7-7 三种侵蚀试验抗压强度变化

快硬硫铝酸盐水泥的初凝、终凝对温度是很敏感的。由图 7-8 可知环境温度和拌和用水温度从 20℃提高到 30℃，初凝时间从 59min 下降至 30min，终凝时间由 65min 缩短至 37min。

⑤快硬硫铝酸盐水泥单浆液微观分析。

a. 电子扫描显微图：水化产物中存在柱状钙矾石和绒球中的铝凝胶，随着龄期增长，钙矾石减少。

b. X 射线衍射图：出现快硬硫铝酸盐水泥主要水化产物钙矾石的特征峰，不同龄期特征峰相对值无显著区别。

c. 氮吸附比表面积测试：快硬硫铝酸盐水泥随水化龄期的延长，比表面积降低，即孔隙率降低。

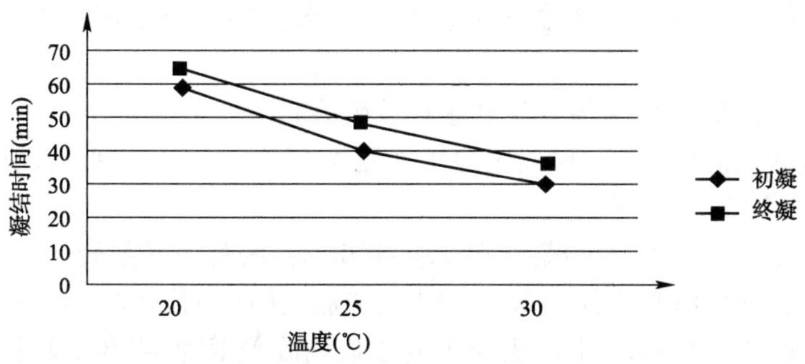

图 7-8　温度对快硬硫铝酸水泥单浆液凝结时间影响曲线

⑥快硬硫铝酸盐水泥单浆液作用机理。

快硬硫铝酸盐水泥单浆液在 30℃(掌子面)、5 ~ 6MPa 注浆压力下,注入隧道围岩后,浆液迅速扩散、渗透、凝固,随着龄期的延长,结石体越来越密实,当动水冲刷结石体时,只有表面的可溶性 $Ca(OH)_2$ 溶出,动水很难进入到结石体内部,所以在恒湿恒温的隧道围岩中,结石体的质量从 3d 的 5.3% 缓慢增加到 180d 的 6.7%,抗折强度从 3d 的 3.53MPa 缓慢增长到 180d 的 4.73MPa,抗压强度从 3d 的 14.60MPa 缓慢增长到 180d 的 15.30MPa。

⑦现场检验结果。

现场试验检验结果见表 7-1。

现 场 检 验 结 果　　　表 7-1

注浆材料名称	W/C	黏度(s)	扩展度(mm)	析水率(%)	结石率(%)	初凝时间(min)	终凝时间(min)	28d 抗折强度(MPa)	28d 抗压强度(MPa)
快硬硫铝酸盐水泥(96 个孔)	0.8	11.0	306	1	99	19	25	4.4	25.3
快硬硫铝酸盐水泥(28 个孔)	0.8	10.5	310	1	99	18	25	4.5	25.5

(3)双浆液注浆材料试验

选取普通硅酸盐水泥(42.5)、快硬硫铝酸盐水泥、超细水泥,固定水灰比 0.8,水玻璃(34°Bé),混合配比 1:1 进行试验。由试验结果看出,超细水泥和水玻璃的组合胶凝时间最短,其次是普通硅酸盐水泥(42.5)和水玻璃的组合,快硬硫铝酸盐水泥和水玻璃的组合最慢。考虑到双浆液中超细水泥、快硬硫铝酸盐水泥比普通硅酸盐水泥(42.5)单价高,故选取在市场上方便采购的普通硅酸盐水泥(42.5)和水玻璃组合,既达到了堵水加固的效果,也获得了可观的经济效益。

①水灰比对普通硅酸盐水泥(42.5)和水玻璃胶凝时间的影响。

用普通硅酸盐水泥(42.5)和水玻璃组合,固定水玻璃的 34°Bé,混合配比 1:1,变动普通硅酸盐水泥(42.5)水灰比,测试胶凝时间,如图 7-9 所示。

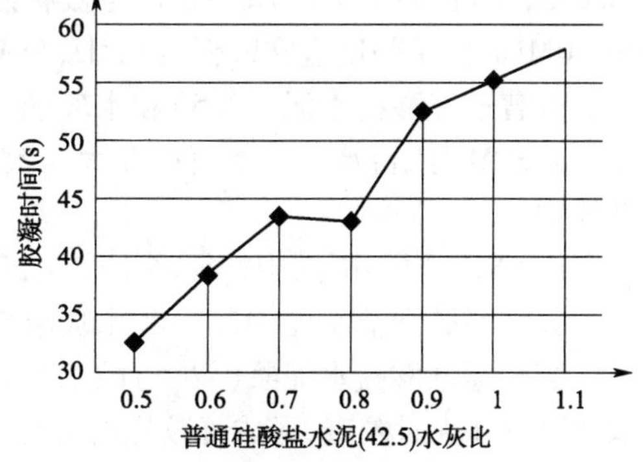

图 7-9　水灰比对普通硅酸盐水泥(42.5)和水玻璃胶凝时间的影响曲线

从图 7-9 的曲线看出，普通硅酸盐水泥(42.5)和水玻璃组合水灰比除 0.5 和 0.6 外，0.8 时胶凝时间最短。

②波美度对普通硅酸盐水泥(42.5)和水玻璃胶凝时间的影响。

固定普通硅酸盐水泥(42.5)，水灰比为 0.8，混合配比 1∶1，变动水玻璃的波美度，观察双浆液的胶凝时间，如图 7-10 所示。

从图 7-10 的曲线看出，当水玻璃波美度为 34°Bé 时，胶凝时间最短。

③混合配比对普通硅酸盐水泥(42.5)和水玻璃胶凝时间的影响。

固定普通硅酸盐水泥(42.5)水灰比为 0.8，水玻璃波美度为 34°Bé，变化混合配比，测试胶凝时间，如图 7-11 所示。

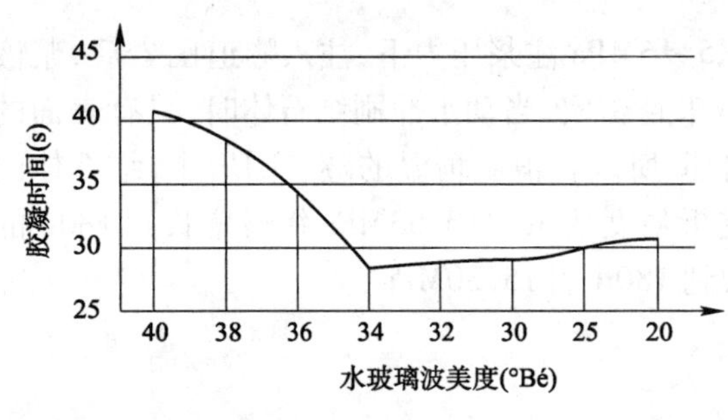

图 7-10 波美度对普通硅酸盐水泥(42.5)和水玻璃胶凝时间的影响曲线

图 7-11 混合配比对普通硅酸盐水泥(42.5)和水玻璃胶凝时间的影响曲线

从图 7-11 的曲线看出，混合配比随水玻璃比例的增大，胶凝时间逐渐延长。

④普通硅酸盐水泥(42.5)和水玻璃双浆液耐久性试验。

普通硅酸盐水泥(42.5)和水玻璃双浆液组合，是固定普通硅酸盐水泥(42.5)，水灰比为 0.8，水玻璃波美度为 34°Bé，混合配比 1∶1 做了三种侵蚀试验(图 7-12)。其中水溶蚀：质量一直在减少，3d 减少 2.2%，28d 减少 4.8%，抗折强度在缓慢增长，3d 是 1.13MPa，28d 是 1.56MPa，抗压强度也在缓慢增长，3d 为 9.5MPa，28d 为 9.93MPa。碳酸盐侵蚀：质量 3d 至 28d 从 0.8% 变化到 0.7%，几乎没什么变化，抗折强度在缓慢降低，3d 时为 1.57MPa，28d 降至 1.33MPa，抗压强度也在缓慢降低，由 3d14.03MPa 降至 28d11.24MPa。硫酸盐侵蚀：质量从 3d 陡减 36.8%，7d 降至 47.9%，7d 后试件全被腐蚀成碎块，抗折强度在缓慢降低，3d 时为 1.23MPa，降至 7d1.0MPa，抗压强度也在降低，由 3d2.58MPa 降至 7d1.54MPa。

⑤普通硅酸盐水泥(42.5)和水玻璃双液浆微观分析。

a. SEM 分析：水泥石断面存在大量裂纹，水泥颗粒嵌于水玻璃与水泥形成的十分致密的基体中。

b. XRD 分析：图谱中特征峰不明显，仅有少量未水化水泥熟料特征峰。

⑥普通硅酸盐水泥(42.5)和水玻璃双液浆作用机理。

当普通硅酸盐水泥浆(42.5)的水灰比为 0.8 时，水玻璃浓度调节到 34°Bé，混合配比 1∶1，双浆液在 41s 时胶凝，形成凝胶性的硅酸钙，这时结石体含有大量不能被水泥消耗的碱，微裂纹多，这在电子扫描显微镜拍摄的 3d 和 28d 结石体存在大量裂纹得到证实，X 射线衍射图反映出 3d 和 28d 晶体成分少，只有水泥熟料的特征峰，但孔的比表面还是从 3d73.2% 减少到

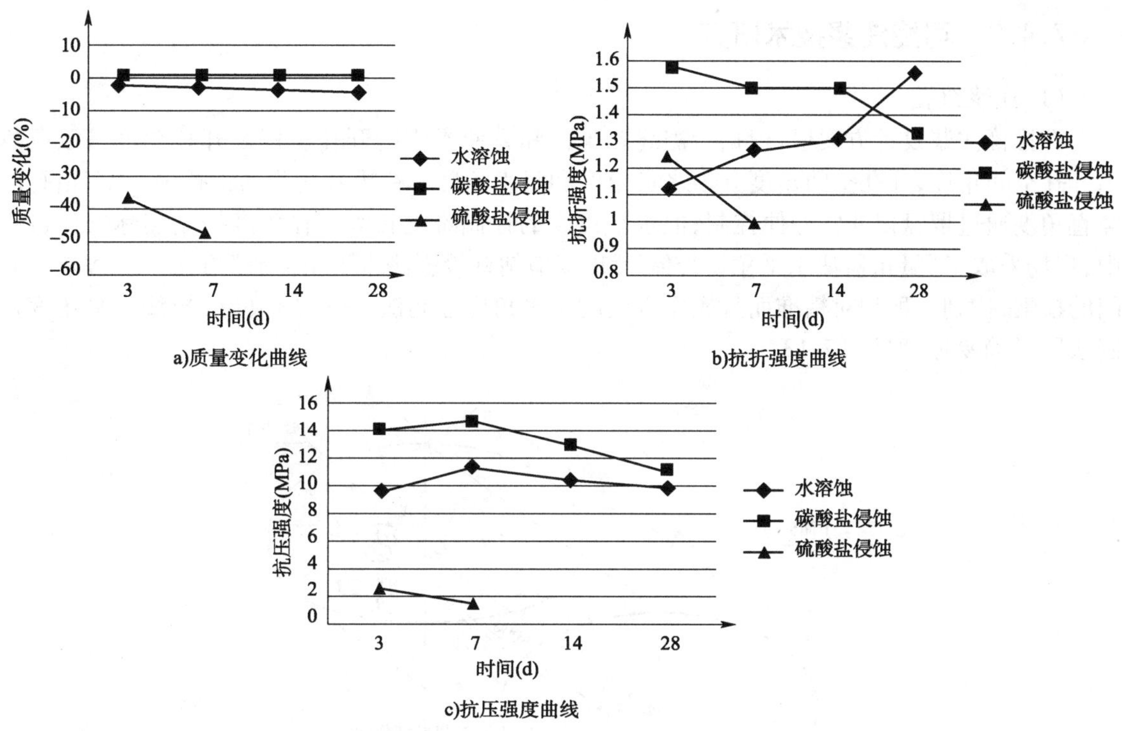

图 7-12　三种侵蚀条件下的各指标变化曲线

28d57.8%，说明随着 C—S—H 和 Na0H 的生成，一部分气孔和毛细孔被填充。

a. 当动水冲刷普通硅酸盐水泥(42.5) + 水玻璃(34°Bé)的结石体时，动水通过众多的裂隙，很容易进入结石体内部，带走可溶性的 $Ca(0H)_2$、Na0H，而结石体的体积一直收缩，所以结石体的质量从 3d 的减少 2.2% 到减水至 28d 的 4.8%，抗折强度从 3d 的 1.13MPa 缓慢增长到 28d 的 1.56MPa，抗压强度从 3d 的 9.52MPa 缓慢增长到 28d 的 9.93MPa。

b. 普通硅酸盐水泥(42.5) + 水玻璃(34°Bé)双浆液的碳酸盐侵蚀。水泥石中 $Ca(OH)_2$ 含量降低，引起其他水化产物分解，因此结石体 3d 到 28d 的质量基本没什么变化，而抗折强度则从 1.57MPa 降至 1.33MPa，抗压强度从 14.03MPa 降至 11.24MPa。

c. 普通硅酸盐水泥(42.5) + 水玻璃(34°Bé)双浆液的硫酸盐侵蚀。普通硅酸盐水泥(42.5) + 水玻璃(34°Bé)双浆液的结石体在硫酸盐环境中质量损失从 3d 的 36.8% 继续减少至 7d 的 47.9%，抗折强度由 3d 的 1.23MPa 降至 7d 的 1.0MPa，抗压强度由 3d 的 2.58MPa 降至 7d 的 1.54MPa，7d 后结石体试件全部分解。

⑦现场检验结果。

通过现场实践采集数据得到的检验结果见表 7-2。

现 场 检 验 结 果　　　　表 7-2

双浆液	普通硅酸盐水泥(42.5)水灰比	水玻璃波美度(°Bé)	混合配比	28d 抗折强度(MPa)	28d 抗压强度(MPa)
普通硅酸盐水泥(42.5) + 水玻璃	0.8	34	1∶1	2.4	17

7.4.3 可控注浆技术研究

(1)注浆终孔

在帷幕注浆设计方案里,根据所需终孔坐标和方便操作的开孔坐标及开孔深度可以反算出开孔空间角度,开孔空间角度分为水平角度和竖直角度。在帷幕注浆的钻孔过程中,钻孔的竖直角度通过罗盘仪非常方便控制,但水平角度的控制难度较大。在角度控制实际操作过程中,现场采取了"量角器法水平角度控制"和"实地钻杆投影法水平角控制"方法。经过较长时间的摸索,找到一种相对精准而且操作方便的水平角度控制法——"隧顶5m拉线水平角度控制法",其简易原理见图7-13。

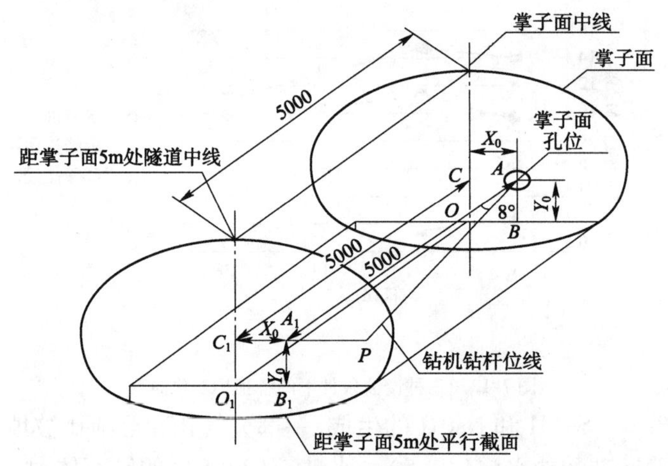

图7-13　隧顶5m拉线水平角度控制法原理图

"量角器法水平角度控制"开孔对位每个孔平均需要25min,"实地钻杆投影法水平角控制"开孔对位每个孔平均需要35min,而"隧顶5m拉线水平角度控制法"开孔对位每个孔仅需要15min。因此,采取了"隧顶5m拉线水平角度控制法",相比于"量角器法水平角度控制"和"实地钻杆投影法水平角控制"具有缩短开孔对位时间和方便开孔对位操作的特点。

(2)注浆压力

①中梁山隧道注浆终压的确定。

中梁山隧道岩溶富水注浆堵水涵盖挤密、劈裂注浆,岩溶管道注浆,经过现场注浆试验和压水试验,结合地质水文条件,确定注浆终压以 $P_{注}=2P_{水}+(1.0\sim2.0)$MPa 调控,测定水压为 $P=2.0$MPa,故中梁山隧道帷幕注浆注浆终压控制在5~6MPa。

②帷幕注浆过程压力控制。

在帷幕注浆过程中,由于不同的岩层裂隙其浆液渗透扩散能力存在区别,故通过调整注浆速度来控制注浆压力,即调控注浆流量来控制注浆压力。中梁山隧道帷幕注浆前期注浆速度应控制在70~100L/min,后期注浆速度应控制在20~50L/min。在帷幕注浆过程中,控制注浆压力不能超过6MPa,一旦超过6MPa需要减缓注浆速度或者采取其他措施。

③帷幕注浆注浆压力信息反馈。

P-t、*P-Q* 曲线见图7-14,从中分析可见,注浆时,注浆初始压力略高于水压,注浆时间较长,随着注浆的进行及浆液对出水裂隙的封堵,当主要出水裂隙被封堵后,注浆流量随即下降,

注浆压力上升，经过对已充填裂隙的快速挤密实过程后，压力快速达到注浆终压 6MPa，维持终压 10min，即停止注浆。

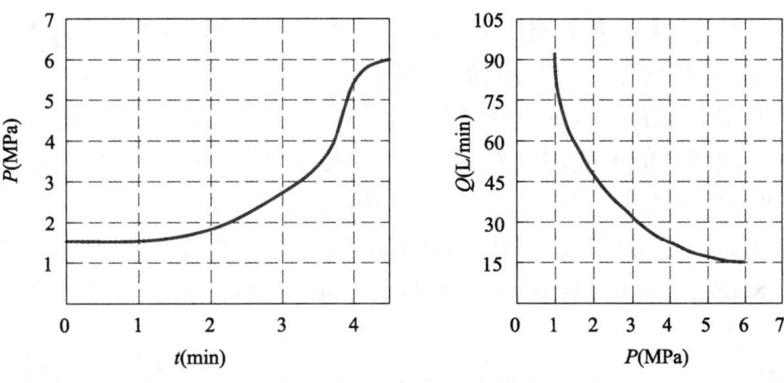

图 7-14　$P\text{-}t$ 与 $P\text{-}Q$ 曲线图

(3)注浆量

①注浆极限量控制。

单孔注浆总量通过单孔极限注浆量进行控制。

$$Q_{极限} = \alpha\rho_{孔} Sh \tag{7-1}$$

式中：$\rho_{孔}$——孔隙率，根据中梁山围岩裂隙情况和现场试验，$\rho_{孔}$取 10%；

α——浆液填充系数，取 $\alpha = 0.7 \sim 0.9$；

S——扩散半径 $R = 2\text{m}$ 的圆面积；

h——孔深，取 30m。

根据上式计算可以得出，中梁山隧道 30m 单孔注浆量不能超过 29.8m^3，即单孔注浆量应控制在 29.8m^3之内。

②帷幕注浆注浆量信息反馈。

$Q\text{-}t$、$P\text{-}Q$ 曲线见图 7-15，从中分析可知，注浆时，注浆流量在 90L/min，注浆时间较长，随着注浆的进行及浆液对出水裂隙的封堵，当主要出水裂隙被封堵后，注浆流量随即下降，注浆压力上升，经过对已充填裂隙的快速挤密实过程后，压力快速达到或者超过注浆压力，即停止注浆。

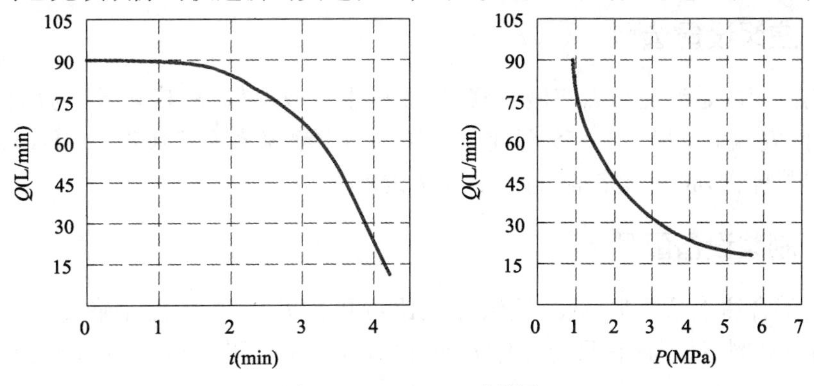

图 7-15　$Q\text{-}t$ 与 $P\text{-}Q$ 曲线图

(4)注浆材料及配比

①单浆液。

在单浆液的选择中，普通硅酸盐水泥(42.5)当水灰比为 0.8 时，初凝 633min，终凝 728min；

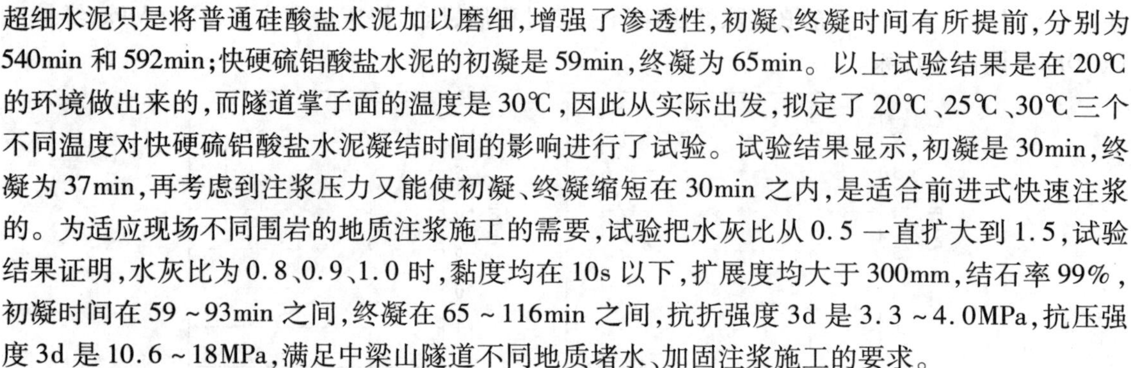

超细水泥只是将普通硅酸盐水泥加以磨细，增强了渗透性，初凝、终凝时间有所提前，分别为540min和592min；快硬硫铝酸盐水泥的初凝是59min，终凝为65min。以上试验结果是在20℃的环境做出来的，而隧道掌子面的温度是30℃，因此从实际出发，拟定了20℃、25℃、30℃三个不同温度对快硬硫铝酸盐水泥凝结时间的影响进行了试验。试验结果显示，初凝是30min，终凝为37min，再考虑到注浆压力又能使初凝、终凝缩短在30min之内，是适合前进式快速注浆的。为适应现场不同围岩的地质注浆施工的需要，试验把水灰比从0.5一直扩大到1.5，试验结果证明，水灰比为0.8、0.9、1.0时，黏度均在10s以下，扩展度均大于300mm，结石率99%，初凝时间在59~93min之间，终凝在65~116min之间，抗折强度3d是3.3~4.0MPa，抗压强度3d是10.6~18MPa，满足中梁山隧道不同地质堵水、加固注浆施工的要求。

②双浆液。

选择普通硅酸盐水泥(42.5)+水玻璃(34°Bé)双浆液，要比超细水泥、快硬硫铝酸盐水泥更经济，若没有特殊情况，一般不采用超细水泥、快硬硫铝酸盐水泥和水玻璃组合。从试验结果看，普通硅酸盐水泥(42.5)水灰比在0.7以下时，水泥浆液的黏度在11s以上，较稠的浆液将会给搅拌机增加负担，若长时间工作，就会造成电机和其他零部件损坏；而水灰比为0.8时胶凝时间为43s，故把0.8作为水泥浆最佳水灰比，原始的水玻璃在38°Bé以上，当固定水泥浆水灰比0.8、混合配比1∶1时，水玻璃以34°Bé为最佳，因此固定水泥浆水灰比为0.8、水玻璃34°Bé，变化混合配比0.8~1∶1(即水玻璃∶水泥浆液)，胶凝时间均在2min43s之内，适合快速堵水。

7.5 注浆设备的改进及选型配套技术

7.5.1 钻孔设备选型

注浆前期使用的是国产GL—6000多功能履带式钻机，它为钻孔施工带来许多便利，但该钻机故障频繁，对孔定位困难，作业环境差，旋转角度受到一定局限。为满足工期的要求和实现信息化注浆施工的需要，引进了日产矿研RPD—180CBR多功能快速钻机。

7.5.2 注浆设备选型

注浆前期使用的是河北耿力双液注浆机，该机生产效率低，故障频繁，为加快注浆施工进度，后增加了西安探矿ZJB BP—55型变频高压注浆泵和葫芦岛2TGZ—200/150型注浆泵以及小葫芦岛制浆桶，形成一套完整、高效的注浆设备配型。

7.5.3 制浆设备配型

为完美地配合注浆泵注浆，通过注浆参数比对和分析，最终优化注浆方案决定采用NJ—200型辽宁葫芦岛制浆设备，它具有操作方便、制浆能力强、搅拌充分等多重优点。

7.5.4 注浆设备的完善及创新

(1)制浆桶刮底装置

在传统搅拌制浆桶底的搅拌叶片上加焊刮底链条，使水泥浆液得到充分的搅动，彻底解决了桶底水泥浆的沉淀结块现象。其改良基本原理见图7-16。

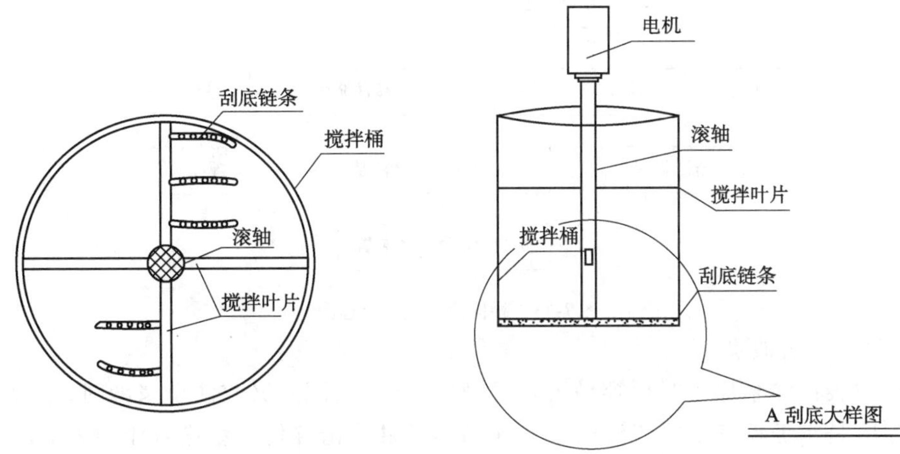

图7-16 搅拌制浆桶刮底装置示意图

(2)注浆机喷淋装置

在注浆机活塞的上方用螺钉固定,加焊注浆活塞的喷淋装置,在注浆活塞工作时,接通水源,不停地润滑和冷却,不仅可以提高注浆活塞的使用寿命,还可以节约更换注浆活塞的时间。注浆活塞的喷淋装置见图7-17。

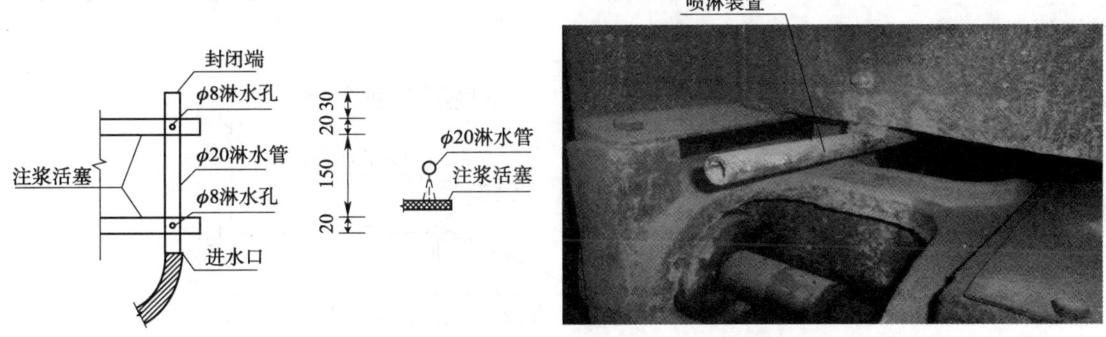

图7-17 喷淋装置图(尺寸单位:mm)

(3)双浆液注浆机混合器

传统混合器装置单、双浆液转换时,需要停机、洗管、转换浆液,不仅耽误时间也浪费材料。改进后的混合器在进水玻璃端头加焊一个新增泄压阀,在注浆过程中进行单、双浆液切换时,只需要对新增泄压阀进行适时开关,就能在不停机的情况下,不浪费材料,不堵塞注浆管路,不占用时间,简便地完成。

(4)径向注浆封堵器装置

针对传统注浆管的诸多问题,经过现场不断试验及摸索,进行大胆创新,提出径向注浆封堵器新型装置。经改良后的径向注浆封堵器装置的施工流程图如图7-18所示。

该创新发明的封堵器装置,顶进、拔出容易,抗拔能力强,密封不跑浆,注浆压力高,注浆效果好,注过浆的地方保持原有的平整度,并能重复使用,节约了大量钢管,加快了注浆时间。

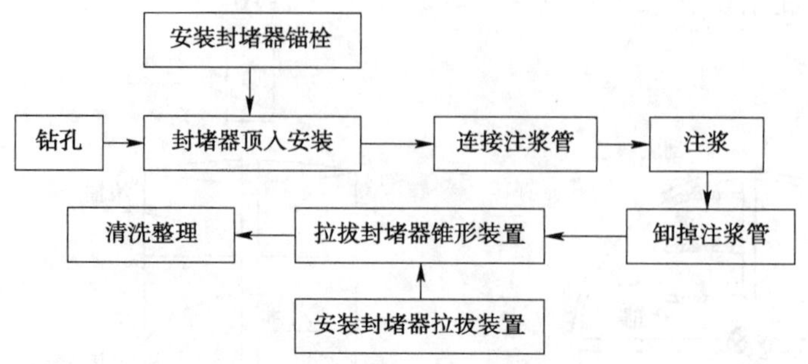

图7-18 径向注浆施工流程图

(5)注浆压力表改良

注浆压力表在注浆加压时很容易失效,特别是注双浆液后又改注单浆液时,很容易使压力表失效。原因是水玻璃和水泥浆液很容易在高压条件下击穿传压垫进入压力表的曲管轴凝结堵管。而在曲管轴中注入液压油,同时新增压力表座,则可成功解决这一问题。

7.5.5 注浆场地的布置

注浆场地布置包括场地硬化、放坡控制、有效操作空间的调配等,钻机操作平台必须有相应的坡度(3°~5°),以免钻孔操作平台集水;钻机操作平台和注浆操作平台间的放坡不能太大,考虑钻机的爬坡能力和施工的方便,坡度以10°~20°为宜。中梁山隧道注浆场地布置见图7-19。

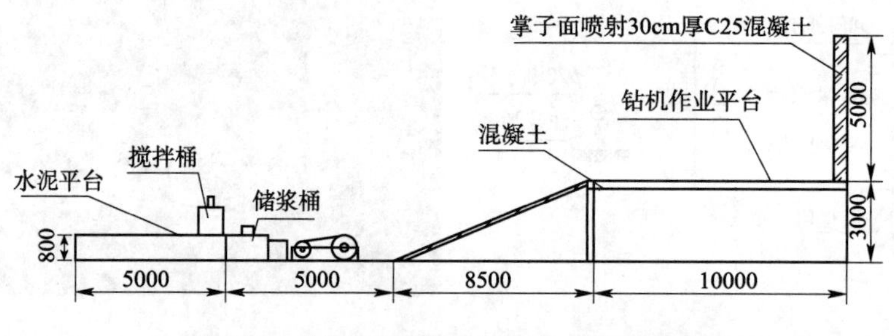

图7-19 注浆场地布置剖面图(尺寸单位:mm)

7.5.6 注浆系统配套完善

中梁山隧道掌子面建立的注浆基地,同时连接西安探矿 ZJB BP—55 型变频高压单浆液注浆泵和葫芦岛 2TGZ—200/150 型双浆液注浆泵,各自厂家都有其配套的搅拌设备和注浆管及混合器,但为了最大限度地提高施工效率,优化注浆管路系统,对西安探矿 ZJB BP—55 型变频高压单浆液注浆泵和葫芦岛 2TGZ—200/150 型双浆液注浆泵的配套设备进行了改良整合。用葫芦岛的搅拌设备拌浆,供应单、双浆液使用,用葫芦岛的高压注浆管及快速接头替代西安的注浆管的螺钉口接头,以便在岩层吸浆量大,双浆液注浆泵最大流量不能满足注浆要求时,实现双浆液机向大流量单浆液机的快速过渡注浆。同时采用改进型双浆液混合器连接葫芦岛 2TGZ—200/150 型双浆液注浆泵,实现不停机完成单、双浆液简单切换。对设备的整合配型方便了施工操作,提高了注浆堵水效率。

7.6 无止浆墙深孔注浆技术[38]

7.6.1 基本思路

中梁山隧道岩溶富水段水压大，水流量也大，传统前进式注浆有时根本不能达到预期效果。特别是在高压富水区止浆岩盘代替混凝土止浆墙，高压注浆止浆岩盘漏浆时，深孔注浆的优越性相对明显。这时传统注浆法的浆液无法有效地进入深层岩层裂隙，压力稍大，就会导致止浆岩盘或者孔口管严重漏浆，最后浆液也无法完全进入孔底封堵裂隙。深孔注浆能有效地解决这些问题，采取先深孔双浆液返浆封堵浅层裂隙，再改单浆液深层注浆加固，封堵裂隙。这一做法充分利用了单、双浆液各自不同的性质特征，实现高效注浆。深孔注浆工艺见图7-20。

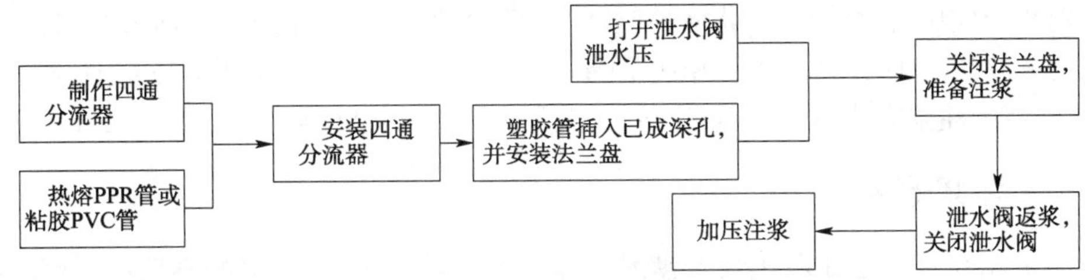

图7-20 深孔注浆工艺框图

7.6.2 深孔注浆的装置

深孔注浆的装置主要由三部分构成，包括孔口管、注浆分流器、ϕ25PPR热熔连接管，注浆系统管路，其基本构造见图7-21。

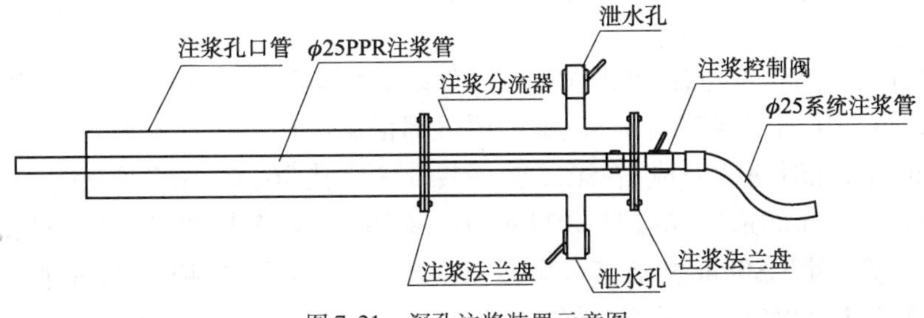

图7-21 深孔注浆装置示意图

7.6.3 注浆准备

为保证深孔注浆效果，前期的管路安装准备工作同样至关重要，它包括注浆孔口管的安装、孔口管的加固、分流器的安装、注浆PPR管的安装、注浆管的连接等。孔口管的安装及加固和传统注浆法的方法基本一致，将泄水阀打开安装分流器，采取热熔法连接ϕ25PPR管，一般情况下，在钻孔过程中可以掌握出水点处的孔深，而PPR管的长度应该略短于出水点孔深1～2m，这样方便控制注浆和保证深孔注浆效果，然后将PPR管安装在深孔注浆法兰盘上，将PPR管插入深孔，在打开泄水阀的情况下安装法兰盘，在深孔注浆法兰盘的接口处安装注浆控制阀，连接注浆管，准备注浆。

7.6.4 动态控制

(1)初步注浆控制

启动制浆、注浆设备,开始注双浆液,双浆液顺着注浆管路直接进入深孔的涌水点后方1m处,水压迫使压出管路的浆液沿着注浆管路返流,当泄水孔的水变成浆并达到一定浓度时,关闭泄水阀;双浆液填充注浆管周边的裂隙,当注浆压力逐步上升到3~4MPa时,停止初步注浆。

(2)浆液转换

在深孔注浆过程中,由于掌子面围岩破碎或者孔口管加固效果不好,往往需注双浆液封闭。当往深孔改注单浆液时,掌子面又出现漏浆,则必须改换注双浆液,封闭后又再换单浆液,如此往复,直至改换单浆液成功。

(3)终压评定及注浆系统拆卸

更换单浆液成功后,继续注单浆液,随着注浆压力的上升,深孔涌水处前方被双浆液封堵的部分裂隙会被冲开,这时注浆压力会相应下降。继续注单浆液,当注浆压力逐步上升到5~6MPa时,则停止注浆。注浆完成后,则停止注浆机,关闭注浆阀,拆卸注浆管路,用清水清洗管路。

7.6.5 注浆效果

深孔注浆能够有效地处理止浆岩盘漏水漏浆的严重问题,它解决的不仅仅是堵水问题,更重要的是通过更换单浆液加注涌水裂隙,做到深孔孔底深层注浆,达到有效深层加固破碎围岩的目的。深孔注浆作为一种新型的注浆工艺,在帷幕注浆过程中被广泛运用。

7.7 动水动态信息化注浆技术在岩溶高压富水段的工程应用

中梁山隧道通过高密度电法、地质雷达、红外线、TSP203、钻探等超前地质预报结果反映,K25+424~K25+720属于岩溶高压富水段,项目部根据设计方案在全断面帷幕注浆第一循环共设注浆孔120个,耗时90d完成;在第二循环共设注浆孔96个(图7-22、图7-23),耗时35d完成。中梁山隧道贯通的最后期限是2011年12月28日,如果按照第二循环全断面帷幕注浆所用时间35d计算,剩下800m岩溶富水区段双向施工,至少需要40个月才能完成。因此,必须优化帷幕注浆设计方案,缩短帷幕注浆时间。

经过研究确定了动态分区注浆理念。根据物探、钻探地质超前预报的数据,将注浆区分为弱水区和强水区;对弱水区进行一般性注浆,弱水区可以少开孔或者不开孔,强水区重点开孔,进行重点性注浆。在保证注浆效果的基础上,以优化注浆方案为手段,最大限度地优化注浆孔数来压缩单循环注浆周期。

第三循环在动态分区注浆模型的指导下,抛掉“消除注浆盲区”带来的禁锢和枷锁,在第二循环基础上优化掉10m、20m序孔,设15m序孔,同时优化掉C、D的30m序孔,以A、B的30m序孔实行有效加固,形成60孔注浆方案。

第四循环在第三循环动态分区帷幕注浆的基础上优化掉30m的B序孔,以22个30m的A序孔及22个15m的F序孔实行有效堵水加固,形成44孔注浆方案。

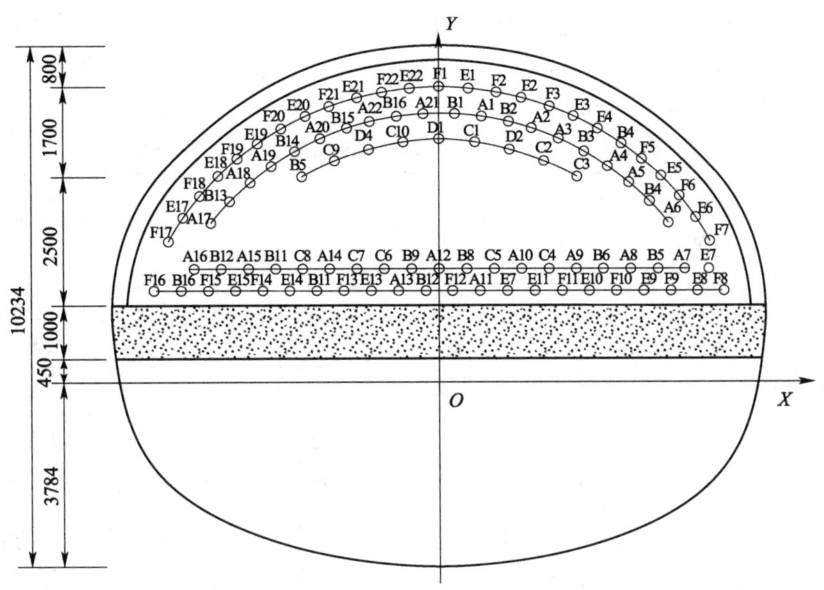

图 7-22 超前帷幕开孔布置图(尺寸单位:mm)

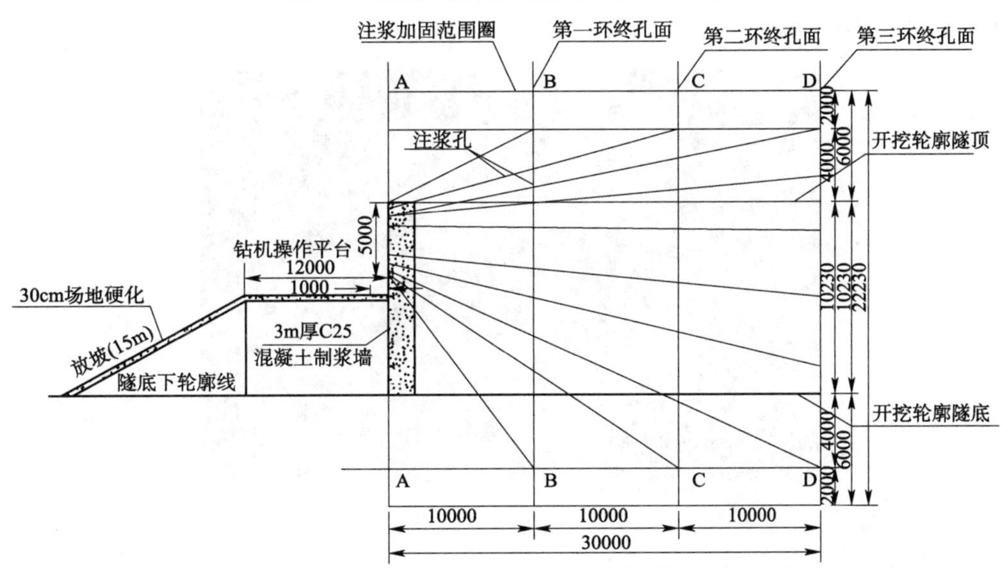

图 7-23 超前帷幕注浆纵断面图(尺寸单位:mm)

第五循环在第四循环动态信息化帷幕注浆的基础上优化掉 15m 的 F 序孔,增加 10 个 30m 的 B 序孔,形成 32 孔注浆方案。

第六循环动态信息化帷幕注浆方案取消中、短序孔,设 30m 的长序孔 22 个,以辐射状成环加固隧道围岩,6 个孔作为强水区重点注浆孔。

7.7.1 岩溶管道定位分区

在中梁山隧道进口端 K25 + 619 ~ K25 + 649 段进行地质雷达、红外线探水等超前地质预报,分析得出:岩体十分破碎,存在泥质夹层或溶蚀裂隙,夹层含大量的黄红色泥,涌水量较大,

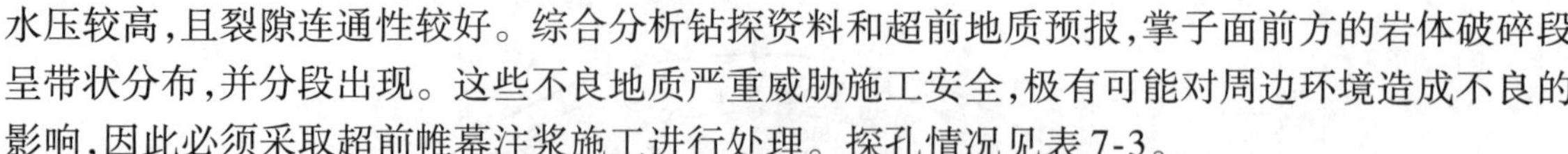

水压较高，且裂隙连通性较好。综合分析钻探资料和超前地质预报，掌子面前方的岩体破碎段呈带状分布，并分段出现。这些不良地质严重威胁施工安全，极有可能对周边环境造成不良的影响，因此必须采取超前帷幕注浆施工进行处理。探孔情况见表7-3。

中梁山隧道 K25 +619 ~ K25 +649 段探孔情况一览表 表7-3

孔号	钻进速度 (m/min)	返水压力 (MPa)	水流量 (m^3/h)	涌水颜色	流出固体细末	异常地质情况备注
T1	0.29		1	灰色	灰白色	无
T2	0.28	0.4	0.8	灰色	灰白色	无
T3	0.28		4	灰色	灰白色	无
T4	0.32	1.2	45	黄色	灰色、黄色	18m 处有突进现象，穿越 10cm 空腔
T5	0.36	1.5	58	深黄色	灰色、黄色	16m 处有突进现象，穿越 15cm 空腔

T5孔涌水情况如7-24所示。根据探孔显示的数据资料，结合超前物探地质预报，发现第六循环K25 +619 ~ K25 +649段富水区分布以隧道拱顶与拱腰为主，隧底含水体较少，判断左上、右上注浆区为强水区，左下、右下注浆区为弱水区，并确定该循环超前帷幕分区注浆布孔方案。开孔、参数如图7-25所示。

图7-24 T5孔涌水情况

7.7.2 超前帷幕注浆效果评定

(1) *P-Q-t* 分析法

图7-26为超前帷幕注浆 *P-Q-t* 曲线图。从中分析可知：

①Ⅰ型 *P-Q-t* 曲线主要表现在下半断面大部分出水量较小孔注浆时，由于出水量较小，裂隙较小，地层相对完整，故注浆量较小，注浆压力上升很快，进浆速度急剧减小，地层裂隙得到填充，达到设计注浆压力，结束注浆。

②Ⅱ型 *P-Q-t* 曲线主要是在上半断面出水量大的孔注浆时的表现形式，上半断面涌水量大，裂隙极其发育，岩层松散、破碎，地层吸浆量极大，压力上升缓慢，在达到设计注浆量后，通过调整浆液配合比，间歇注浆等直至注浆压力达到设计注浆压力。

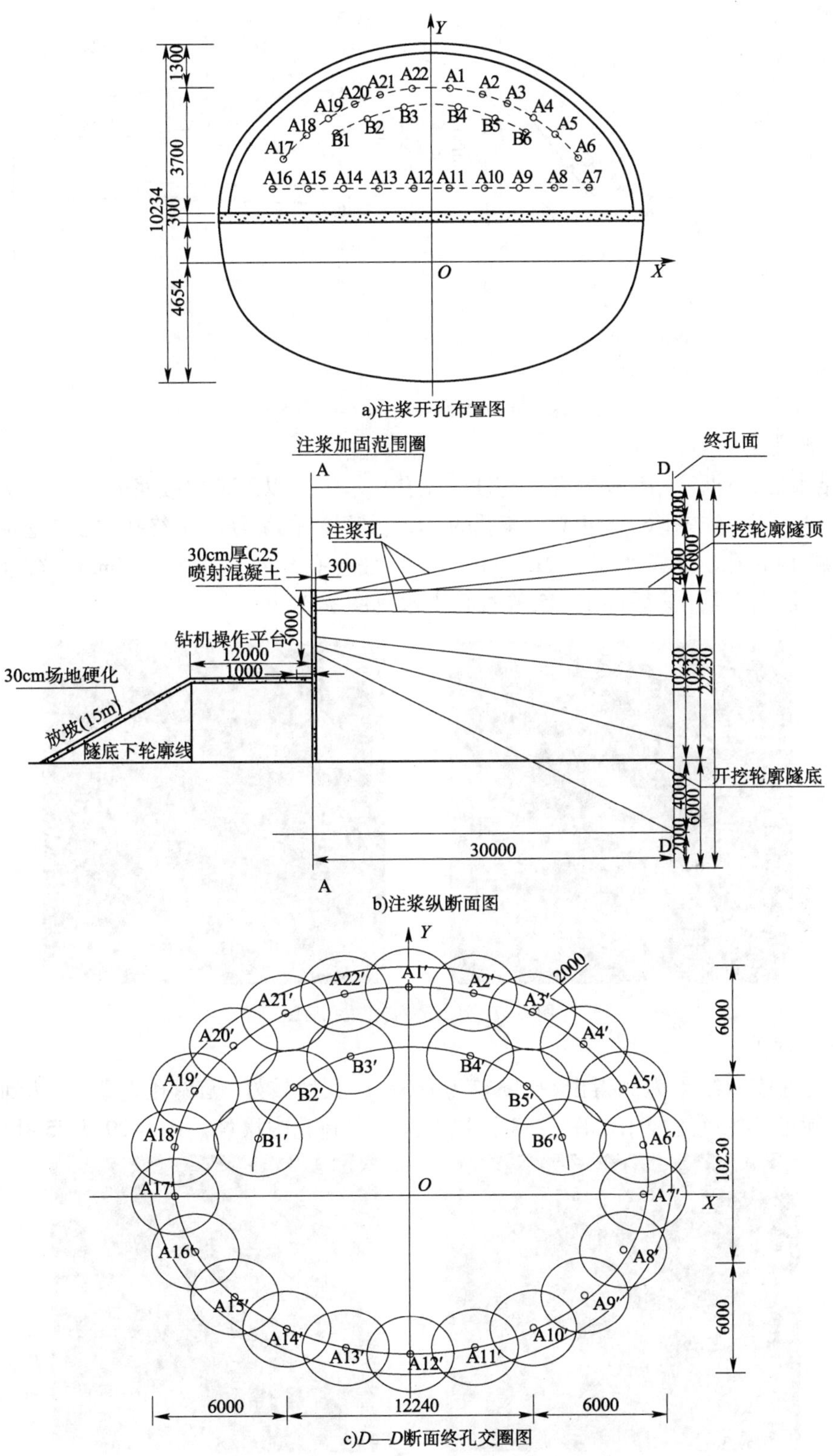

图 7-25　超前帷幕注浆孔布置图(尺寸单位:mm)

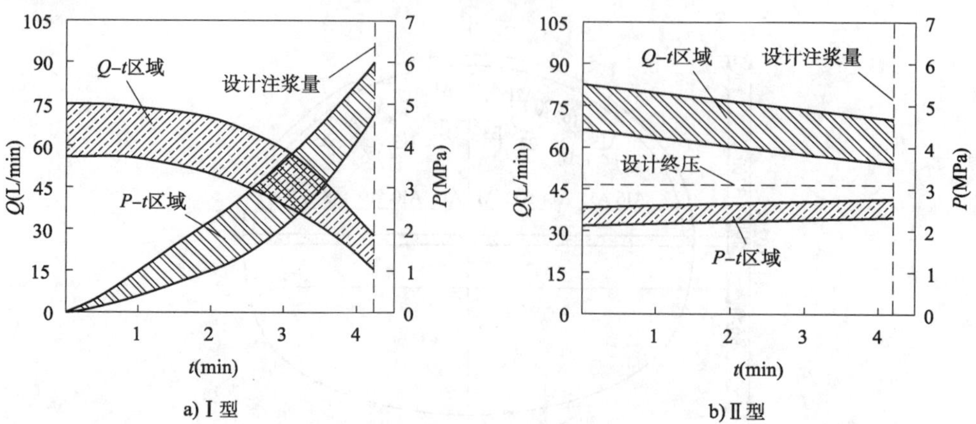

a) Ⅰ型　　b) Ⅱ型

图 7-26　超前帷幕注浆 P-Q-t 曲线

(2)检查孔法

注浆结束后,根据该循环探孔和所有注浆钻孔出水情况以及地层吸浆分布情况,对薄弱区域进行效果检查,布置检查孔 6 个,占总注浆孔的 20%,其纵向孔深为 27m,终孔均在开挖轮廓线上。

经检测,检查孔出水量小于 0.2L/(min·m),任一孔出水量小于 5L/min。符合帷幕注浆检查孔水量控制标准。该循环 J1、J5 检查孔出水见图 7-27。

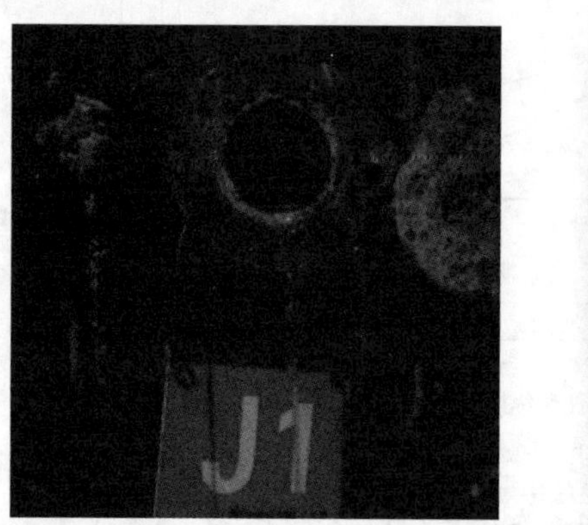

图 7-27　J1、J5 检查孔成孔后图

(3)孔底成像

以 J5 孔内成像结果为例得出,孔壁较为光滑,成孔性较好、无塌孔现象,已达到注浆效果评定标准,满足开挖施工要求。图 7-28 为技术人员实施孔内摄像。图 7-29 为 J5 孔内成像图。

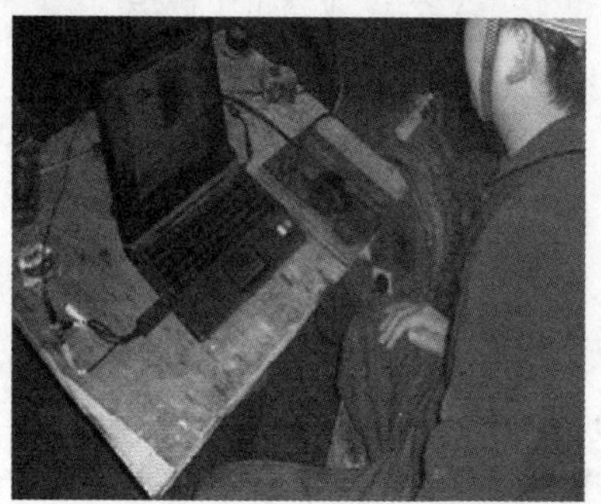

图 7-28　技术人员实施孔内摄像

图 7-29　J5 孔 23m 处孔内成像截图

(4)注浆效果揭露情况

经过多种手段检验注浆效果均合符开挖要求和标准,可以进行开挖施工,对开挖后裸露的岩体进行地质素描,为下一步优化注浆方案提供可靠数据资料。开挖后裸露岩体见图7-30。

图7-30　第六循环动态分区超前帷幕注浆劈裂、填充扩散情况

7.7.3　超前帷幕注浆后对环境的影响

重庆市勘测院检测所作为第三方检测,对上堰鱼塘水位和洞内排水每天进行监测记录。监测结果如图7-31、图7-32所示。

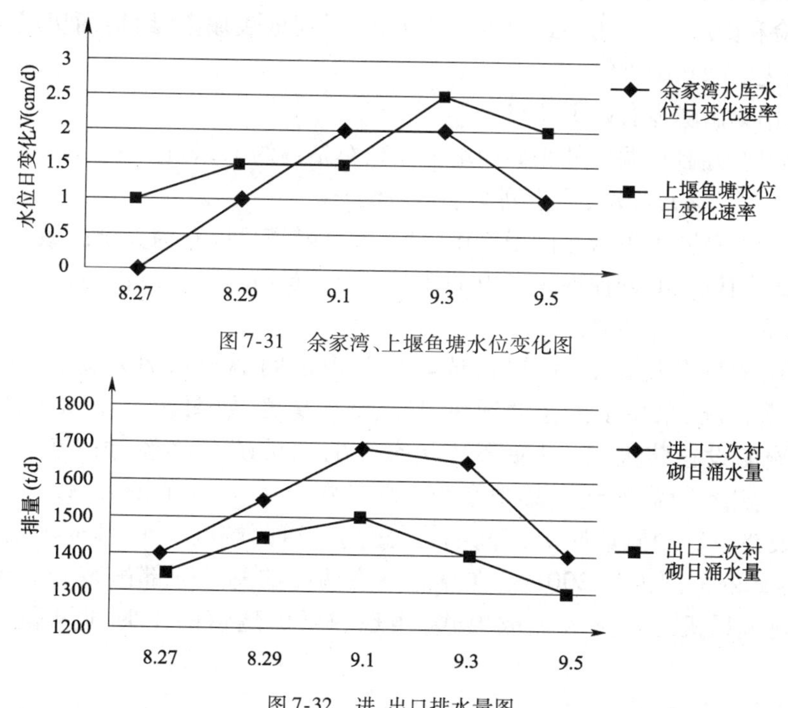

图7-31　余家湾、上堰鱼塘水位变化图

图7-32　进、出口排水量图

从图中可以看出,上堰鱼塘水位没有因为第六循环超前帷幕注浆下降,洞内二次衬砌段排水沟排水在设计限量排放标准之内。第六循环动态分区超前帷幕注浆在孔位上和孔数上做了大量的优化,经过优化后的28个孔位的超前帷幕注浆,不仅加固了破碎的围岩,也解决了掌子面涌水量大、水压高的问题,实现了单循环从35d到5d的大飞跃。

第8章　城市轨道交通长大隧道运营防灾设计

8.1　城市轨道交通长大隧道通风排烟技术

8.1.1　城市轨道交通长大山岭隧道通风排烟系统的选择[39]

(1)中梁山隧道的特点

中梁山隧道如果采用排烟竖井通风方案,至少需要设置一座深260m的竖井,且竖井位于岩溶区,穿越岩溶水的垂直渗流带、水平流动带、岩溶裂隙水带。因此,竖井施工中遭遇岩溶洞穴或岩溶管道的可能性大,易直接将地表水和不同层位的地下水与隧道连通,将上方的地表水、地下水导入隧道中,使隧道大量涌水、突泥以及井壁垮塌,给竖井和隧道施工带来很大困难和危害。中梁山隧道施工中遇到了大量涌水,带来一些问题,造成工期推迟。因此,竖井施工存在较大的风险和困难,有可能导致地表水疏干,易引起地表塌陷,给地面房屋等带来安全隐患,使当地居民生活用水困难等。

归纳起来,中梁山隧道有以下特点:

①隧道两端均为洞口,洞口外距离两端的高架车站各约1.3km和1.1km,便于倒车。

②隧道内呈"人"字形坡度,便于列车前行和倒车。

③隧道为单洞双线,上下行之间设有中隔墙,两条隧道可以互为安全区域。

④供电方式为接触网,即便在未断电的情况下对人员疏散的影响也不大。

(2)无竖井的通风排烟系统

根据中梁山的特点及施工情况,在选择中梁山区间隧道通风及防排烟方案时,同时考虑人员的疏散情况,采用了无竖井通风排烟系统方案,如图8-1所示。隧道内中部设置中隔墙,中隔墙设置防火门,以便事故状态下的人员疏散。经过行车牵引计算,隧道内出现两列列车几率较高的地点集中在距离两端洞口1.1km范围内,以此为基础参考建筑防火规范,最终设定中隔墙防火门间隔为:距离隧道两端洞口1.1km的范围内为40m,隧道中部2.0km的范围内为200m。在靠近隧道两端的隧道顶部吊装若干组耐高温的射流风机,通过射流风机的作用和疏散模式,实现中梁山隧道的平时通风和火灾时的排烟通风。

(3)中隔墙模板技术

中隔墙在二次衬砌施工后及时进行,对单洞双线隧道而言,它不仅是隧道的一种主要受力结构,而且能够将左右线隔开。通过预留钢筋及预留孔洞或者植筋形式连接隧道拱部支护体系,与二次衬砌模筑混凝土支护体系形成一个共同体来承受荷载,抵抗隧道承受不平衡推力的能力。中隔墙的施工流程见图8-2。

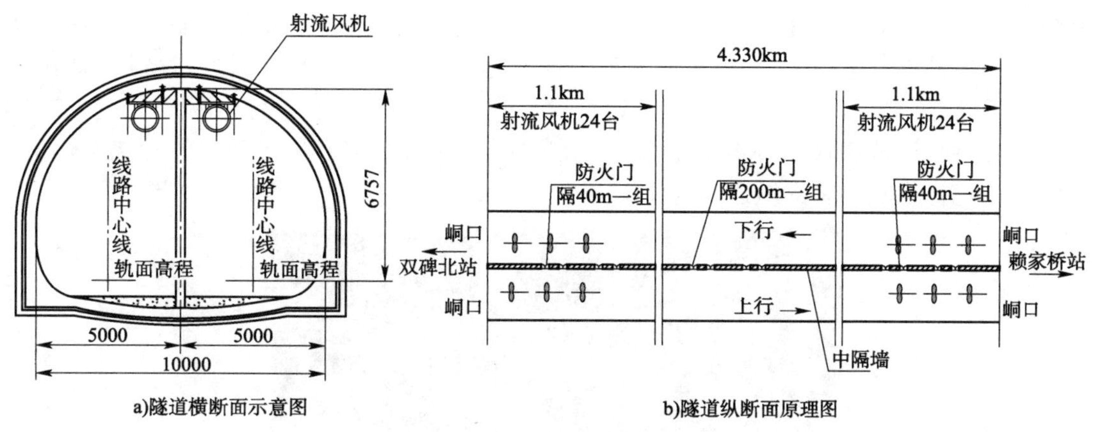

图8-1　无竖井通风排烟系统

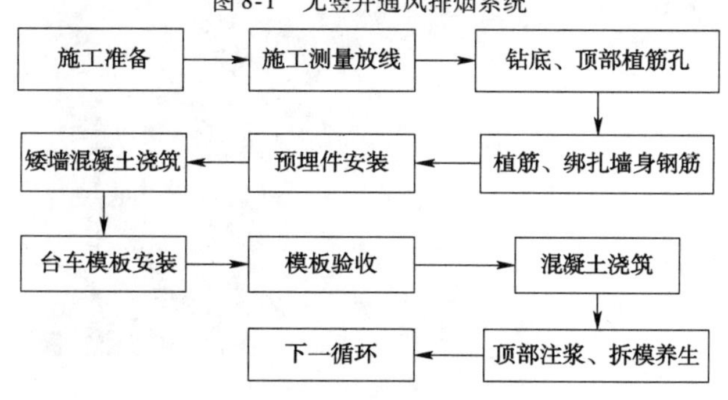

图8-2　中隔墙施工流程图

①中隔墙钢模台车的优越性。

中隔墙钢模台车的使用为隧道中隔墙的施工带来了新的思路。特别是在长大断面隧道中隔墙的施工中，中隔墙这种立模关模浇筑的方式，相比于传统的搭脚手架立小木模板的方式，无论从施工的工序、施工的进度还是施工后的效果上都体现出了它的优越性。

中隔墙钢模台车在正常情况下，立模2h，一模10.5m，混凝土浇筑2h，10h后脱模，即完成一模施工，共14h。与传统搭脚手架立模的方式相比，采用钢模台车可以大大加快施工进度，从根本上解决中隔墙施工速度慢的问题。从拆模后的效果来看，衬砌表面十分平整美观，同时这样的模式也方便多工作面同时进行施工，更加快了施工进度。由此可见，使用钢模台车进行中隔墙的施工，能在很大程度上减少工程投入，节约工程成本，是一种优化的施工方案，它真正地达到了中隔墙施工“操作易、施工快、投入低、效果好”的目的。

②中隔墙模板的制作。

中隔墙模板制作包括中隔墙矮墙模板制作安装和上部钢模台车安装。

矮墙的模板制作采用6mm钢板，加工成1500mm×500mm的加肋钢板，见图8-3。中隔墙台车的基本模型见图8-4、图8-5。中隔墙的模型右侧为主体框架，左侧为从属框架。中隔墙台车设计图见图8-6。

8.1.2　无竖井通风排烟与疏散

(1)通风排烟模式

①隧道内仅有一列列车并发生火灾，被迫停在隧道内无法行驶。非火灾隧道内的列车全

部驶出隧道后停止全线运营。根据火灾部位,开启火灾隧道内的射流风机进行排烟,使隧道内形成大于烟气临界风速的气流,让乘客从列车的端门下车,迎着气流方向,通过隧道内中隔墙上的防火门向另一侧隧道疏散。以列车从赖家桥站向双碑北站行驶为例,当列车行驶到2.7%的坡度上时,列车的尾部发生火灾,烟气沿着隧道的坡度方向蔓延,如果列车的燃烧发热量取7.5MW,经计算,烟气的临界风速约为2.30m/s。

图8-3　矮墙浇筑完成图

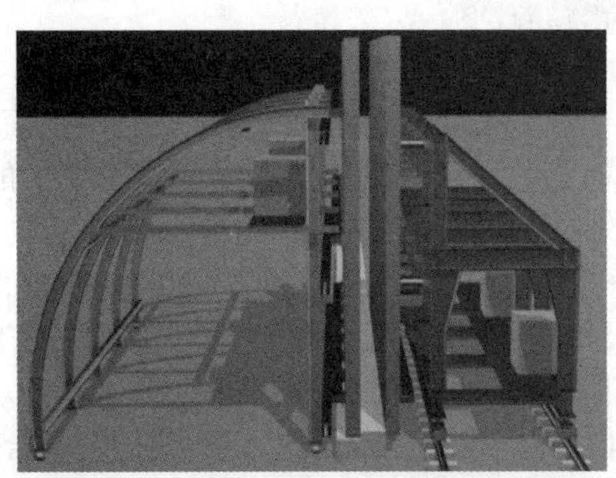

图8-4　中隔墙台车整体模型效果图

图8-5　中隔墙左、右侧模板结构效果图

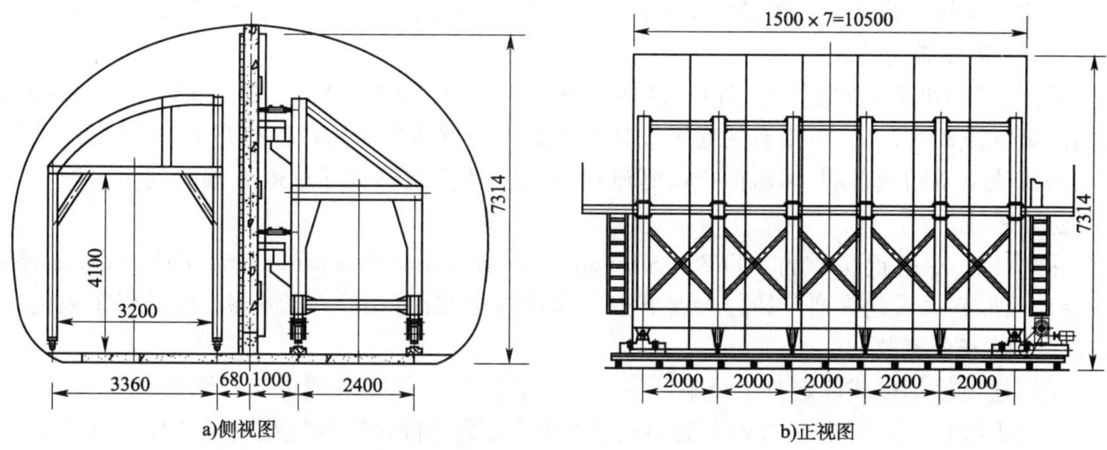

图 8-6　中隔墙台车设计图(尺寸单位:mm)

②隧道内有两列列车,以列车由赖家桥站向双碑北站行驶为例,首先经历 1650m 的 0.3% 上坡,然后持续 2750m 的 2.7% 下坡,此种情况列车发生火灾为最不利工况,分两种情况考虑:

a. 当后方列车发生火灾被迫停在隧道内时,则前方列车迅速驶出隧道后,按照①火灾模式执行。

b. 当前方列车发生火灾被迫停在隧道内时,后方列车可以倒出隧道,按照①火灾模式执行。

以上两种情况发生时,两列列车无论向前驶出隧道或向后驶出隧道均处在下坡状态,有利于列车滑行。

如果后方列车因故确实无法倒出隧道,此时待另一侧非火灾隧道内的列车全部驶出隧道后全线停运。前方列车根据火灾部位执行①火灾模式,而后方非火灾列车乘客迅速从列车前后两端的端门同时疏散,下车后根据疏散指示标志通过最近的中隔墙防火门(间隔 40m),疏散到另一侧隧道,如图 8-7 所示。

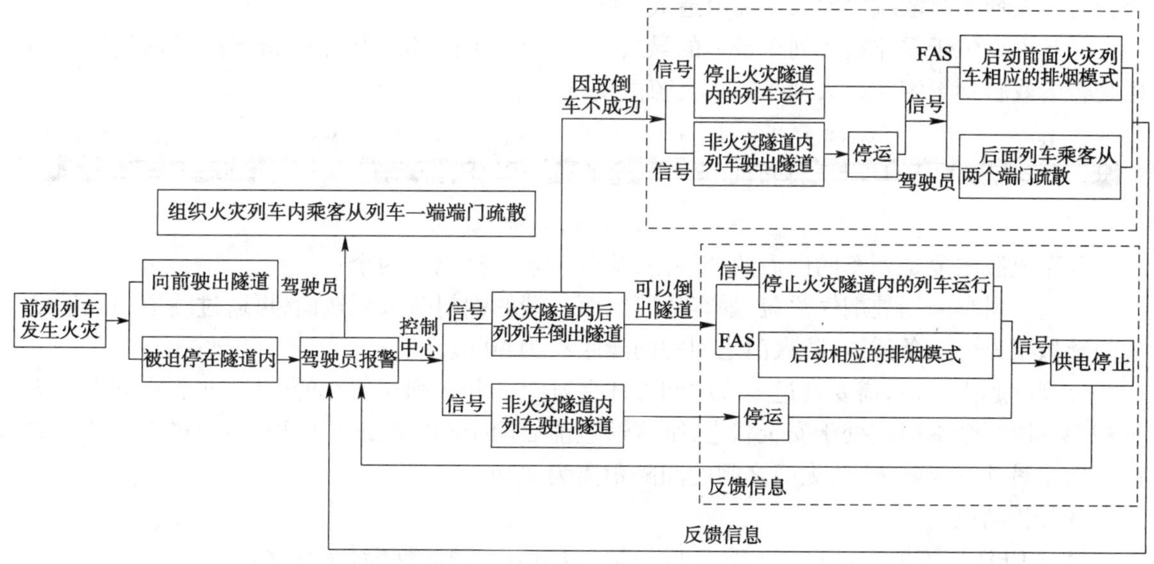

图 8-7　两列列车发生火灾流程图

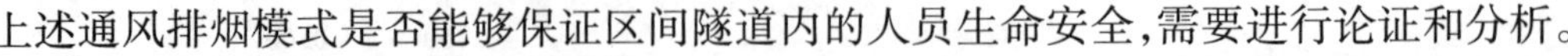

上述通风排烟模式是否能够保证区间隧道内的人员生命安全，需要进行论证和分析。

(2)消防性能化论证

采用美国 NIST 开发的三维 CFD 火灾专用模拟软件 FDS(Fire Dynamics Simulator)，模拟隧道内的烟气流动状况，分析现有的通风设计方案是否能够达到初始设计的要求，检验烟气是否不会向风流上游回流，以及烟流向下蔓延流动的速度是否能够保证隧道下游的列车有充分的时间进行逃生。

采用疏散专用模拟软件 STEPS(Simulation of Transient Evacuation and Pedestrian movements)，模拟起火后起火列车和起火点下游列车的疏散状况，结合烟流分析，确定列车内的人员是否能够安全疏散。

根据通风排烟模式确定其中最不利的工况，选定最不利的“隧道内存在两列列车，且起火列车的起火部位‘靠近’非起火列车的第三节车厢”工况进行火灾烟气流动量化模拟分析。考虑起火列车因故障停滞在距离出口 300m 的范围内，而此时非起火列车位于隧道中部，防火门的间距为 200m，对疏散最为不利。

①边界条件。

a. 车体采用不锈钢材质，车内的材料采用不燃或难燃材质。参考国内外其他地铁，确定火灾规模为 7.5MW。模拟时间为 900s。经模拟，此时的自然排烟速度为：温度前锋面 2.3m/s，浓度前锋面 3m/s。

b. 人员无法忍受状态(耐受极限)的判据由下列标准组成：如果热烟层距隧道路面高度大于 2 m，则热烟层的温度不超过 180℃；如果热烟层距隧道路面高度小于 2 m，则热烟层的温度不超过 60℃，且能见度不小于 10 m；在烟气的吸入高度内，二氧化碳浓度不得超过 1%(体积百分比)，一氧化碳浓度不得超过 2500ppm。

②场景的选择。

a. 起火点位于靠起火列车疏散端门最近的第 4 节车厢(图 8-8)，用于分析起火后烟气是否会对起火列车疏散端门的人员疏散造成影响。

b. 起火点位于靠非起火列车最近的最后一节车厢(图 8-8)，用于分析起火后烟气向下蔓延是否会威胁到下游非起火列车的人员疏散安全。

图 8-8 火灾场景起火位置示意图

列车疏散主要是列车的前后两个端门，疏散场景选择以下两个：

a. 起火列车一端被烟气覆盖，乘客从迎风面一端的端门疏散至轨面，再通过隧道中隔墙防火门疏散至另外一条隧道，防火门之间的间隔距离为 40m。

b. 列车起火以后，需要经过一段时间方才蔓延至非起火列车所在的位置，非起火列车在火灾初期阶段两个端门均处于安全状态，乘客通过前后两个端门疏散至轨面，再通过中隔墙防火门疏散至另外一条隧道，防火门之间的间隔距离为 200m。

③分析结论。

经过 CFD 烟流模拟以及 STEPS 疏散模拟，得出以下消防性能化论证结论：

a. 对于中梁山地铁长大山岭隧道，采用射流风机能够有效抑制烟气回流，起火列车上的乘客可以从起火列车的上游进行安全疏散。

b. 在最不利情况下，非起火列车乘客在烟气前锋面尚未到达前可全部疏散至另一非火灾隧道。

8.2　城市轨道交通长大隧道运营防灾技术

8.2.1　行车组织

(1) 研究基础

重庆市地铁 1 号线为封闭的双线系统；中梁山隧道远期高峰小时行车间隔为 20 对；由西向东为下行方向，由东向西为上行方向。

(2) 远期行车交路

从图 8-9 可以看出，重庆市地铁 1 号线远期高峰小时开行朝天门—壁山大交路，交路长度为 47km，高峰小时开行列车 20 对；开行小什字—双碑北小交路，交路长度为 21.501km，高峰小时开行列车 10 对。

图 8-9　重庆市地铁 1 号线远期行车交路图

中梁山隧道在双碑北站—壁山站之间，位于小交路之外，高峰小时行车密度为 20 对，行车间隔为 2min/4min 交叉间隔。

①运行时间计算。

由方案设计线路平面方案、纵断面方案经初步牵引计算得出如下结论：

a. 上行方向（双碑北站—赖家桥站）运行时间为 5min18s。

b. 下行方向（赖家桥站—双碑北站）运行时间为 5min11s。

c. 上行方向（双碑北站—赖家桥站）隧道中运行时间（车头进入隧道—车尾驶离隧道）为 3min0s。

d. 下行方向（赖家桥站—双碑北站）隧道中运行时间（车头进入隧道—车尾驶离隧道）为 2min54s。

可见，远期高峰小时上下行均同时有两列车在中梁山隧道中运行，正常条件下不存在有三列车的情况。

②列车头尾距计算

a. 上行方向：前方列车车尾出洞时，前后列车头尾距 2872m；后方列车车头进洞时，前后列车头尾距 2849m。

b. 下行方向：前方列车车尾出洞时，前后列车头尾距 2986m；后方列车车头进洞时，前后列车头尾距2939m。

(3)车站配线和降级运行模式

在中梁山隧道东端的车站双碑北站设置了故障车停放线，中梁山隧道中上行列车发生故障，可及时处理故障车至双碑北站存车线，保证正线运行畅通。中梁山隧道的西端车站赖家桥车站为赖家桥车辆段的接轨站，设置为一岛一侧形式，中梁山隧道下行方向列车发生故障，可直接推送回段，确保正线运行的畅通，如图8-10所示。

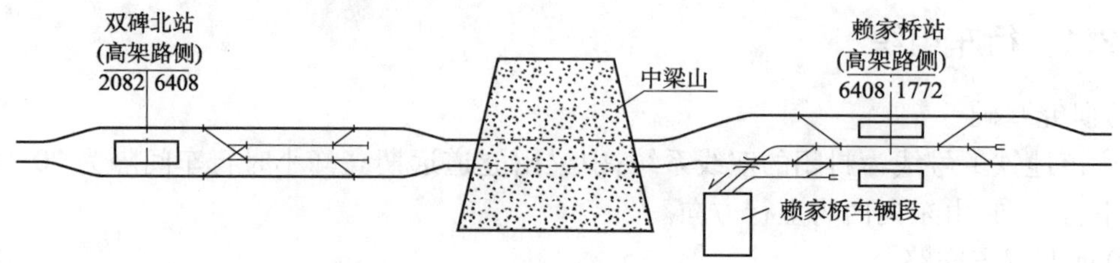

图8-10 双碑北站、赖家桥站车站配线示意图

当中梁山隧道中上、下行其中单线发生列车脱轨、供电故障、自然灾害等事故时，单线区间堵塞，此时需采用单线双向的降级运行模式确保事故状态下全线的临时贯通。双碑北站和赖家桥站的车站配线形式可以保证无论上行隧道、下行隧道事故，均可维持单线双向降级贯通。

当中梁山隧道双线均出现事故或者故障时，可采用两端线路分别折返的方式，维持降级运行。

(4)区间隧道紧急疏散方案

列车在区间隧道行驶过程中发生火灾事故时，首先应尽可能使列车驶入前方车站，在车站组织乘客疏散并利用车站排烟设备进行排烟。若出现列车无法驶入前方车站而必须在隧道内疏散乘客时，采用左右线间设置联络通道的疏散方式，让乘客从列车端门下车，通过最近的联络通道疏散到对侧安全区间，并利用隧道通风系统对火灾区间送风和排烟。通风系统要确保烟气排除方向与多数乘客疏散方向相反。当乘客疏散至安全的区间后应按照指示方向向较近的车站逃生。

当同一区间的其中一条隧道发生火灾时，另一条隧道也应立即停止正常行车。待非火灾隧道列车撤离后切断区间隧道的牵引供电。在疏散过程中应保障照明，同时要对乘客疏散路径加强指示。

当区间隧道中前一列车发生火灾并且失去动力，无法驶入前方车站时，在保证前一列车安全疏散的同时，隧道内后续列车应在得到控制中心命令后，改为非限速人工驾驶模式，退出隧道，在后方车站完成人员疏散。

中梁山隧道列车火灾情况时紧急疏散框图见图8-11。

8.2.2 火灾自动报警技术

轨道交通火灾自动报警系统主要担负火灾前期的监测、火灾发生时的设备监控等工作。目前国内轨道交通火灾自动报警系统绝大部分采用的方案是：火灾自动报警系统报警、环境与设备监控系统及综合监控系统消防联动。

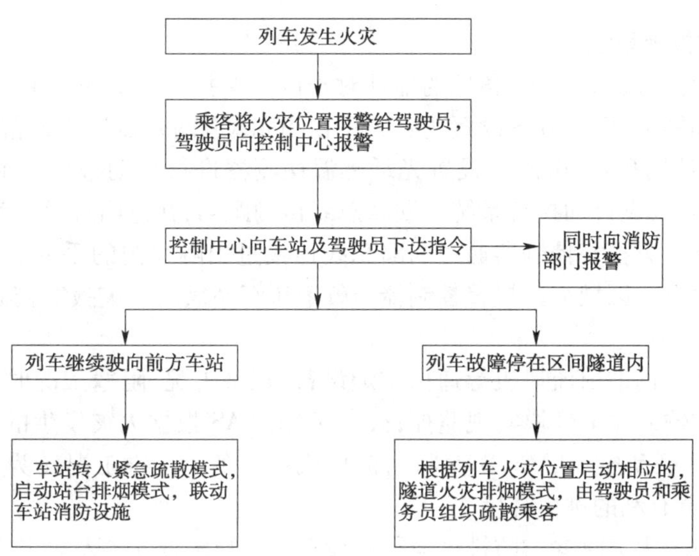

图 8-11　紧急疏散框图

轨道交通火灾自动报警系统设有两级管理:一级为控制中心级;另一级为各车站级(包括车辆基地)。轨道交通火灾自动报警系统设置三级控制:一级为控制中心级;另一级为各车站级;第三级为设备就地级。

控制中心级火灾自动报警系统监控管理范围:全线地铁车站、地下区间隧道内、车辆段及停车场内的消防设施。

车站级火灾自动报警系统监控管理范围:地铁车站及相邻地下区间隧道内消防设施。

(1)轨道交通隧道内火灾自动报警系统的设计原则

①FAS 设计应贯彻“预防为主、防消结合”的工作方针,遵循国家有关法规,并符合重庆市公安消防部门的有关规定。

②考虑可能发生的灾害种类及其危害程度,区间隧道内 FAS 设计主要针对火灾,其次兼顾区间危险水位报警、地震等的信息发布功能。

③重庆市轨道交通 1 号线考虑全线按同一时间内发生一次火灾设计救灾能力。

④FAS 应具有高可靠性及稳定性;系统所采用的技术应先进,并具备强抗电磁干扰能力,具有组网灵活、维护容易、扩展容易的特点。

⑤FAS 所采用的设备必须是经国家有关产品质量监督检测中心检测合格,并得到重庆市消防部门认可的产品。

⑥FAS 具有最高优先权。当发生火灾时,FAS 向 BAS 和 ISCS 发出控制指令,BAS 和 ISCS 按预定的火灾模式,将相应的机电设备转换至火灾运行模式。

⑦对于平时用于送排风,火灾时执行防排烟任务的通风设备,正常运行工况由环境与设备监控系统直接操作控制,火灾工况时,FAS 向综合监控系统发出指令,由综合监控系统执行指令,转入火灾工况模式运转。

⑧火灾报警控制器应设有自动和手动两种触发模式,系统容量留有一定余量。排烟风机、正压送风机等重要的消防设备除设为 FAS 自动控制外,在车站综合控制室的 IBP 盘上设置手

动直接控制装置。

(2)火灾自动报警系统

区间隧道的保护等级为一级,各地的地铁对于区间保护的方式也各有不同。针对中梁山隧道这一超长区间隧道,FAS方案设置为:考虑在区间隧道两外侧墙上间隔50m布置手动火灾报警按钮(带电话插孔)。区间内设置光纤感温探测器进行自动报警。由于中梁山隧道距离较长,已超出一般火灾自动报警系统的回路总线传输距离,在过山隧道区间内设置区域火灾报警控制器。区域火灾报警控制器通过回路总线连接过山隧道内的手动火灾报警按钮、输入输出模块等现场设备。区域火灾报警控制器与赖家桥车站级的火灾报警控制器通过光纤联网通信。

对于中梁山隧道内的射流风机等通风排烟设备,正常工况、阻塞工况时,由环境与设备监控系统(BAS)通过输入输出模块实现监控;火灾时,由FAS根据火灾发生的部位、区段等信息向BAS发送相应的联动控制指令,BAS将射流风机等设备由正常工况转为火灾工况运行,快速排烟,为人员创造有利的逃生环境。

对于射流风机等火灾时参与防排烟运行的设备,除BAS通过输入输出模块实现自动监控外,在相应车站的综控室IBP盘上还将设置手动直接启动按钮,保证该类设备在火灾情况下切实可靠。

(3)中梁山隧道火灾自动报警系统联动方案

区间隧道内的火灾确认方式基本上有两种:第一种为列车无线电话报警,即列车员通过地铁列车上的无线电话与调度台通信,报告火灾发生的情况及位置信息,接到此信息后,控制中心的调度人员采取后续救灾行动。第二种为通过区间隧道内的手动火灾报警按钮(带电话插孔)报警,此信号传至相应的车站级火灾自动报警系统,经确认后传至控制中心级火灾自动报警系统。手动火灾报警按钮(带电话插孔)为带地址编码的智能设备,通过识别被按动的手动火灾报警按钮就可知道相应的火灾发生位置,控制中心的调度人员接到此报警信号后采取后续救灾行动。

区间发生火灾时,原则是将发生火灾的列车牵引至前方车站后在站台上进行人员疏散。如果列车不能前行,要靠列车乘务员下区间引导疏散。当列车在区间发生火灾且不能前行时,由发生火灾的列车驾驶员通过无线电话或区间手动报警按钮、消防电话插孔向控制中心与车站行车调度员报告列车在区间发生火灾的大概位置,发生火灾列车的部位(列车头部、中部、尾部)。车站级火灾自动报警系统主机接到报警后,车站级的综控室值班人员经过确认为火灾后,上传报警信息到控制中心的火灾自动报警系统,控制中心的火灾自动报警系统接到火灾信息后,按预先编制的火灾联动程序执行救灾。车站级火灾自动报警系统服从控制中心级火灾自动报警系统的命令。

8.2.3 防灾通风技术

(1)通风排烟的设计原则及方案

根据中梁山隧道的长度、隧道断面以及行车组织情况,需要设置通风和排烟系统。平时通风以满足列车内人员的最小新风量要求;在列车阻塞和火灾的情况下,有组织地排除隧道内的烟气,并补充新风,以保证人员能够迎着新风方向疏散。

中梁山区间隧道长 4.330km，为单洞双线的独立隧道。中梁山山势陡峭，隧道埋深较大，难以设置通风竖井。根据现状，隧道内中部设置中隔墙，其上有防火门，以便事故状态下的人员疏散。防火门间隔为：距离两端隧道洞口 1.1km 的范围内为 40m，隧道中部 2.0km 的范围内为 200m。在靠近隧道两端的隧道顶部吊装了几组射流风机，耐高温 250℃，1h。通过射流风机的作用和疏散模式，实现中梁山隧道的通风或事故工况，如图 8-12 所示。

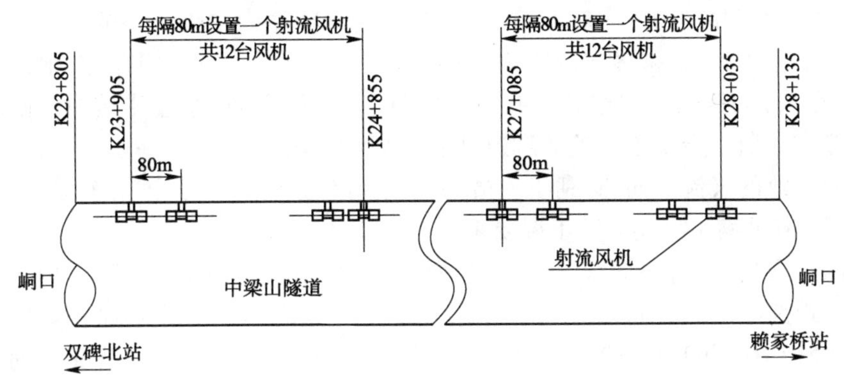

图 8-12　射流风机悬挂方案

（2）通风及排烟模式

①平时通风。

模拟计算表明活塞风量可以满足新风量要求。在实际运行中，可根据实际监测的温度及空气中的二氧化碳浓度，调整运行模式。

②阻塞通风。

经过 CFD 软件模拟计算，以列车在中梁山隧道内从双碑北站向赖家桥站行驶时发生阻塞为例，开启射流风机沿着列车运行的方行通风，隧道内可以形成大于 2m/s 的风速，满足规范要求。同理，列车在从赖家桥站向双碑北站行驶时发生阻塞，也满足规范要求。

③火灾排烟。

全线只考虑一处发生火灾的情况。当列车在隧道内发生火灾时，首先要使着火的列车尽量开出隧道洞口，以利排烟，并尽快组织人员疏散；隧道内未着火的列车迅速开出隧道，远离火源。同时，全线停止运营。

根据中梁山隧道的特点：隧道两端为洞口，洞口外距离两端的高架车站各约 1.3km 和 1.1km，便于倒车；隧道内呈"人"字形坡度，便于列车前行和倒车；隧道中隔墙设有人员疏散的防火门，使人员能迅速疏散到安全区域；供电方式为接触网，即便在未断电的情况下对人员疏散的影响也不大。

通过计算隧道内烟气自然流动速度、开启射流风机时烟气流动速度和温度、活塞风对防火门的风压、隧道内列车倒车的时间，可以确定中梁山隧道火灾工况的排烟模式。

列车在中梁山隧道内发生火灾有两种情况：一种是隧道内只有一列列车，此列车发生了火灾；另一种是隧道内有两列列车，其中有一列列车发生了火灾。在这两种前提下，分析火灾发生的几种工况。

a. 隧道内仅有一列列车并发生火灾，被迫停在隧道内无法行驶。

另一侧隧道内的列车全部驶出隧道后停止全线运营。根据火灾部位，开启火灾隧道内的射流风机进行排烟，使隧道内形成大于烟气临界风速的气流，以列车从赖家桥站向双碑北站行驶为例，当列车行驶到2.7%的坡度上时，列车的尾部发生火灾，烟气沿着隧道的坡度方向蔓延，如果列车的燃烧发热量取7.5MW，经计算烟气的临界风速约为2.30m/s。

车头发生火灾，射流风机向车头方向排烟，乘客向车尾的端门疏散，下车后迎着气流方向，通过隧道内中隔墙上的防火门向另一侧隧道疏散。车尾发生火灾时，射流风机向车尾方向排烟，乘客向车头的端门疏散，下车后迎着气流方向，通过隧道内中隔墙上的防火门向另一侧隧道疏散。车中发生火灾时，乘客向远离火源的一端（车头或车尾）端门疏散，射流风机向靠近列车（车尾或车头）火源的一端排烟，乘客下车后迎着气流方向，通过隧道内中隔墙上的防火门向另一侧隧道疏散。未发生火灾的隧道开启远离烟气排出的洞口一端的射流风机，形成与烟气流动方向一致的气流方向，有利于人员的疏散。经过计算，对于上、下行隧道，需要各设置24台射流风机，方可满足上述火灾工况要求。

b. 隧道内有两列列车，根据行车计算，两列列车的间距为2.8km，故隧道内出现两列列车的位置分别在距离隧道两端洞口1公里范围内的几率较多，以列车由赖家桥站向双碑北站行驶为例，首先经历1650m0.3%的上坡，然后持续2750m2.7%下坡，此种情况下列车发生火灾为最不利工况，分两种情况考虑：

第一种情况为，当后方列车发生火灾被迫停在隧道内时，前方列车迅速驶出隧道后，同时待另一侧非火灾隧道内的列车全部驶出隧道后，全线停止运营，并停止供电。执行全线只有一列列车火灾模式。

第二种情况为，当前方列车发生火灾被迫停在隧道内时，以列车车尾发生火灾为最不利工况，此条隧道列车停运，后方列车通过信号调度倒出隧道，同时待另一边隧道内的列车全部驶出隧道后全线停运并停止供电，此时可以执行全线只有一列列车火灾模式。

以上两种情况发生时，两列列车无论向前驶出隧道或向后驶出隧道均处在下坡状态，有利于列车滑行。

如果后方列车因故确实无法倒出隧道，此时待另一侧非火灾隧道内的列车全部驶出隧道后全线停运，前方列车根据火灾部位执行全线只有一列列车火灾模式和人员疏散方案，而后方非火灾列车尽量滑行到中隔墙防火门附近，并让乘客迅速从列车前后两端的端门同时疏散，下车后根据疏散指示标志通过最近的中隔墙防火门（间隔40m），疏散到另一侧隧道。另一侧隧道的射流风机不开启，这种方式可以减少人员的损伤。这种情况发生的概率很小，只是在前驶列车发生火灾的同时后驶列车也出现故障时才发生。

为保证上述疏散模式的可行性，还要做到以下几点：

- 列车内配备一定数量的呼吸罩。
- 列车的空调器新风口关闭后密封性能较好，可以保证后列列车的相对封闭，且列车的玻璃为防爆玻璃。
- 中隔墙的防火门密度较大，且设有明显的标志和疏散指示标志，保证乘客在有烟情况下也能在20m范围内找到疏散口。

8.2.4 消防系统

中梁山隧道设置给水、水消防系统。在中梁山西侧出洞口处有两路直径为1.1m的市政给水管道,经过与自来水公司衔接,其水量、水压可以满足中梁山隧道的防灾消防要求。隧道范围内的消火栓系统在区间隧道内自成环网。

消防用水量标准:消火栓干管管径为 DN150,地下区间隧道为 10L/s。消火栓给水系统火灾延续时间按 2h 考虑。

隧道内消火栓每隔 50m 设置 1 个单口单阀消火栓口。在每个消火栓口附近,设置手动火灾报警按钮。在隧道内的每个联络通道处,设置两个消防器材箱和两具 3A 级磷酸铵盐灭火器。

中梁山隧道长度较长,考虑在区间消防干管上每隔 1000m 在消火栓支管上设置 1 个 DN25 给水点,共设 5 处,用于隧道日常维护和冲洗。

由于线路坡度较大,隧道内没有线路最低点,区间隧道排水均能从线路最高点沿线路排水沟分别向洞口两端重力排水,并考虑若设区间排水泵房,局部下沉集水坑较难施工,因此不设区间排水泵站,不考虑区间排水措施。中梁山隧道两洞口处需做好遮挡措施,以防山上雨水和积水进洞,所以可暂不考虑洞口雨水排水。

考虑到中梁山隧道较长,可能发生火灾地点距两端车站较远,为方便消防人员的灭火及救援工作,在赖家桥停车场配备公铁两用车。

8.2.5 供电系统

(1)牵引供电

双碑北站至赖家桥站区间长约 6.9km,包括了长约 4.33km 的中梁山隧道。在赖家桥站设有牵引变电所,由于区间距离过长,需设置区间牵引变电所以满足列车牵引供电要求。从减少隧道内开挖工程量及便于变电所维护考虑,将区间牵引变电所设置于隧道小里程端洞口外,即双碑洞口外。

区间牵引所同车站变电所均设置两套牵引整流机组,向牵引网供电。当一套机组故障退出运行时,另一套机组的过负荷能力可满足列车的运行要求。

正常运行时隧道内列车由双碑北站及区间牵引变电所双边供电,当任意一座牵引所故障退出运行时,列车由隧道相邻两座牵引所实现大双边供电,满足列车运行要求。

(2)动力配电

隧道内动力设备负荷主要包括风机、水泵、检修动力箱等,设备容量共约 650kW。隧道相邻车站双碑北站、赖家桥站距洞口约 1km,车站变电所距隧道内负荷距离过长,所以需在隧道附近单独设置区间降压变电所,以满足隧道内大功率负荷的配电要求。

区间动力负荷由于在隧道内分布比较分散,为了减少电缆截面,使变电所尽量靠近负荷中心,在隧道内设置两个跟随式降压变电所,每个跟随式降压变电所需要占用 $250m^2$ 的面积,变电所应做好隧道防水。

区间动力负荷基本对称分布在隧道两端,每座隧道跟随式降压变电所为一半的负荷供电。由于隧道内风机、水泵等均为消防负荷,配电容量需满足火灾时设备同时运行的要求。综合考虑动力及照明负荷,每座隧道跟随式降压变电所各设置两台 250kV · A 变压器。在隧道风机房、消防泵房内就地设置双电源切换装置,电源分别来自隧道跟随式降压变电所两段母线。

(3)照明配电

隧道内设置工作照明和应急照明。照明灯具布置在行车方向的左侧上方墙壁上。每隔6m布置一盏隧道灯,每隔两盏工作照明灯设置一盏应急照明灯,即间隔18m设一盏应急照明灯。隧道内设置约1500盏灯具,光源采用18W节能荧光灯,隧道照明负荷总共约30kW。

工作照明电源引自隧道跟随式降压变电所内的低压柜,每个变电所负责一半灯具的配电,需满足巡视和检修需要,平均照度不小于5lx。

应急照明电源引自隧道跟随式降压变电所内的集中应急电源(EPS)装置,每个隧道跟随式降压变电所负责一半灯具的配电。应急照明按满足灾害情况下疏散要求设计,应急照明平均照度不小于1lx,持续供电时间不小于1h。应急照明灯统一控制,控制点设在EPS屏,隧道应急照明可实现在相邻车站车控室控制。

在隧道内每隔20m设置一个灯光疏散指示标志,服务于紧急疏散。电源引自EPS装置。

(4)线缆选择

①隧道内环网高压电缆及直流牵引电缆均采用低烟、无卤、阻燃型铜芯电缆。

②隧道内检修电源插座箱、工作照明配线采用低烟、无卤、阻燃型铜芯铠装电缆。

③隧道内风机、消防泵、应急照明采用低烟、无卤、耐火型铠装铜芯电缆、电线。

8.2.6 防灾通信系统

为保证灾害发生时及时向外界通报,便于灾害情况下疏散和救援工作指挥的通畅,地铁工程设置了完备的防灾通信设施。

(1)公务电话系统

公务电话系统采用数字程控电话设备,除了用于地铁内部的一般公务通信之外,还应与重庆市公共电话网互通。

在防灾专业相关人员处设置自动电话机,用于公务通信,此话机可以直拨119电话。预留FAS确认火灾后,由相关系统联动,自动向119报警的功能。

(2)调度电话系统

调度电话系统是为列车运营、电力供应、防灾救护及日常维修等提供指挥手段的专用通信系统,要求通信能直达和迅速,不允许与运营无关的其他用户接入该系统。

控制中心防灾调度员处设调度电话,各车站综合控制室、防灾值班室均设调度电话。

(3)广播系统

控制中心防灾调度员处设广播控制台,供防灾调度员对中梁山隧道进行语音直播。列车设广播系统,列车乘务员可对客室乘客进行语音直播,引导乘客有序的疏散。在中梁山隧道入口、出口处设置广播系统并与闭路电视监控系统连接起来,便于外来人员进入保护区内时进行喊话处置。

(4)无线通信系统

在全线各车站设置车站防灾值班员固定台;在列车上设置车载移动台;在调度中心设置行车调度控制台、电力调度控制台、公安控制台;列车驾驶员可通过无线通信系统向控制中心防灾值班员报警;中心防灾值班员可对全部车站防灾值班员、列车驾驶员进行组呼及全呼。

(5)闭路电视监视系统

控制中心防灾调度员处有CCTV监视器和控制键盘,中梁山隧道入口和出口处设摄像机,双碑北站和赖家桥车站综合控制室设CCTV监视器和控制键盘。

两端车站防灾值班员可监视该端洞口处灾害疏散情况,中心防灾调度员可任选一洞口处图像进行监视。中心调度员可采用长时间录像设备对任何一路图像信号进行录像,录像资料信号应便于日后的检索和查询,也可以由主控系统联动。

8.2.7 疏散指示标志系统

(1)设计原则

①合理设置消防安全疏散标志,以保障地铁内人员能够安全可靠地疏散到安全地带,有效地帮助人们在浓烟弥漫的情况下,及时识别疏散位置和方向,迅速沿疏散指示标志顺利疏散,避免造成伤亡事故。

②消防安全疏散标志系统照明由在配电室内设置的集中供电式应急照明电源系统(EPS)供电。应急照明电源的连续供电时间不小于60min。疏散指示标志照明灯由专用回路供电。

③消防安全疏散标志产品必须选用国家有关消防产品质量监督检验测试中心认证的合格产品,产品符合《消防安全标志》(GB 13495—1992)和《消防应急照明和疏散指示系统》(GB 17945—2010)的有关规定。

(2)消防安全疏散标志设计

①疏散通道上的消防安全疏散指示标志,安装在疏散通道距地面高度不大于1m的墙上,间距不大于20m。

②安全出口指示标志灯的安装在靠近疏散门上方或疏散门洞两侧的墙面上,安全出口指示标志灯的下边缘距门的上边缘不大于30cm且距地高度不应低于2.4m,安全出口和疏散门的正上方应采用“安全出口”作为指示标志。

③疏散导流标志宜连续布置,标志的宽度不宜小于8cm,长度不宜小于30cm。当断续布置时疏散导流标志间距不超过1m。

参考文献

[1] 迟永利.中梁山隧道穿越富水岩溶区施工技术研究[D].北京:北京交通大学,2008.

[2] 林传年.岩溶隧道综合超前地质预报应用研究[J].地下空间与工程学报,2008,4(6):1086-1090.

[3] 王梦恕.大瑶山隧道——20世纪隧道修建新技术[M].广州:广东科技出版社,1994.

[4] 王梦恕.对岩溶地区隧道施工水文地质超前预报的意见[J].铁道勘察,2004,4(6):7-9.

[5] 李术才,薛翊国,张庆松,等.高风险岩溶地区隧道施工地质灾害综合预报预警关键技术研究[J].岩石力学与工程学报,2008,28(7):1297-1307.

[6] 王建秀,朱合华,胡力绳,等.抗水压隧道分类及其建设关键技术[J].地下空间与工程学报,2009,5(1):169-174.

[7] 王建秀.岩溶隧道堵水限排衬砌外水压力及结构设计研究[D].北京:北京交通大学,2005.

[8] 王勐.圆梁山深埋长隧道毛坝向斜段深岩溶及其突水的研究[D].北京:北京交通大学,2006.

[9] 曹义.内昆铁路盐津1号隧道下穿楼房近接施工爆破控制技术研究[D].成都:西南交通大学,2004.

[10] 王明年,潘晓马,张成满,等.邻近隧道爆破振动响应研究[J].岩土力学,2004,25(3):412-414.

[11] 魏晓林,郑炳旭.爆破震动对邻近建筑物的危害[J].工程爆破,2000,6(3):81-88.

[12] 侯春燕.城市地铁过轨区大跨隧道微震控制爆破技术[J].西部探矿工程,2005(5):119-120.

[13] 崔天麟,巩建军.城市地铁的微振动爆破施工[J].隧道建设,2000(3):10-13.

[14] 魏晓彦.城市地下隧道工程控制爆破监测[J].西部探矿工程,2001(S1):229-230.

[15] 朱泽兵,张东明.大坪隧道掘进中爆破震动的控制[J].工程爆破,2002,8(4):67-70.

[16] Pao Y H ,Mow C C . Diff raction of Elastic Waves and Dynamic Stress Conentrations Crane[M]. USA:Russak&Company Inc. ,UK:Adam Hilger Ltd. ,1973.

[17] Siskind D E . Structure Response and Damage Produced by Ground Vibration from Surface Mine Blasting[R]. USA:US Bureau of Mines RI8507,1980.

[18] 殷立军.水平层状软弱围岩隧道支护方案设计及超前预注浆技术研究[D].天津:天津大学,2004.

[19] 建标104—2008 城市轨道交通工程项目建设标准[S].北京:中国计划出版社,2008.

[20] 谷兆祺,彭守拙,李仲奎.地下洞室工程[M].北京:清华大学出版社,1994.

[21] 沈明荣.岩体力学[M].上海:同济大学出版社,1991.

[22] Bieniawski ZT. Engineering Rock Mass Classification[M]. Znc. John Wiley & Sons,1989.

[23] 中华人民共和国国家标准. GB 50157—2003 地铁设计规范[S].北京:中国建筑工业出版社,2003.

[24] 中华人民共和国行业标准. TB 10003—2005 铁路隧道设计规范[S].北京:中国铁道出版社,2005.

[25] 中华人民共和国行业标准. JTG D70—2004 公路隧道设计规范[S].北京:人民交通出版社,2004.

[26] 中华人民共和国行业标准. SL 279—2002 水工隧洞设计规范[S].北京:中国水利水电出版社,2002.

[27] 曲海锋.扁平特大断面公路隧道荷载模式及应用研究[D].上海:同济大学,2007.

[28] 赵中华.位于城市风景区的陡崖隧道出洞口施工技术[J].四川建筑,2013,33(2):83-85.

[29] 陈元发.简易支撑体系在多断面隧道二次衬砌施工中的运用[J].重庆建筑,2010,9(9):60-61.

[30] 杨治洪,李淑庆,沈兵,等.简易支撑体系在多断面隧道二次衬砌施工中的运用[J].重庆建筑,2010,9(9):3-6.

[31] 蒋睿,钟志颖.主体结构逆作法施工技术在某深基坑与地下结构工程中的应用[J].重庆建筑,2010,9(9):49-50.

[32] 颜诗彬,高磊.关于南坪枢纽工程商社段结构逆作的应用[J].重庆建筑,2010,9(9):51-53.

[33] 沈兵,阳外光,王铮.关于南坪枢纽工程商社段结构逆作的应用[J].重庆建筑,2010,9(9):54-56.

[34] 尹光明.城市隧道临近建筑物超深基坑支护理论与安全控制技术研究[D].长沙:中南大学,2012.

[35] 张艳涛,金焰.大直径螺旋掏槽爆破施工技术应用[J].重庆建筑,2010,9(9):64-65.

[36] 袁晏仁,安文汉,张艳涛,等.动水动态信息化注浆施工技术研究[J].现代隧道技术,2012,49(6):76-79.

[37] 邓尤东,帅建国,罗光财.快硬硫铝盐水泥单液浆性能研究及应用[J].铁道科学与工程学报,2012,9(3):99-105.

[38] 邓尤东,周凯.深孔注浆技术在岩溶富水隧道施工中的应用[J].建筑施工,2012,34(1):36-37.

[39] 郭爱东,刘磊,祝岚.地铁长大山岭隧道通风及防排烟系统方案[J].暖通空调,2011,41(6):12-15.